新手父母的最

MW01677666

懷孕・生產
圖文小百科

井尾裕子 醫學博士 ◎編著
王煦淳 ◎譯

在孕育新生命的同時，
您肯定經歷了擔心及害怕的過程，

孕期的種種變化是否正常？
胎兒的成長是否順利？
生產是否會疼痛？
寶寶出生之後該如何照顧？

本書貼心地為您解決種種疑難，
讓您輕鬆度過新手父母的前十二個月。

推薦序

獻給新手爸媽的禮物書

「恭喜您懷孕了！」您即將啓程迎接新生命到來，同時也將與另一半邁入人生新的旅程，面對截然不同的挑戰。期待您與另一半都能有萬全的準備，滿心歡喜享受這段生命奇妙之旅。

以我個人行醫多年之經驗，準爸媽在欣喜之餘，心中仍不免會產生許多疑問。諸如懷孕、生產的過程該做哪些準備？檢查項目有哪些？醫療費需花多少？該吃些什麼，才能滿足寶寶成長的需求？寶寶出生之後該怎麼照顧？……等等。

以往這些問題可能多半都得詢問主治醫師，但所幸目前資訊發達，懷孕、生產、育兒相關書籍種類繁多，新手父母大多能從中獲得相關訊息，以減少妊娠期間的徬徨及無助。

以新手父母即將出版之《懷孕．生產圖文小百科》一書為例，即以圖文方式解釋胎兒發展及母體的變化，內容詳實、易懂、好操作，讓準爸爸、準媽媽能更了解胎兒的成長歷程，同時分享新生命的喜悅。

本書一共分成三章，第一章、懷孕期間的生活，第二章、生產及住院，第三章、初生嬰兒該怎麼照顧？貼心地為孕媽咪列出懷孕期間身體上的種種變化及生活、飲食的注意事項，讓準爸爸、準媽媽愉快地度過懷孕期。此外，也詳細列出懷孕、生產可能的費用，以及新生兒的照顧須知。

雖然本書提及日本之風俗習慣、生活方式及習慣用語、醫療方式與台灣略有不同，諸如是否需返回娘家待產、輔助生產方式等等，可能與您所處之環境迥異，但本書內容一次囊括準爸媽的零至十二個月，不僅豐富，更能替準爸媽解惑，仍是值得新手父母參考的懷孕期工具書，期待與您共享。

北市市立聯合醫院陽明院區婦產科主治醫師

推薦序

深入淺出的懷孕知識 讓您輕鬆閱讀

當媽媽們發現自己懷孕時，通常會有興奮與不安交雜的情緒，高興的是即將孕育一個新的生命，但對未來要面對的種種問題又有些慌亂，諸如不知飲食該如何補充？孕期不舒服的症狀是正常的嗎？該選擇何種生產方式對寶寶最好？隨著胎兒的成長到出生，會產生各式各樣的疑問與煩惱。

就如同坊間經常流傳的一句話：「第一胎照書養，第二胎照豬養」，在經歷過懷孕、生子與親自哺育母乳之後，才深深的體會到這句話的涵義。

雖然我自己本身是專業人士，但是遇到問題時仍會有手足無措慌亂的時候，需要有經驗的人給予指導，更何況是一般的民衆，因此當我看到《懷孕、生產圖文小百科》這本書的內容時，彷彿回到剛懷孕的時候，所有的症狀與疑問都曾發生在自己的身上，而書中也都詳盡的提供正確的知識。

除此之外，書中除了提供媽媽們妊娠時期到生產的相關資訊外，還貼心的設計「爸爸請你這樣做！」單元，讓新手爸爸在迎接家中新成員的到來時不至於手足無措。

這本書是由臨床經驗相當豐富的井尾裕子（Io Yuko）博士所撰寫，作者利用淺顯易懂的詞句與深入淺出的筆法，並結合傳統風俗習慣的介紹，讓新手爸媽們可以輕鬆閱讀、容易理解並且運用在孕育與照顧寶寶的過程中，因此衷心的推薦這本書，希望每個爸媽心中的小寶貝都能平安健康的出生與長大。

高雄縣立鳳山醫院（委託長庚醫院經營）營養師

推薦序

教育要從生命形成時開始

因為工作的關係，經常有機會與幼教老師及家長討論幼兒行為的相關問題，當我們追根究底去探討問題發生的原因時，會發現許多幼兒問題行為的產生並非幼兒本身的問題，而是環境的問題，這當然也包括環境中的成人——父母。同時，在與父母討論及溝通幼兒的問題時，也常遇到對於自己錯誤的教養方式懊悔不已的家長。每一個人都有機會成為父母，但如何成為能幫助孩子的父母並非是與生俱來的能力。父母是需要學習的。

近年來，無論從各幼教相關的理論或者學者的研究結果都顯示，嬰幼兒早期發展的品質，對於未來的發展具有重要且直接的影響。義大利著名的醫師暨教育家蒙特梭利博士說：「教育開始於生命形成的那一刻。」胎兒時期是人一生中最重要的階段，懷孕期的前三個月是胎兒腦及各身體器官開始分化發育的關鍵時期，六個月時，胎兒的各種感覺器官也逐漸發展成熟，對母體內外的刺激能產生反應。

以往，大多數人可能認為，成為父母是從嬰兒出生的那一刻才開始。如今，由於胎兒期教育對個人未來發展影響的相關研究結果陸續發表，使得人們開始了解胎教的重要性。坊間對於懷孕期間胎教的知識也逐漸重視，且有不少教導父母的相關書籍出版。

在新手父母出版的《懷孕・生產圖文小百科》這本書中，清楚詳細的介紹懷孕期每一個階段胎兒生理的發展、行為的變化、準媽媽可能會面臨的問題、該有的準備以及新手爸爸的角色及態度等相關訊息，幫助新手父母紓解因不了解所產生的不安全感。讓準爸爸、媽媽都能以身心安定的最佳狀況來迎接寶寶的誕生。

另外，在本書中也傳達了幾個在親職教育中很重要的概念：

1.教育要從生命形成時開始。
2.胎教對幼兒發展的影響。
3.成長環境的重要。
4.重視父親的角色。

身心健康並且做好充分準備的父母，才能為孩子提供優質的成長與學習環境，並且奠定將來良好發展的穩固基礎。《懷孕・生產圖文小百科》是一本值得新手父母參考的好書，推薦給您!

輔仁大學兒童與家庭學系講師

黑文禹

前言

每位父母在享受懷孕喜悅的同時，一定也都期望懷孕生產過程一切順利。本書從懷孕到生產後的每個階段都進行詳細地解說，希望每位新手爸媽都能放心、開心地迎接小寶寶的來臨。

我們貼心地在「生活重點」單元裡依家裡及戶外兩部分說明，告訴妳如何愉快舒適地度過孕期。除這之外，助產士的建議也會對妳很有幫助。

另外，新手爸爸應該如何在懷孕期間提供妳協助，則可參閱「爸爸請你這樣做！」單元按表操課即可。

這本書的內容相當豐富，有突發情況時，妳可以參考這本書，有些疑問時，這本書也能替妳解惑，是妳及另一半懷孕不可少的枕邊工具書。

● 第一章 懷孕期間的生活

從計畫生產到懷孕十個月當中的身體變化、生活注意要點、費用等一併解說，讓準媽媽有清楚的概念。此外，也針對飲食作介紹，讓妳吃得營養，讓寶寶身心健康發展。

● 第二章 就快要生了！生產與住院生活

針對生產方式及過程作深入的說明，並介紹產後注意事項。

● 第三章 寶寶出生後如何照顧？

小寶寶終於呱呱墜地了！本章就要告訴妳，如何照顧剛出生至三個月的嬰兒。

此外，「產婦大小毛病一網打盡」單元，則貼心地為新手媽媽解說產後身體不適的症狀，消除妳的不安。

最後，祝福爸爸、媽媽們，希望你們好好享受這段懷孕的美妙時光。

目錄

懷孕・生產圖文小百科

新手父母的最佳懷孕知識指南

Prologue 迎接當爸爸媽媽的那一天

第一章 懷孕期間的生活

Part 1 孕期生活篇

懷孕初期

懷孕中期

懷孕後期

Part 2 體重管理篇

第二章 就快要生了！生產與住院生活

第三章 寶寶出生後如何照顧？

特別附錄

症狀消除 產後篇

給爸爸、媽媽：

「謝謝你們。期待和你們相見。」

你們最愛的、即將出生的孩子

Prologue

迎接當爸爸媽媽的那一天

期待你們能以身心安定的狀態來迎接寶寶到來的那一天。
懷孕生子並非只是媽媽的事情而已。
爸爸如果能幫愈多忙，
家人之間的情感聯繫就會愈強。

懷孕期間是培養健全母性和父性的道路。
讓我們一起**為**升格當爸爸、媽媽那天的到來而乾杯。

恭喜媽媽懷孕了！

到滿月之前，身心會出現變化。

媽媽可能一直都在擔心，

孕吐好像很辛苦，體型還會改變。

寶寶是爸爸和媽媽共同決定要生下來的。
這並不是一顆卵子和在兩億顆精子當中
遙遙領先的冠軍偶然結合的結果。

就在結合的這一瞬間，
媽媽的身體就開始孕育寶寶了。
你們會逐漸散發出父性與母性。
請好好地享受懷孕生活。

胎兒的心理、身體與知覺的發展

早在發現懷孕之前，胎兒的腦和器官已經在妳的肚子裡發育成長。胎兒已經是個有五感、有感情的個人，日日地在成長。希望妳能在懷孕的十個月（三十九週）當中，讓腹中的寶寶知道，新的世界是一個多麼快樂及充滿愛的世界。

	觸覺發展	嗅覺發展	味覺發展	聽覺發展	視覺發展	腦與神經發展
0-3 週						受精後約兩週，腦已經開始成形
4-7 週	皮膚開始有感覺		感受味道的味蕾開始形成	三半規管的基礎開始形成	視網膜的基礎形成	腦仍呈管狀，每天都製造五千萬個腦細胞
8-11 週	開始能感覺痛、癢					主管大腦記憶的海馬部位開始成形了
12-15 週	開始吸吮手指頭，嘴巴碰到的東西什麼都想吸			開始能對聲音有所反應，有時聽到較大的聲響會受驚	開始能對光有所反應	海馬發育完成，大腦、小腦等也成形

	觸覺發展	嗅覺發展	味覺發展	聽覺發展	視覺發展	腦與神經發展
16-19週	全身有絨毛覆蓋			耳朵器官發育完成		掌管五感的腦前葉開始發展
20-23週	可以在羊水中自由的轉動，肌肉的感覺也愈來愈發達	嗅覺器官發育已經完成，開始能感受到味道		聽覺發育完成，已經會聆聽妳或周圍的人的聲音了	眼皮開始動，開始能辨識光	大腦開始有皺摺，同時也開始有高興、不高興等感受
24-27週	可以感受到妳子宮的反應或變化，會踢踢腳與妳溝通		舌頭的感覺更發達，能感覺到甜味與辣味		眼睛開始看得到	腦的結構完成，重量已經達到大人的四分之三
28-31週				可以分得清楚聲音的高低、強弱、種類等		神經系統大致發育完成，已能感受妳的感覺並有所反應
32-35週	絨毛消失，開始顯出粉紅色的皮膚			對於聲音、音樂開始有其好惡		開始有固定的睡眠和醒來的時間
36-39週						腦細胞成長到一百五十億萬個，已經開始做出生的準備

4～7週

懷孕初期

胎兒受精之後，就開始急速成長，妳和爸爸發現懷孕時，胎兒的腦已經成形。是男生是女生也已經決定了。

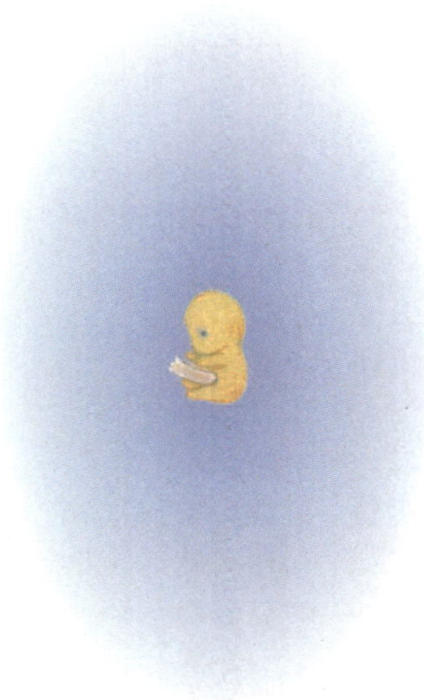

胎兒的發育　身高約 2～3公分，體重約 4公克

受精後很快地胎兒就有小魚般的形狀了。這個時候他的頭和腦連在一起，浮在羊膜中的羊水裡。

性別是受精後馬上就決定的，而大腦則是從第二週開始漸漸成形。到了第五週，肝臟、腸胃等內臟的基礎已經形成，心臟也開始跳動。

六週以後，用超音波檢查可以看到胎兒，約在第七週時，頭和身體分開，開始看得出人的樣子。胎兒在妳的肚子裡已經開始快速成長。

胎兒的變化

就算爸爸和媽媽沒有發現，寶寶也已經進入胎囊蠢蠢欲動了。不過這個時候胎盤和臍帶還沒形成，仍不太穩定，要特別小心。

這時胎兒有多大？

像一顆小櫻桃那樣大

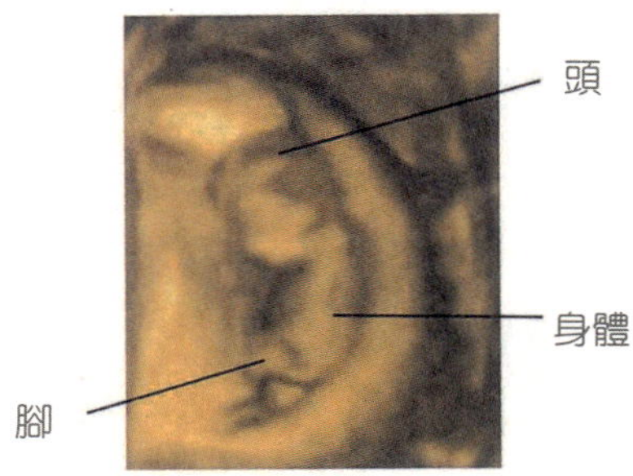

準媽咪可以這樣做

最重要的是建立妳和寶寶之間的關係，之後妳和寶寶要共同生活十個月，所以要建立好兩人的關係喔！

說出心中對於懷孕的喜悅

寶寶選擇你們兩人來到這個世間，所以首先妳要先表達懷孕的喜悅。雖然心裡這麼覺得也很重要，但話還是要說出來。寶寶已經開始快速成長，想要趕快出生成為人，所以妳要尊重寶寶的人格，將妳的喜悅用言語表達出來。

喜愛美麗的事物，讓胎兒覺得愉快

妳在看美麗的東西時，腦中會產生α波，對胎教有益。相反的，心情緊張的話，胎盤的血量就會減少，而無法將足夠的營養和氧氣送給胎兒，且血液中的腎上腺素會增加，通過胎盤傳給胎兒，胎兒也會心跳加速。所以保持心靈上的愉悅是最重要的。

寫懷孕日記

懷孕之後生活就忙起來了，可是這麼特別的十個月或許一生只有一次，寫下紀錄可以留下美好的回憶，讓往後一再回味。妳可以寫下寶寶的情況和想對寶寶說的話，並和從醫院要來的寶寶超音波照片放在一起。

準媽咪應該做的準備

有很多人剛知道懷孕時，還是沒有即將要當媽媽的感覺。從現在開始一步一步做準備吧！

孕婦健康手冊拿了嗎？

準媽咪至醫院檢查確認懷孕後，就會收到婦產科醫院或診所發給的《孕婦健康手冊》。手冊內可以記錄產檢資料，並有產檢週數、項目以及相關孕產知識可供孕媽咪參考。準備好這本手冊，萬一發生什麼狀況時也比較放心。

向公司報告懷孕的事情

一般都是在懷孕三個月左右向公司報告。這時候也是孕吐最嚴重的時候，所以可能會在上班時發生身體不適的情形，這時讓公司的人了解妳的情況，萬一發生什麼狀況時也可以比較放心。

和準爸爸討論今後的生活

多了一個家人雖然開心，但是相反的在金錢上、孩子教養上也需要多費心思。妳要先和爸爸好好商量今後生活該如何調整，尤其在教養小孩上有很多爸爸難以理解的事，要如何分攤這些責任最好能在一開始就和爸爸談好。

8~11週

懷孕初期

體重增加八倍，胎兒已可感到外界的刺激；手腳開始長出來，皮膚也開始有觸覺。已經能夠在妳的肚子中自由游動。

胎兒的發育　身高約 8~9公分，體重約 30公克

第八週時已經可以看出手和腳了，手指也長出來了。本來只有頭和身體分開，但慢慢地手和腳也會長出來。

這個時期胎兒長得愈來愈像人，視覺和聽覺器官也開始成形，鼻子、嘴巴、眼皮即將長出來，血液的循環也開始了。

胎盤已經完成，來自母體的營養和氧氣會送到胎兒，所以體重比前一段時期重了八倍。皮膚看起來還是臘狀，但已經可以感覺到來自外界的刺激了。

胎兒的變化

羊水內的胎兒會自由地游來游去，這時的快樂體驗會永遠留在胎兒的記憶中。皮膚也開始有感覺，有時候胎兒還會玩自己的臍帶。

這時
胎兒有多大？

像一顆草莓
那樣大

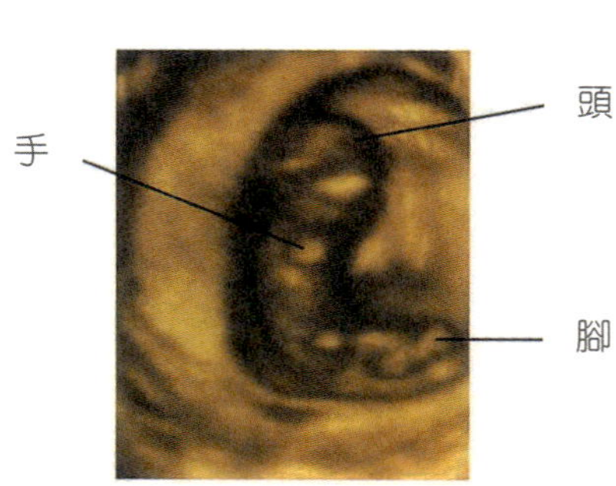

12~15週

懷孕初期

記憶和感情的基礎開始形成，腦和身體的器官大致完成，主管情緒感受的部分也開始形成，已經具有人形了。

胎兒的發育　身高約 10公分，體重約 50公克

腦的原形已經發展完成，掌管記憶功能的海馬也在發展中。此外，「開心」、「不高興」等情感的根源也開始生長，心智很快就要發展完成。

每天有五千萬至六千萬個腦細胞神經快速地增生，內臟的基礎也生長完成，其功能日復一日地每天都在發育成長。同時，皮膚厚度也逐漸增加以保護身體內部的器官；皮膚的表面也開始長出毛，身體必要的功能已經全都具備。

胎兒的變化

胎兒已開始吸拇指。手、腳等身體各個部位也可以個別動作了，可以用嘴巴吸到手腳的指頭。此外，雖然聽覺要到七月左右才會完成發展，但對於很大的聲響已經有所反應。

這時胎兒有多大？

像一顆檸檬那樣大

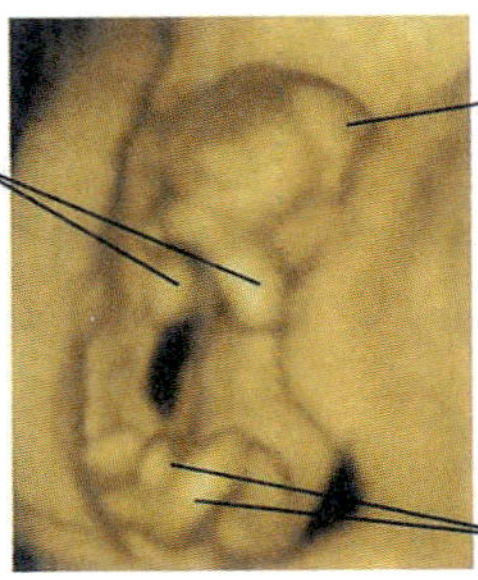

16~19週

懷孕中期

骨頭和肌肉發育的時期。已經可以在子宮裡面自在地移動，且有記憶力了。一開始聽到的當然是妳的聲音。另外，從荷爾蒙的變化也可以感受到妳的心情變化。

胎兒的發育　身高約 25公分，體重約 300公克

準媽咪開始可以感受到胎動。胎兒在妳肚子裡自在活動的同時，筋骨和肌肉也正在發育成長。心臟及肺部也運作得很好，很快就要進入穩定期。

此外，耳朵的功能也大致完成。腦部的記憶裝置也開始運作了，可以聽出妳的聲音。聲音在水中較容易傳導，所以應該也可以聽到周遭的聲音，妳應與寶寶常常交談；而這時寶寶全身開始包覆絨毛、也長出毛髮了。

胎兒的變化

胎兒聽到妳的聲音時會跳躍、踢妳的肚子，在羊水裡活動。此外，對於外界的刺激也變得敏感，可以聽到內臟的聲音，感覺妳情緒上的變化，這些刺激都會刺激腦部的發育。

這時胎兒有多大？

像一顆橘子那樣大

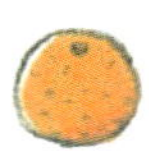

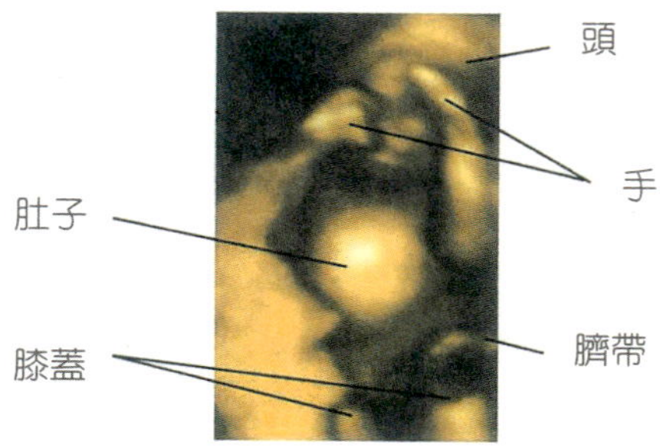

準媽咪可以這樣做

這個時期對腦的發育最重要，所以要多和寶寶說話，刺激寶寶的腦部。

過了25週以後，就可以和寶寶溝通！

胎兒在肚子裡「拳打腳踢」時，妳可以打一下肚皮回應。重複數次之後，在胎兒踢的地方和相反的地方都輕輕拍一下。兩週下來，胎兒就會回應妳的拍打而踢妳，而開始有來有往。

想像和寶寶共同生活，並告訴他

想像寶寶出生後的生活，盡量具體地讓寶寶知道。例如，未來家中的隔間如何、用畫來介紹家中成員、住家附近有什麼等。請具體地說明，將妳的想像更充分地傳達給寶寶。

從外面刺激胎兒的身體和心理

如果很忙沒有時間，則建議以下的方法：

1. 唱妳最喜歡的歌。
2. 告訴寶寶妳正在做什麼。
3. 外出時告訴寶寶妳的感覺。
4. 讀妳最喜歡的書給寶寶聽。

準媽咪應該做的準備

胎盤已經發育完成，進入穩定期。這時可以做些準備，好讓寶寶能順利地誕生。

常常運動有助於平安生產

妳會覺得身體不舒服的症狀及腰痛的情況都比以前嚴重，而且體重也大幅增加。建議不妨試試游泳或產前運動，適當地動動身體，不僅比較舒服，也比較有精神。

上班的妳找好托兒所了嗎？

如果計畫產假放完之後馬上就要回到職場上班，這個時候就可以開始先找保姆了。有的保姆受托的人數可能已經過多，還有別的寶寶在等，所以要特別注意。建議不妨多蒐集各種相關資訊再決定。

準備好參加媽媽教室了嗎？

媽媽教室會教授很多當新手媽媽需要知道的事情；且可與生產時間相當的媽媽一同上課，不僅可交朋友還可做資訊交流喔！準爸爸也可以一同參與。

20~23週

懷孕中期

嗅覺功能發育完成，腸胃功能開始運作。從這個時期開始，寶寶開始會尿尿，這是腸、胃、腎臟和大人一樣可以開始運作的證明，非常值得恭喜。

胎兒的發育　身高約 30公分，體重約 650公克

這個時期胎動的情況會更頻繁。胎兒可以在羊水中自由游動，羊水會震動，水壓會刺激胎兒的皮膚。由於皮膚表面若沒有脂肪的話，皮膚就會消下去出現皺紋，所以胎兒皮膚表面會包覆一層胎脂。

此外，嗅覺器官也已發育完成，開始可以感覺到味覺，然後練習消化吸收。胎兒會喝下羊水，吸收所需要的養分，剩下的部分則經由腎臟過濾後再排出。從超音波照片中，妳可以看得到胎兒吸收消化的情形。

胎兒的變化

羊水量增加，胎兒更加活潑地活動。聽覺也發育得很好，對妳以外的聲音也開始有所反應。睫毛和眉毛也長出來了，眼睛也會一張一闔，不久胎兒就能清楚地感受到光了。

這時胎兒有多大？

像一顆水蜜桃那樣大

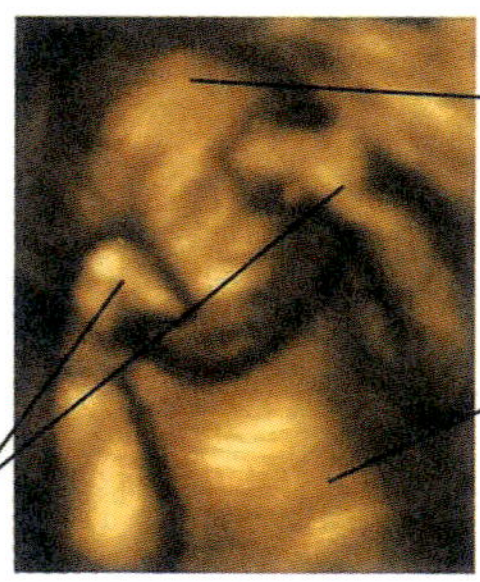

24~27週

懷孕中期

練習張開眼睛看東西的階段。這個階段胎兒身體已經可以自在活動了。小生命會在肚子裡拳打腳踢，好像有話跟妳說一樣。

胎兒的發育　身高約 35公分，體重約 1000公克

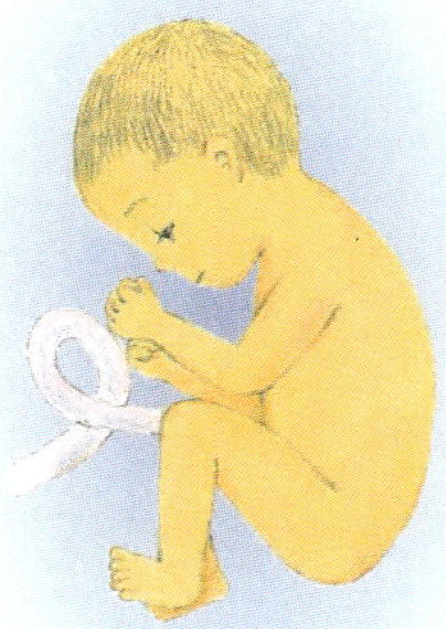

臉的輪廓開始比較明顯，大概看出小臉蛋的樣子。皮下脂肪增厚，皮膚快要長出來，手腳也會開始變長，身體的比例更加均衡了。

此外，腦重量達 300公克，已經發展到可以隨意自由活動，還會踢妳的肚子像是要跟妳說什麼。

這時味覺也已發育完成，胎兒已經可以分辨得出甜味和辣味，具有維持生命最基本的功能，萬一這時出生也比較沒有問題。

這時胎兒有多大？

像一顆中型的高麗菜那樣大

胎兒的變化

開始能看得到東西，他們會張開眼睛轉動眼球張望四周，雖然沒有辦法看到黑暗的子宮內部，但是似乎對光能有所反應，甚至能感受到白天和黑夜的交替。

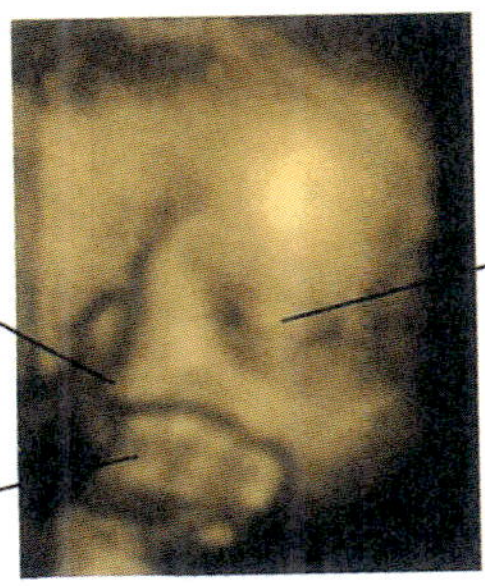

28~31週

懷孕後期

胎兒即將長大到像新生兒那麼大。這個階段的胎兒可以從肚子裡面看到外面的狀況。大腦的神經系統也發展完成，已經可以回應妳對他說的話了。

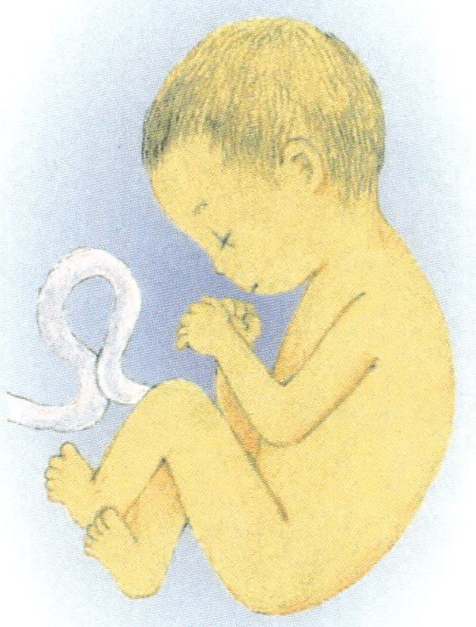

胎兒的發育　身高約 40公分，體重約 1500公克

皮下脂肪長出來了，皮膚表面上的皺摺少多了，體型也比較像出生嬰兒圓滾滾的樣子了。胎兒的腦部和身體已經生長到和新生兒一樣，就要快出生了。現在已經可以用肺呼吸，大腦也發育完全了。

胎兒的變化

這是母子開心溝通的時期。之前拍打肚子可能都沒有回音，但現在寶寶聽到拍打聲就會踢踢肚子作為回應囉！由這可看出胎兒神經系統已經發育完成。寶寶也已經可以分辨很多聲音，所以對外界非常的敏感。

這時胎兒有多大？

像一顆大南瓜那樣大

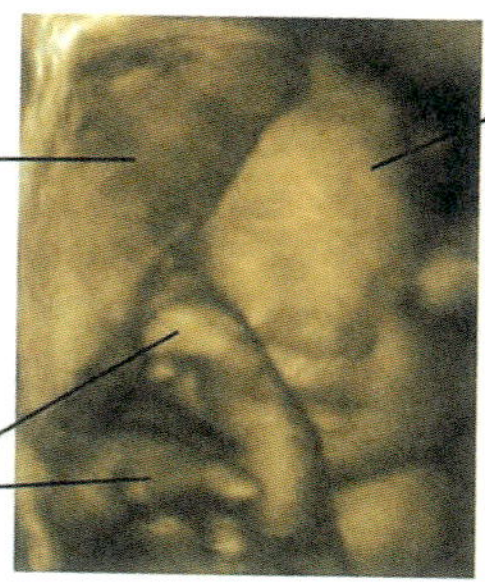

32~35週

懷孕後期

到了發育的最後階段，得開始做生產的準備囉！胎兒不只大腦在成長，情緒也在發展，腹中的胎兒甚至可以感受妳的情緒變化。

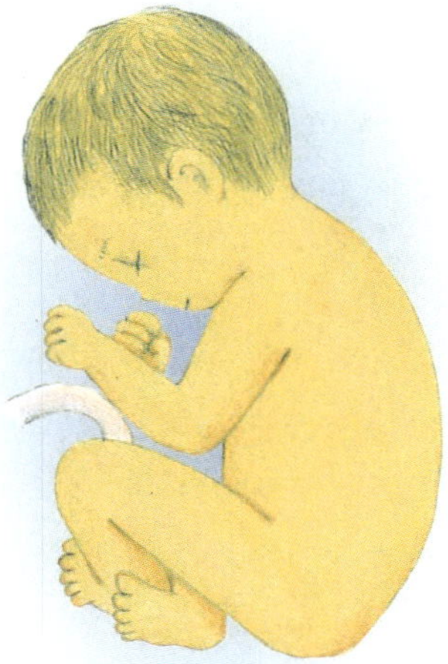

胎兒的發育　身高約 43公分，體重約 2200公克

胎兒的皮膚已經像新生兒一樣呈現粉紅色，絨毛也消失，體型看起來圓滾滾。外觀上的發育也到達最後階段，指甲長出來了，頭髮也長到二至三公分。男寶寶的睪丸從肚子下方下降到陰囊，完成性器官的發育。

表情也豐富多了，從超音波檢查就可以看出表情的變化。胎兒在肚子中的位置大致固定，也開始做好出生的準備。懷孕初期約有三分之一左右的胎兒會有胎位不正的情形，到了第九個月絕大部分都能回到正常胎位。

胎兒的變化

寶寶和妳在一起將近九個月的時間，大概可以了解妳的心情。妳肚子餓了，胎兒就會吸手指頭；妳開心或難過時，胎兒也會感受到而有不同的反應。

這時胎兒有多大？

像一顆中形鳳梨那樣大

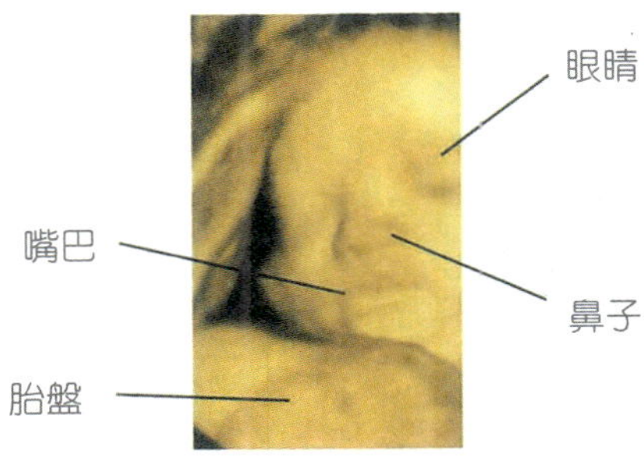

36~39週

懷孕後期

就快要完成任務囉！胎兒已經決定好出生的時間並讓妳知道。
再努力一下就要開始生產了！

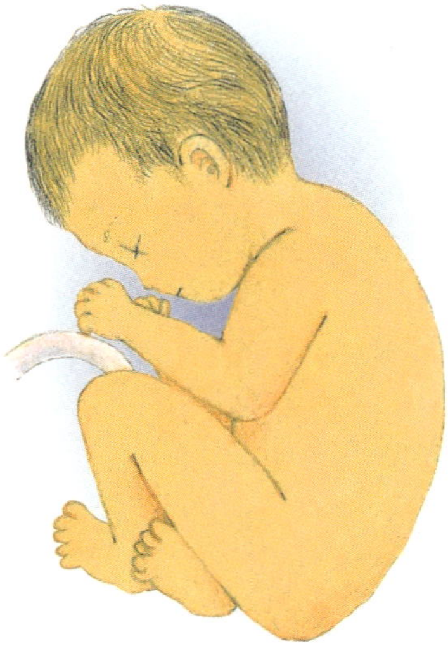

胎兒的發育 身高約 50公分，體重約 3000公克

胎兒不再那麼活潑地動來動去了。他會彎腰，手和手、腳和腳疊放一起，頭則固定在妳的骨盤裡。腦重量約為 400公克，腦細胞數量和大人一樣有一百五十億個，各細胞之間的通道也複雜相連，已經發育得十分良好了。

胎兒在確認內臟、腦部成長完成時，會透過一些方式讓妳知道。他想出生時，母體就會分泌賀爾蒙引起陣痛，這樣胎兒就會從腹中生出來了。

胎兒的變化

胎兒會自己決定在妳肚子裡的位置，在這裡睡覺、在那裡醒來，有其時間性。胎兒的頭部會固定在妳的骨盤中，慢慢地等待自己的誕生。

這時胎兒有多大？

像一顆中形西瓜那樣大

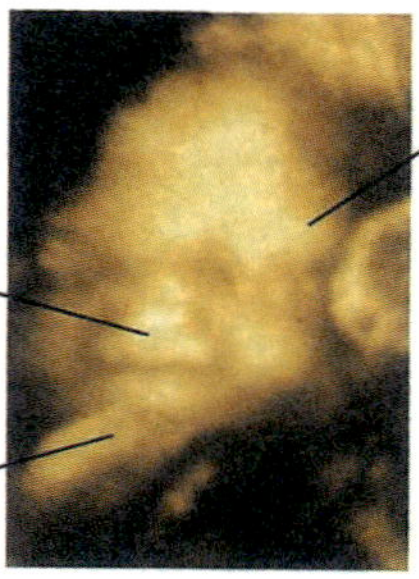

準媽咪可以這樣做

這個時期對腦的發育最為重要，所以要多和寶寶說話，以刺激寶寶的腦部發展。

可以幫寶寶取名字了！

嬰兒出生後三十天以內就得向戶政事務所辦理出生登記。名字是父母給孩子的第一份禮物，相當重要，希望父母們都能慎選。家人一起討論一個好名字，以迎接新成員的到來！

選首可以讓妳輕鬆休息的歌

胎兒現在已經可以聽出聲音的強弱高低，所以就讓他聽聽音樂吧！這時宜選擇可以讓妳心情放輕鬆的歌曲。

可以讓妳安然入睡的音樂就是對胎教好的音樂。選擇妳喜歡聽的CD最好，重點是妳要感覺到自己和寶寶一起相偎相守。

重複發音，刺激胎兒語言學習能力

這個時期如果多刺激胎兒的腦部發育，生下來的寶寶比較聰明。

所以就算只是唸唸數字、注音符號給寶寶聽，也很有效果。還可以把數字、注音符號寫下來，或是畫出來，讓寶寶了解。

準媽咪應該做的準備

肚子開始很明顯，得開始要做好分娩的準備，例如，住院要準備的東西。

做好預防感冒的措施了嗎？

懷孕後期感冒或生病，有時對胎兒會造成不良的影響，所以盡量不要到人多的地方去；外出返家後要洗手、刷牙，並注身體保暖等；開車或騎腳踏車等都應該要避免。

可以準備回娘家生產囉！

長距離移動對身體是很大的負擔，所以如果要回娘家待產的話，八個月多剛滿九個月左右是最合適的。

這個時候最擔心的事情是要換待產的醫院以及負責的醫師和護士們。要生產時，很多事情都得麻煩他們，所以在生產前要和新的醫師好好溝通為宜。

準備好住院待產了嗎？

這個時期隨時都可能有陣痛或是羊水破，所以要先準備好住院待產的物品，以備不時之需。

香氛精油或是減輕陣痛的東西等也要向醫院問清楚是否可帶進去。另外，也要留下與家人連絡的方式，與醫院聯絡的方式等也要記好，以防萬一。

外國人都怎麼生？

美國篇

在美國這個醫療先進國家，人們從小時候開始就習慣服用維生素C等營養補給品，所以孕媽咪對於服用藥物並不覺得有任何不妥，也因此懷孕中很多人除了攝取正常的三餐外，還會服用一些營養補給品。

一般而言，在美國大部分都採無痛分娩，不過，大部分的醫院會要求必須達到某個程度的陣痛、子宮口打開之後才能打麻醉，所以並非完全無痛分娩。

此外，由於醫療保險可以支付的入院天數較短，所以一般的分娩產後一至二天就得出院，而剖腹產則是四至五天就得出院。出院時需有兒童安全座椅才能出院，十分重視寶寶的安全。

生育的費用方面，一般分娩為八千七百美金左右（約合台幣二十八至二十九萬），未婚媽媽也很多，很多情況都和台灣不同。

第一章

懷孕期間的生活

感謝老天爺賜給夫妻兩人珍貴的小生命。為了培育這顆小小的種子，準媽媽的體內會產生劇烈的變化，也因為如此，心理和身體都處於敏感的狀態。

如果是第一次生產，更會令人不安。不過，懂得愈多，不安就會愈少。在接下來的十個月，妳就和寶寶一起慢慢地學習當媽媽吧！

Part 1 孕期生活篇

爸爸媽媽的懷孕進行式

確定妳真的懷孕了！可是之後會發生哪些狀況？是不是會有什麼預料不到的事情發生呢！不必擔心，讓我們從懷孕進行式當中，掌握各個階段該注意及準備的事項吧！接下來的十個月，對你們兩個人而言一定會是很棒的經驗！

初期（2個月～3個月～4個月）

準媽媽的計畫

- 該不會是懷孕了吧？→到醫院做檢查。
- 確定懷孕了。
- 做好生產計畫。

- 找醫院。
- 拿孕婦健康手冊。
- 開始孕吐。
- 工作的準媽媽要向公司報備。

準爸爸的計畫

- 和準媽媽兩個人一起規劃生產計畫。
- 媽媽的心裡很不安，要當她傾聽的對象喔！

- 孕吐期間盡量幫忙做些家事。
- 爸爸也一起幫忙找醫院。

月份	時期	準媽媽的計畫	準爸爸的計畫
5個月	中期	●進入穩定期。 ●挑良辰吉時綁上腹帶。 ●穿著媽媽用內衣褲、孕婦裝。 ●肚子愈來愈明顯。 ●開始做產前運動。 ●參加媽媽教室。 ●開始認真做體重管理。	●參加媽媽教室 ●帶媽媽出去散散心。 ●盡量配合媽媽過規律的生活。
6個月	中期	●開始感覺到胎動。 ●還在工作的妳要開始找保母、托兒所或幫忙照顧的人。	●購買嬰兒用品。 ●整理出一個空間放嬰兒床等的東西。
7個月	中期	●要回娘家的話要記得整理產後物品。 ●媽媽如果妊娠高血壓症候群、貧血、便秘等的症狀嚴重，就去醫院。 ●準備購買或租賃嬰兒用品。	●如果媽媽要回娘家生產，要先問好需要多少錢及生活上注意事項。 ●如果夫妻都在工作，就要和媽媽討論產後的生活。
8個月	後期	●如果要回娘家生產的話建議回娘家待產。 ●還在工作的妳結束工作交接後開始放產假。 ●胎位不正的妳要勤做體操。	●有時間請陪媽媽一起回娘家。 ●閱讀有關生產、分娩的知識。 ●要請育嬰假的話，等媽媽放產假後再請，以方便幫忙家事及帶小孩。
9個月	後期	●準備好所有的嬰兒用品。	●有時間的話回去看回娘家待產的媽媽。 ●確認好發生緊急情況時的聯絡方式。
10個月	後期	●準備入院。 ●想好一旦發生陣痛要帶的東西以及要怎麼去醫院。 ●孩子出生。	●想好名字。 ●準備孩子出生後的文件。 ●多看分娩異常或疾病的書。

我想要這樣生下寶寶

想要生產過程如預想般順利，就必須要事先做好「生產計畫」。「生產計畫」主要是整理妳想待產的地方、分娩方法等，妳心目中想要的生產方式及過程。那麼該怎麼做呢？

知道自己懷孕後，首先一定得先做的，就是選好待產醫院。畢竟這是之後一年左右的時間都要去的地方，所以最好不要只是打電話詢問，而是要親自跑一趟看一下為宜。

雖說如此，相信應該很多人還是不知道該注意哪些事項才好，所以這時候就需要一份「生產計畫」來協助你們。最近有各種強調生產地點、分娩方法等不同特色的院所中心，可以和家人好好商量做個決定。

● 生產地點

「生產計畫」中最基本的就是要在哪裡生。由於迎接家庭新的成員並共同生活的地方是家裡，所以建議找離家裡近一點的醫院比較好。

如果要回娘家生產，則建議產檢和生娩分別選擇不同的醫療院所，這時，妳可以得到娘家多一點的協助與照顧。可是，如果爸爸想陪產的話，離家裡太遠就很難如願了。

● 分娩方法

自然生產　盡可能不借助醫療手法，以自然的方式生產

指不借重藥品或器具等醫療行為，等自然產生陣痛、陰道開口變大而生產的方式。現在幾乎所有的醫院都是採用這種方式。

為了能平安生下小寶寶，還是先了解生產的流程，與爸爸商量過後再慎選待產的醫院囉！

剖腹生產　決定好哪天分娩再依計畫進行

不等自然陣痛，子宮口微開，開始有輕微陣痛時即提早入院分娩。可在超過預產期，或妊娠高血壓症候群會對母體造成生產風險時使用。

麻醉生產 使用麻醉去除疼痛

主要是要極力減輕生產時的疼痛。除了麻醉之外，也會使用針刺或針灸的方式。由於只是去除下半身的疼痛，母體的意識還是很清醒。此外，因為母親生產自己要用力，所以也很有生孩子的感覺。在歐美一般都是採用這種方法。

生產方法

拉梅茲呼吸法 採用這樣的呼吸法，以妳自己的力量生出小寶寶

這種方法是讓準媽媽在生產時不要依賴藥物，而是在放鬆的狀態下運用這套呼吸法，憑一己之力來生寶寶。在懷孕期間參加媽媽教室等多做練習即可。

在還只是微微陣痛時，慢慢地深呼吸。陣痛變強時，呼吸速度也要慢慢加快。留意自己保持深呼吸，以讓小寶寶能獲得充分的氧氣。

陣痛的間隔變短、疼痛程度變強時，呼吸要配合「吸！吸！呼～」這樣的節奏。助產士說要用力的時候，就配合陣痛用力。等到小寶寶的頭已經出來時，呼吸節奏改成「呼！呼！呼！」

媽媽要把全副精神都放在呼吸法上，並讓自己盡量保持在放鬆的狀態，這樣疼痛感就比較不會那麼嚴重。

精神安定法 想像入睡前的狀態以去除不安

精神安定法（Sophrology）是法國人發明的一種想像自己處於入睡前狀態的方法。這種方法主張媽媽很正面地將陣痛的疼痛視為「要與寶寶相遇的最後努力」，以緩和生產的痛苦。為了讓媽媽的身體學會放鬆，必須要事先練習。

想像力的訓練中，能讓媽媽將注意力集中在小寶寶身上，將負面情緒吐納而出，去除對生產的不安和恐懼感。可說是一套學會控制自己，讓自己能輕鬆面對生產的方法。

RIEB法 以氣功式的呼吸及緩慢的動作緩和疼痛

RIEB法的名稱是由放鬆（Relax的R）、想像（Imaging的I）、運動（Exercise的E）和呼吸（Breath的B）的第一個字母所組成的，以中國氣功的腹式呼吸與緩慢的動作為基調，讓身體與心靈都達到放鬆的狀態而降低陣痛的痛苦。這個方式需要爸爸的協助，參加講習會時兩人都能出席是比較好的。

懷孕想像 生產時想像自己處在一個自己很喜歡的空間

自由型態（Free Style）生產

最近有愈來愈多人選擇以自己喜歡的姿勢、在自己想生的地方生產，「主動生產（Active Birth）」和「水中生產」即屬這類。另外，在自己家裡生產應也可算是自由型態生產的一種。這種生產方式引導出人類與生俱來的生產能力，所以可以用更自然的方式生產。

「主動生產（Active Birth）」以自由的姿勢生產而不使用分娩台

媽媽可以在自己想生產的地方、用自己想用的方式生產，是最自然的一種生產方式。有很多助產科也都引進這樣的方法。

媽媽可以用自己喜歡的姿勢生產，例如，不用分娩台而由丈夫支撐。在用力的時候如果停止呼吸，嬰兒就吸不到氧氣，所以並不讓媽媽勉強自己過度用力。最大的特色就是擺脫流俗，由媽媽自己的意思來主導想要怎麼生產。

水中生產 在溫水當中身心放鬆的生產方式

陣痛開始達到高峰後，讓媽媽身體浸在及腰深的溫水（大致與體溫相同）中生產。這時，爸爸與助產士也要一起下去，支撐住媽媽的身體。

這種方法可以讓媽媽在浮力之下輕鬆變換姿勢，並且由於溫水可以讓身體溫熱、促進血液循環，肌肉也變得柔軟，所以生起來比較不痛。

另外，嬰兒原本就待在媽媽的羊水裏，讓嬰兒在水中出生，比起一出生突然接觸到外界空氣，對嬰兒的負擔比較小。

在家生產 在自己熟悉的家中及家人的陪伴下生產

古時候媽媽就是這樣，請助產士或產婆等到家裏來幫忙接生。在家裏由於媽媽對環境熟悉，比較容易放鬆，且家人可以一起迎接新生兒的到來，的確有其優點。

但是，只有曾經正常產子的媽媽才能用這種方式，而且也僅建議能嚴格自我管理的人在家生產。要採用這種方式時，最好能與助產士保持密切的聯繫，並事先想好發生緊急情況時的應變方法，並確認屆時醫院能派人過來幫忙。

如座分娩 坐著生產比較好生

主動生產的其中一種坐著生的方式。據說嬰兒在重力之下比較容易生，分娩時間也比較短。容易用力，又可以輕易改變姿勢，也是這種生產方法的特色之一。

剖腹生產

醫生判斷陰道生產困難時，剖腹取出嬰兒的方法。例如，媽媽骨盆狹窄、多胞胎（雙胞胎以上）、胎兒或母親有什麼風險等情況下，醫生就會做這種判斷。

另外，分娩中萬一發生什麼情況而進行緊急手術時也會進行剖腹生產。各家醫院剖腹生產的比例大同小異，大約都在百分之十五至二十之間。

生產計畫表（範例）

關於生產

- 請寫下對生產的期望。
  （　　　　　　　　　　　　　　　　　　）

- 妳希望剖腹生產或麻醉生產嗎？
  不希望 / 希望（麻醉生產 / 剖腹生產）
  理由（　　　　　　　　　　　　　　　　）

  → 一般的生產可分為自然生產、麻醉生產和剖腹生產。可先和醫生討論後再決定。

- 妳希望妳的先生陪產嗎？
  希望 / 不希望

  → 有的醫院可讓先生陪產，但是禁止拍照、攝影，這點請注意。

- 對入院分娩時會進行的一些處理（剃毛、浣腸、會陰切開），妳有什麼看法？
  1. 這是必要的處理，一切交給醫生、助產士決定。
  2. 絕對不要進行這些處理。
  3. 其他
  （　　　　　　　　　　　　　　　　　　）

  → 是否進行浣腸或會陰切開術，要看分娩的狀況而定。如果不放心，可在事前先請醫生護士詳細說明。

- 對於分娩時需要使用的藥物（抗生劑、鎮痛劑、促進劑），妳有什麼看法？
  1. 為求母子均安，一切交由醫生判斷。
  2. 為求母子均安，使用藥物也是沒有辦法的事。
  3. 絕對不要使用。
  妳希望醫師對誰說明？
  （　　　　　　　　　　　　　　　　　　）

  → 爸爸還有其他家人們也要對各種藥品的藥效及風險有所了解喔！

關於哺乳

- 本院有協助哺餵母乳的服務，如果有什麼需求，請寫在下欄。
  （　　　　　　　　　　　　　　　　　　）

  → 有人說第一次母乳哺餵孩子時會有影響。可多聽聽各個醫院採取的方式，再決定要怎麼做。

媽媽身體的變化

得知懷孕之後的喜悅並不會持續很久，因為很快就會為了懷孕初期身體的變化以及孕吐而覺得不堪其擾。這些變化和不舒服正是有個小生命在妳肚子中成長的證明。要加油，努力熬過這段時間喔！

4～7 週（2個月）

胎內變化圖示

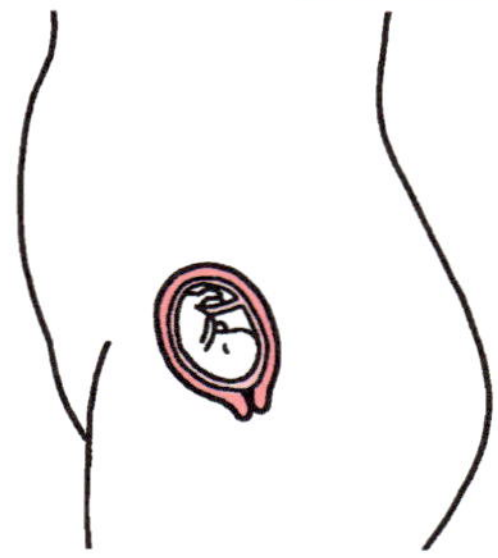

胎內變化說明

一般而言，發現懷孕已經是兩個月後的事情了，到醫院診斷出懷孕則是懷孕六週左右。

身體懶懶的，很想睡，陰道分泌物會增多，乳房也會腫脹，不久隨即就會開始出現孕吐的情況。

這時外觀和體重還沒有什麼變化，有的人則是會在月經要來時那幾天出現流血的現象，如果不放心的話可以去婦產科檢查。

醫師建議 Doctor Memo

得知懷孕之後就應該馬上戒絕菸酒。如果在得知懷孕之前有抽菸和喝酒，還是要去醫院檢查為宜。當然也不行自行服藥。

往後會有一年左右的時間都要去婦產科報到，所以可以先決定要去哪間，以後有什麼問題都可以向婦產科醫師請教。

痲疹等無法預防接種的病毒性疾病也是導致胎兒異常的原因，所以必須要注意少去人多的地方。

8～11 週（3個月）

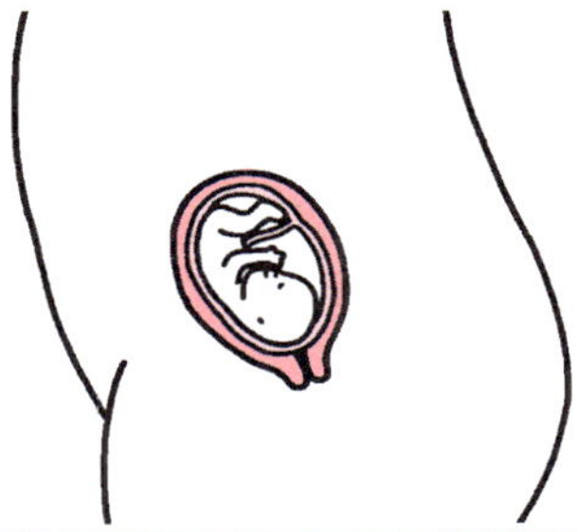

孕吐最嚴重，子宮還在骨盤內，所以肚子還不會變大，不過，子宮會漸漸變大到握起的拳頭那麼大，而壓迫到膀胱和腸子，所以很容易便秘，也會變得常跑廁所。

此外，這個時期也很容易流產，所以要避免激烈的運動，盡量攝取均衡膳食。

想旅行或運動時稍微忍耐一下，應盡量避免。拿重物，或是需要站著做的事情，請爸爸幫忙一下。

這段期間是胎兒器官發育成長的關鍵時期，所以也不宜做「愛做的事」。可是肌膚之觸還是很重要，身體覺得不舒服、心裡覺得很不安時，拍拍背後或是按摩一下腳底，都可以讓心情舒緩。

12～15 週（4個月）

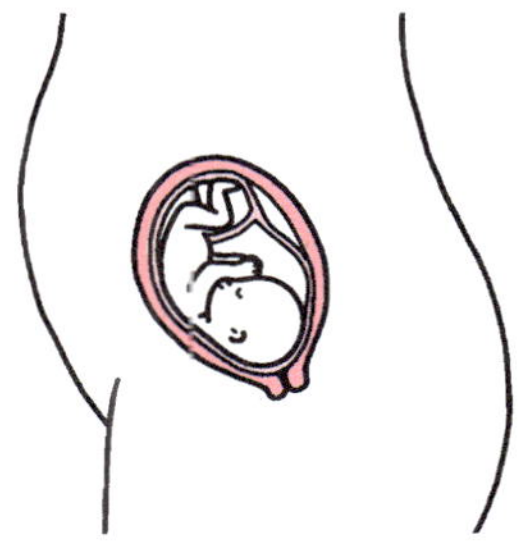

孕吐的情況好轉了，不再像之前那樣想吐，情緒比較穩定，食欲也回復了，流產的可能性也比之前大幅降低。

子宮從骨盤下滑到腹部的後方，便秘和頻尿的情形也減輕不少。子宮長到和新生兒的頭部差不多大，所以肚子也大了起來。有的媽媽這個時期就會感覺到胎動了。

體重開始增加，好不容易孕吐停止了，卻換成腰痛和水腫讓妳鎮日不安。為求安全生產，就要開始多散步和做家事活動一下筋骨。

如果有牙齒的毛病想看醫生，現在是很好的時機。不過，如果要打麻醉劑的話，要先告知牙科醫師妳懷孕，並且詢問是否適宜。

媽媽生活重點 家庭篇

這時妳身體的外觀還沒有什麼太大的改變，所以旁人還看不出來妳懷孕。不過，妳要記得，這時是寶寶腦部、內臟發育成長的重要時期，所以萬事都要小心，家事方面可先放手，不要太勉強！

孕期女性身體的變化

身體的變化是小生命存在的證明，懷孕時妳的身體會出現下列各種變化。

- 月經停止。
- 體溫變高，感覺燥熱。
- 身體無力，總是想睡。
- 容易流口水，對味道變得敏感。
- 對食物的喜好改變。
- 陰道分泌物增加。
- 空腹時想吐。
- 便秘。
- 乳房脹大，乳暈變大變黑。

這些身體的變化，都跟荷爾蒙的影響有關，同時也是胎兒在妳腹中成長的徵兆，不需要太過擔心。不過，藥物的使用則需要特別留意。服用頭痛藥或是感冒藥時，切勿未和醫生確認即自行服用。不過，也不要因為不能吃藥，不舒服就強忍著，這樣反而會因為壓力而引發其他問題，建議還是詢問醫生比較好。

助產士的建議　所有擔心的事，都可以詢問婦產科醫院

懷孕初期最難受的就是「孕吐」了。症狀有很多，大約會有二至三個月都不太舒服。沒有攝取該攝取的營養當然也有關係，但真正的原因可能出在壓力上。不安以及身體上的不舒服，可能會讓妳愈來愈消極悲觀。

這個時候就算只是小事，也可以詢問婦產科醫院。例如，吃不下，無法用藥的時候，可以打葡萄糖或氨基酸等的點滴，讓身體舒服一點。

除了身體方面的事情，經濟上和夫妻關係等都可以和醫生或助產士討論，他們接觸過許多媽媽，可以提供很好的建議。坦然地告訴他們妳的心情，反而可以建立良好的信賴關係。

趁還能動的時候整頓環境

在懷孕時不宜做蹲坐的動作，而且從現在起到滿月這段期間妳的行動會愈來愈遲緩，平衡感也比較沒那麼好，所以可以趁還能動的時候先整頓環境，這樣寶寶生下來後也比較輕鬆。

例如，將日常生活中需要的物品收到特定的生活空間，以減少上下樓梯的次數；或是將地毯或鋪在地上的東西固定好，以免滑倒；還有，家具可以重新擺放，調味料可以放在容易拿到的地方；尤其是浴室容易滑倒，更要小心鋪上防滑地板。

肌膚變得敏感容易出問題

懷孕期間陰道分泌物會增多，皮膚上也比較容易長出小疹子，所以勤於清潔，妳會感覺比較舒服。

可是這個時期皮膚很敏感，過度清潔反而會讓皮膚出問題，所以最好不要使用沒用過的肥皂或化妝品；要進行脫毛，或染髮時也要特別注意。

值得注意的是，在懷孕初期，如果肌膚出現問題可能也不能馬上就用藥治療，需要耐心等到安定期。

這些事情可以做嗎？【家庭篇】

下面列出懷孕初期常見的問題，妳也來參考看看吧！

- **抽菸**：得馬上停止，因為這對胎兒的影響非常大。最好也不要去有菸味的地方；爸爸也不可在家裡或媽媽身旁抽菸。
- **吃辛辣刺激的食物**：如果是調味料等的辣味，只要妳喜歡就沒問題，反而還可促進食欲，可是還是要注意不要吃太多喔！
- **喝酒**：酒精會通過胎盤為胎兒吸收，所以基本上是不可以喝的。
- **喝咖啡或紅茶**：含咖啡因的飲料會讓血流增快，所以也不宜多喝。
- **喝綠茶**：綠茶當中也含有咖啡因，但如果只是飯後喝一點則無妨。
- **脫毛**：懷孕期間皮膚很敏感，脫毛會造成皮膚上的問題，所以還是避免為宜。
- **看牙醫**：如果要去看牙醫，建議等二十週以後。打麻醉和照X光基本上也應盡量避免，但是有的牙醫服務很好，會在肚子上覆蓋東西防止直接照射。有些牙齒的問題無法在懷孕中期前治療，疼痛難忍時可以找婦產科醫生聽他們的建議。
- **養寵物**：如果要養新的寵物，要先考慮一下，因為有可能會使妳染上傳染病。建議等寶寶一歲大左右再開始飼養為宜。
- **玩電腦**：電腦或家電發出的電磁波對胎兒幾乎不會造成什麼影響；可以照常使用，不過要記得常換姿勢才好。
- **做家事**：基本上跟平常一樣，但要注意不可拿太重的東西，不要到太遠的地方買東西，累的時候就休息，也可以坐在椅子上做家事。

媽媽生活重點 職場、戶外篇

再檢查一次周遭的環境。懷孕初期，身體還很不習慣有個小寶寶在。不過，還是要好好地檢查周遭的環境，生活起居上千萬不要忘了小寶寶的存在喔！

注意職場環境

由於現在外觀上幾乎還看不出來有什麼變化，所以很容易忽略工作環境上需要特別注意的事項。

在職的準媽媽要特別注意工作環境。若冷氣開得很強，記得準備襪子和小外套。此外，通勤時也要換人車較少的路線，一點一點地改變自己原本的生活習慣。

如和朋友、同事聚餐時，酒、高熱量、高鹽分的食物要少碰；至於煙霧瀰漫的地方會讓妳吸入尼古丁，所以一定要坐非吸菸區。妳的身體和原本相差很多，為了胎兒好，生活上請多注意。

當個自然派媽媽

為了胎兒的健康，準媽媽總是希望能給寶寶更好的環境。因此，關於身邊周遭的事物都要好好想想才是。

首先，接觸身體的東西盡量都用自然的東西。但是，這個時期肌膚很敏感，就算是天然素材的產品，肌膚可能也無法因應變化，也許還會發炎也不一定。所以建議避免在懷孕期間突然更換化妝品或洗髮精品牌。

如果要更換自然產品，不妨從肥皂、洗潔精、洗衣精一點一點開始。肥皂和洗潔精會從指縫間一點一點滲入人體，這是每天都在用的東西，所以雖然少量也不可忽視，建議選擇有信譽的廠商所生產的產品。

洗衣粉、洗衣劑等都會殘留在衣物上，不過，如果是「天然油脂」就可以安心。如果沒有螢光漂白劑等添加物，也可以用在清洗嬰兒的衣物上。

避免在公共場所逗留

懷孕初期外出時，要特別小心，不要感染上任何疾病。一些病毒也許對健康的身體沒有什麼威脅，但對於體力和抵抗力都大不如前的妳而言卻相當危險。有的疾病還會對胎兒造成影響，導致流產、早產等情況。最糟的是，病毒還有可能會從胎盤感染給胎兒。所以要少去人多、容易感染疾病的地方，也要勤洗手。

至於流行感冒、德國麻疹等也不容小覷。若是於懷孕二十週前感染德國麻疹，可能會生出殘缺的寶寶。妳不能接受預防接種，但其他家人可以，這都可以防止病毒進入家中。

最近披衣菌（Chlamydia）、陰道滴蟲（Trichomonas）等性病因性行為開放而增加，如果確定感染的話，爸爸媽媽都要好好地進行治療才是。

避免開車以免危險

當然不是懷孕就不能開車，但是懷孕期間注意力、判斷力都沒有以前好，考慮到自己的體能，還是盡量避免才好。當然，肚子變大的時候平衡感較差，也較危險。

肚子愈來愈大時，壓迫腹部的姿勢會變得很痛苦，所以長時間的開車更要避免。

這些事情可以做嗎？【職場、戶外篇】

下面列出懷孕後期常見的問題，妳也來參考看看吧！

- **旅行**：不管是國內國外，都得忍一忍。要進行國內旅行也要等到懷孕中期後再說。
- **泡溫泉**：懷孕的媽媽如果體溫持續過高，容易引起胎兒腦部、脊髓的神經系統發育異常，此外，懷孕期間媽媽的生理狀態也比較不穩定，所以一般不建議泡溫泉，以免發生細菌感染。
- **洗三溫暖**：在溫度極高的室內，胎兒較難獲得氧氣，所以不建議前往。
- **游泳**：重視衛生的游泳池才能去，以免遭黴菌感染。
- **海水浴場**：到海邊泡泡腳沒有關係，但是要做好防曬。
- **針灸和按摩**：要進行針灸或按摩時，需先告訴對方，妳已經懷孕，如果是專門為孕婦服務的師傅就更好了。
- **長時間坐著工作**：這個時期容易因腹脹而導致流產，所以上班時不妨和公司商量工作時間。
- **長時間站著工作**：對下半身的負擔很大，容易發生狀況，所以在午休時間，要找機會躺著休息一下。
- **至遊樂區**：遊樂區裡像雲霄飛車等是不許孕婦搭乘的，不要以為肚子還不大沒有關係，要遵守遊樂區內所寫的警告標示。

懷孕費用

懷孕、生產零零碎碎要花不少錢，不過總共是多少呢？生產費用會隨懷孕過程、婦產科醫院或檢查內容而有很大的差異，可以多請教有生育經驗的其他媽媽，從中算出平均值以為參考。

孕期檢查相關費用

在台灣的全民健保制度下，妳可享受十次免費產檢。我們先來看十個月下來產檢大概要花費多少錢。

一般媽媽

健保給付所的項目包括孕期十次產檢的費用以及生產、住院費用和高危險妊娠媽媽的特殊檢查費用。所以只要有加入健保，一般只需依照所選擇不同層級的醫療院所，負擔平常產檢門診的掛號費，所以十次產檢約總共需要一至二千元的掛號費和約十分之一的生產費用。若選擇自然產，從懷孕到生產大約只需準備一萬元。

高危險妊娠媽媽

高危險妊娠媽媽，需要的檢查項目較多，像是羊膜穿刺、母血唐氏症篩檢、胎兒透明帶檢查（非所有醫療院所都有提供）等，這些檢查成本高，有些健保並未給付，所以負擔較重，總費用共約一萬元上下。

超音波檢查

一般健保給付的部分是在孕期二十週時進行；如果想要額外檢查，費用就得依各醫院的自費金額而定。一般常見的2D超音波檢查，一次檢查的自費金額約在二至六百元左右，高層次的超音波檢查則在一千至二千元上下，較新的3D立體超音波則約在一千至一千二百元。

分娩時所需要的費用

入院費用隨婦產科醫院的類型、產房、分娩方法、是否超過一般工作時間、住院日數等而定。費用統一在出院時支付，所以在選婦產科醫院時要先確認大概需要多少費用。此外，北、中、南各地收費可能稍有不同，住單人房、雙人房或四人房等費用也會大不相同。

健保房

若選擇「一間三人以上」的健保房，則可不必負擔住院費用。

單人房或雙人房

若想到舒服點，選擇雙人房或單人房，則依房型及醫院設備的新舊來給付部分負擔。一般若為二人房，與健保病房的差額費，每日約在一千五百元至二千元，單人房每日差額則在三千五百至四千六百元間。

各種生產方法所需之費用

依分娩方法不同，費用也會不同。

自然產

生產方面如果是自然生產，則免自付額，生產費用大約在二千五百至三千元。

剖腹產

但若為剖腹產，則費用需依是否為「適應症」（因為特殊情形而由醫師判定的剖腹生產）而定。若為「適應症」則有健保給付，生產的費用加上住院五天（若住在健保房），則費用約為九千至一萬元，若不是健保房則需補差額。

非病情需要之剖腹產

若為自願要求的剖腹產，稱為「選擇性剖腹產」，生產費用再加上病房費用，與一般自然產的媽媽相比，費用差額約在二萬五千至三萬元以上。

無痛分娩

使用無痛分娩的自然產媽咪，需自費，依時間計價，最低五千元，最高一萬五千元。平均都在八千元左右。

媽媽經驗談——可能的花費

依其他媽媽的經驗談，懷孕初期所需的花費如下：

我懷孕了？

- 懷孕檢查用藥 ---------- $.______

到婦產科醫院檢查

- 掛號費 ---------- $.______
- 交通費 ---------- $.______

時間還太早，檢查結果還不確定，一個星期後再去醫院

- 掛號費 ---------- $.______
- 交通費 ---------- $.______

確定懷孕之後，一個月前往醫院做一次產檢

- 掛號費 ---------- $.______
- 交通費 ---------- $.______

貧血症狀嚴重而去看醫生

- 掛號費 ---------- $.______
- 診療費 ---------- $.______
- 交通費 ---------- $.______
- 藥費 ---------- $.______

開始陣痛！去醫院

- 交通費（計程車） ---------- $.______

開始生了！

- 自然生產住院三天（單人房） ---------- $.______

出院時

- 交通費（計程車） ---------- $.______

與婦產科醫院的第一次接觸

Q 如何選擇婦產科醫院？第一次產檢要做些什麼？

A 這個階段也差不多該決定好要去哪家婦產科醫院了。往後一年都要去這家醫院報到，所以要選一家自己覺得能接受、能放心的才好。首先就要親自跑一趟、親眼看看醫院環境如何。

選擇婦產科醫院

四種可以接生的醫療單位

想要放心的生產，就從找家信譽良好的婦產科醫院開始。婦產科醫院可分四種，規模和設備都各不相同，優缺點也各異，可依個人的生育計畫選擇一家好的婦產科醫院。

● 綜合醫院、大學附設醫院

醫療設備應有盡有，又有內科、小兒科等，萬一出什麼問題也可以比較放心。不過，這類醫院有教育的功能，所以會有些實習醫生、助產士，在選擇的時候要想清楚看妳是否能接受生產時有其人在場、是否很要求隱私，或是想有個舒適的生育環境等。不過，如果有生產合併症問題的媽媽還是選擇這類醫院為宜。

● 婦產科專門醫院

醫院的病床有二十床以上，是專門負責生產的醫院。規模大一點的很多都會併設內科、小兒科等，生產之後可以繼續帶寶寶來這裡就醫，所以也可以比較放心。不過，醫院愈大就要等愈久。

● 婦產科診所

床位在十九床以下的醫院稱診所。一般正常的情況都可以在婦科診所生產。從產檢到分娩往往都是由同一位醫生負責。

很多婦科診所會特別強調懷孕期間對妳的指導、住院期間膳食調理、或醫院設備等特色，可以向助產醫師確認更詳細的情況。此外，萬一發生緊急情況時如何轉診到其他醫院間等的細節，也要事先問清楚才好。

● 助產所

助產士所經營的生產醫療單位，特色在於生產的環境很有家庭的氣氛。由於助產士並非醫生，所以不會進行醫療行為，只有正常生產的媽媽才建議在助產所生產。

罹患妊娠高血壓症候群、合併症，或是雙胞胎、胎頭骨盤不合等情形時有時就不能在助產所生。發生緊急情況時，妳會被送到合作的婦產科醫院去。

初診

何時該就診？

市面上販售的驗孕試劑可能在月經該來卻沒來的一週後就可以驗出陽性反應，不過，在醫院驗孕則要等月經預定日過後兩週才能驗出結果，太早做無法做正確的判斷。

初診時要穿開襟上衣，寬鬆的裙子以方便檢查。此外，初診時會有尿液檢查。雖然飯後做檢查時有時會驗出糖分來，不過還是無妨，妳可以正常進食。

初診流程

❶ 掛號

有的醫院需要預約，事前先問好。

❷ 填問診表

醫生會問妳最後一次月經來的日期或生理週期，如果平常有量基礎體溫表可以一起帶去。

❸ 檢查→尿液檢查

用櫃檯小姐給的紙杯取尿。

❹ 量血壓、體重（複診時常常都要量血壓、體重）

以後每次來醫院都要量一次。

❺ 內診

脫下裙子或褲子上內診台。

❻ 超音波檢查（迴音法）→由醫師診斷

從陰道照超音波，看看胎兒的情況。（初期採迴音法）

❼ 抽血（複診時常常都要抽血）

診斷確定懷孕後，會抽血檢查血型或是否感染愛滋病等疾病。（有的婦產科醫院或許有其他做法。）

❽ 繳費

懷孕並非生病，屬自由診斷醫療項目，所以有些檢查並不適用健保。事先向醫院問清楚為宜。

爸爸請你這樣做！

要做的第一件事就是要找婦產科醫院

你即使知道媽媽懷孕了，也不會馬上有當爸爸的感覺。相信你心裡一定很不安，不過，仔細想想，媽媽身體開始出現變化，一定比你更不安十倍，所以對媽媽要加倍溫柔喔！

今後十個月你該做的事情可多了，而第一件事情就是找婦產科醫院。你也許會想就近生產就好了。初診也許找就近的醫院就行了，但是決定要去哪家婦產科醫院就等於是決定在哪裡生、要如何生、用什麼方法生。

懷孕期間的生活過得如何、生產情況如何等，都會在寶寶的記憶深處留下印象，所以選擇今後十個月都能將媽媽和寶寶托付給他們的醫院是很重要的。

你和媽媽兩個人要多學些生產相關知識，並且列出生產計畫。此外，決定好要如何生產後，可以在假日時去醫院看看。媽媽行動比較不便，爸爸一起去會比較放心。

定期產檢項目

Q 定期產檢是在檢查哪些事情呢？

A 產檢內容從體重、血壓、尿液等到腹圍、內診、超音波、胎兒心跳數項目等很廣，如有任何不懂的都可以問醫生。

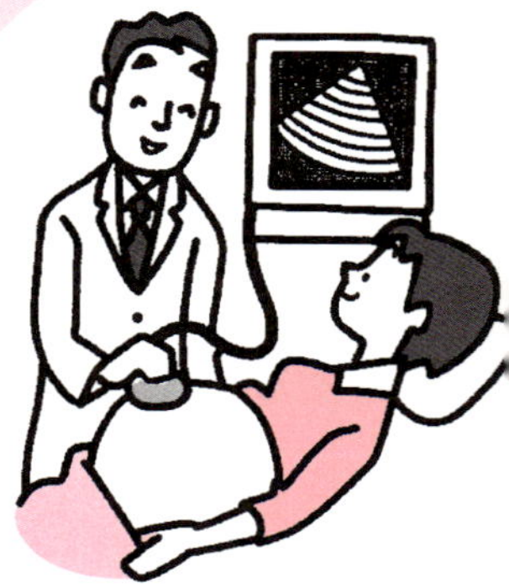

一開始是一個月一次，之後會愈來愈頻繁

初診的時候如果確定真的懷孕了，就要定期回醫院做懷孕相關的檢查。多久產檢一次則隨時期而定。

一般而言，健康的媽媽在懷孕中期結束的第二十七週之前，每四個星期產檢一次（一個月一次）。到了懷孕後期，即二十八至三十五週則應每兩個星期產檢一次。三十六週以後則是一星期一次。

產檢時會檢查**體重、腰圍、胎兒心跳數、血壓、尿液收集、內診、超音波檢查**（有時並不是每次都會檢查這項），了解妳和胎兒的情況。

一次產檢要花不少時間。最近很多婦產科醫院都可以讓爸爸陪同妳一起去做超音波檢查了。實際看到腹中的胎兒，才會有當爸爸、媽媽的感覺。有時間的話，希望爸爸也能一起去婦產科醫院。

此外，如果妳覺得有任何一點跟平常不太一樣的地方，也要馬上去醫院檢查，不要等到產檢時才去。如果沒有辦法去醫院，就打電話問醫院方面該怎麼做。

有異常狀況要盡早處理

如果產檢都有好好地做，就能早點發現異常狀況。例如，流產、早產以及妊娠高血壓症候群等問題最重要的就是要早期發現、早期處理。請一定要按照時間確實去做產檢。

此外，產檢也是很好的機會，可以讓妳問些不放心、難以啓齒的問題。煩惱是沒有用的。如果不好意思問醫生，也可洽詢女助產士的窗口。此外，有些地方還會有訪問指導的服務，請善加利用。

定期健康檢查都做些什麼事情？

- ● **測量體重**：如果體重急劇升高就很有可能是高血壓症候群，所以要先確認體重是否正常。
- ● **尿液檢查**：檢查尿液中有沒有蛋白質或糖分。
- ● **血壓檢查**：要發現妊娠毒血症所需做的檢查。如血壓高於140／90 mm／Hg以上就要注意。
- ● **腰圍、子宮底長度**：懷孕中期以後才要做這項檢查。從羊水量是否正常來檢查胎兒的狀況。
- ● **水腫**：懷孕期間血液循環不好，腳部會水腫。檢查方式為按一按足脛和指甲看水腫的情況。
- ○ **超音波檢查**：將機器對著妳的肚子檢查胎兒的發育情況、各器官是否有無異狀。
- ● **都卜勒超音波掃描**：將機器對著妳肚子檢查胎兒的心跳數或心跳節奏。從懷孕十週開始就可以聽到胎兒的心跳聲了。
- ○ **內診**：醫生將手指或醫療用具伸入陰道檢查陰道內部、子宮口附近的情況。懷孕後期還會檢查破水的情況。
- ● **血型檢查**：懷孕初期檢查一次，懷孕後期檢查一次。為因應發生緊急狀況時的輸血需求，所以需要先了解血型為何。此外，也檢查胎兒和妳的血型是否不合，如果不合有時可能需要再做其他特別處理。
- ● **梅毒血清反應檢查**：即使檢查出有梅毒病源體，只要早期治療就能預防感染給胎兒。
- ● **B型肝炎抗原檢查**：檢查媽媽是否為B型肝炎帶原者。雖然不至於會傳染給胎兒，如果妳呈陽性反應，則寶寶一出生就要施打免疫球蛋白。
- ● **貧血檢查**：於懷孕初期和中期進行。
- ○ **德國麻疹檢查**：檢查媽媽是否有德國麻疹抗體。只限懷孕初期還不知是否有抗體的媽媽才需做這檢查。

※「●」是一定要檢查的項目，「○」為有必要時才要檢查的項目。

爸爸請你這樣做！

定期產檢要注意的事情

你可能會覺得婦產科都是女人，真是不想去，可是還是去看一次才好。這是你去見寶寶的難得機會，有時間的話就去看看寶寶吧！

媽媽要做很多檢查，其中「超音波檢查」可以讓你一起進去看。這項檢查是醫生將機器放在媽媽的肚子上，就可以從螢幕上看到胎兒的情況。最近的科技先進，已經可以用3D技術來做這項檢查，連寶寶的表情等都可以看得清清楚楚。

而4D技術則可以看到寶寶在動的樣子，是在睡覺或是在吸指頭都可以看出來。超音波檢查的影像上會有很多寶寶的情況，可以請醫院方印出來讓你們帶走。

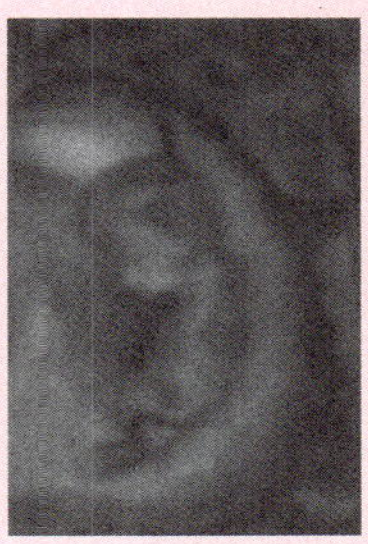

3D超音波的特色是從妳的肚子取得長度、寬度、深度的資料來做出影像，所以會比一般的超音波檢查所看到的影像更為生動，例如，寶寶的表情和手腳等都更立體。

孕吐讓媽媽度日如年

Q 人家都說孕吐很難過，有沒有什麼解決方法？

A 吃得下就多少吃一些，靜待孕吐情況慢慢好轉。

找出適合自己的孕吐解決方案

孕吐是從懷孕四至六週左右開始，約八成的人都會出現某些症狀，但由於孕吐是突然發生，且每個人的症狀都不同，所以不是每個人都可以用一樣的方法來讓自己舒服一點。了解自己屬於哪種類形，找出最適合自己的方法才是最重要的。

孕吐的英文是「morning sickness」，顧名思義，這就是說在早上起床空腹時孕吐的情況最為嚴重。症狀很多，例如，頭痛、想吐、很睏、對味道很敏感、吃不下或是要一直吃，否則就會不舒服等。

痛苦指數多高、要痛苦多久等因人而異，不過也有的人完全沒有感覺。一般而言，通常在十二至十六週左右就會好轉，不過有的人則是半年，有的人則是一直到快生了之前都還會孕吐。

● 嚴重時不要忍耐，趕快去婦產科醫院

孕吐不是病，但是往往卻是吃愈少、喝愈少就愈嚴重。如果有頭暈、體重大幅下降的情況發生，宜馬上到婦產科醫院檢查、治療。水分補給很重要，就算什麼都吃不下，水分還是要多攝取一些。

雖然妳知道這個時期胎兒的身體正在發展當中，應該要補充營養才好，可是就是吃不下，怎麼辦？絕對不要急。**孕吐期間只要吃吃得下的、想吃的食物就好。**如果勉強自己吃東西，只會讓自己更想吐且會累積壓力，變成惡性循環。

孕吐好轉後，就要為胎兒好好控制營養和體重。不過，如果吃太多反而會讓體重增加，導致分娩時的困難。

孕吐的主要症狀

- **不停想吐**

  空腹時尤其嚴重。可以準備些小餅乾或是小點心應急。

- **對味道敏感**

  很多人都說聞到白飯的味道會想吐，不過這也是因人而異，有的人則是對自己以前愛用的香水敏感。

- **只想吃特定的食物**

  孕吐期間吃得下的東西不多，很容易突然想吃一樣的東西。不過沒關係，吃得下就吃。

- **不喜歡以前喜歡吃的東西**

  有的人甚至以前喜歡吃的東西在孕吐期間卻連碰都不碰。不過，過了這段時期就會好了。

- **斷斷續續地感到頭痛**

  頭痛的原因有很多，壓力或是睡眠不足等都是。這時不要太過勉強自己做些什麼，好好休息，不要讓自己太累。

- **常常覺得想睡**

  有的人會一直想睡，這就表示身體需要休息，那就躺著休息吧！

- **口水很多**

  口水也許讓妳覺得很噁心。不過有的人則是老是覺得口乾舌燥。這時可以多攝取水分。

- **沒有食欲，吃不下**

  沒有食欲的話就不要勉強自己吃。吃得下的時候再吃，不過不要忘了要多補充水分。

- **沒有吃東西的話就覺得難受**

  也有些人是嘴巴沒有吃東西就覺得不舒服。如果勉強自己少吃點又會累積壓力，所以就吃吧！體重管理等孕吐情況好轉後再開始。

爸爸請你這樣做！

幫助媽媽度過孕吐時期

孕吐原因現在還不明，但有一說是懷孕之後「hCG」荷爾蒙急速增加，搞亂媽媽身體生理機制所致，也有人說是身體突然多了一個胎兒，身體為了將異物排出所以才會產生這種現象。

不管如何，媽媽都不能亂用藥物，只能靜待這段時期過去，所以會非常辛苦。

這個時候你該怎麼做才好？這是個很難的問題。又不能帶媽媽去吃好吃的讓她轉換心情；也不能送花，因為有的媽媽可能會對花香敏感；要帶媽媽出去，還得挑人少，且舒服的地方，要注意的事情很多。

其實這個時期，媽媽最希望你做的就是，待在身邊聽她訴說不安。由於這時她的精神上壓力較大，口氣可能會比較重一點。不過這只是幾個星期而已，你可要多包涵。

下班回家時打個電話，或是早上起床時幫媽媽泡杯牛奶連同蘇打餅乾一起送到床前，那麼媽媽的心就會放鬆不少。

懷孕初期的流產

Q 為什麼會流產？能夠避免嗎？

A 原因大多是先天性染色體異常或是受精卵生命力不足等，問題主要在胎兒身上。

初期流產幾乎與胎兒有關

懷孕未滿二十二週胎兒即從母體出來，這就叫做「流產」（二十二週以後稱做「死胎」）。懷孕初期的流產原因大多出在胎兒身上，往往難以避免或預防。

懷孕十二週以前發生的流產，主要多半是胎兒染色體異常或感染，因而無法再繼續成長。十二至二十二週間發生的流產很少見，原因多半是子宮口鬆弛，或感染導致破水等問題。

其他也有聽過媽媽精神壓力大、激烈運動、用藥等其他原因，但是都要情況嚴重時才會導致流產。媽媽或爸爸抽菸當然也會對胎兒產生影響。

雖說如此，流產對爸爸媽媽都是哀傷的經驗，兩個人要同心協力，共同走過這段悲傷的經歷。

知道流產後，要到婦產科醫院做流產手術以將子宮內的殘留物除去，好讓月經正常。之後十天左右如果都沒有異常，就能回到正常的生活軌道。如果醫生沒有特別警告，就可以準備再次懷孕。月經大約會在一個月後開始來。

習慣性流產媽媽要做精密檢查

懷孕初期流產時，出血量並不多，很多人都說原本以為是月經，沒想到竟然是流產。

常常聽到的「迫切性流產」指的是快要流產的緊急情況。四至十二週最容易發生，最危險的則是八至十二週左右。

流產時會突然流出淡粉紅色或茶褐色的分泌物，且下體會由於子宮收縮而感到疼痛或發脹。

如果正在流產，會大量出血，所以要保持冷靜馬上通知婦產科醫院。如果是習慣性流產，那就比較讓人擔心了。連續三次以上流產時，這就稱為習慣性流產，這時就得進行染色體異常、糖尿病、甲狀腺疾病、子宮狀態等的檢查。

另外，還有所謂「不孕症」等，將胎兒視為異物的免疫性疾病患者。這時爸爸也要一起做檢查。如果能找出一再流產的原因，就能找到很多方法來解決。

流產的種類

- **迫切性流產**
  診斷為迫切性流產時，需要一段時間好好靜養。即使有出血或腹痛，只要能確認胎兒仍有正常心跳，那就沒有問題。
- **完全性流產**
  胎兒整個流出子宮外。經過適當處理後，子宮會收縮，子宮口會閉起來。
- **流產進行中**
  子宮口已開，正在流產的過程中。這時已經無法阻止流產，媽媽會有出血和疼痛的現象發生。
- **死胎**
  受精卵在子宮內死掉了。這時需要將死胎從腹內取出。
- **不完全性流產**
  胎兒雖然流出體外，但是還有一部分在體內。子宮口沒有緊閉，所以出血和疼痛的情況會持續。

爸爸請你這樣做！

流產之後要注意的事情

流產是不可避免的意外。百分之十到十五的人有流產經驗，想必你一定很震驚吧！可說每十個人裡就有一至二個人會流產，機率相當高。

流產是指二十二週前胎兒在子宮裡死亡，或是排出母體，初期流產的原因幾乎都出在胎兒身上。如先天性染色體異常、受精卵生命力不足。有時如果媽媽沒有發現自己懷孕而服用藥物，或不小心從樓梯跌下來，也有可能會造成流產。

不過，雖說「流產是不可避免的意外」，但還是有例外。首先要舉的就是抽菸習慣，尤其是每天抽菸的媽媽。當然原因也有可能是和你抽菸有關。

對於流產的噩耗，你可能很難過，但是媽媽在身體和精神上的打擊卻是遠超過你所感受的。幾乎所有的媽媽在這時都會自責自己當初應該辭掉工作，或是運動過度等。

這時能幫上媽媽的，不是別人，正是你。要有正確的知識，多多體諒媽媽的心情。

孕婦健康手冊怎麼看、怎麼填？

Q 《孕婦健康手冊》哪裡可以拿得到？

A 待確定懷孕之後，醫療院所就會發給妳一本《孕婦健康手冊》。懷孕期間外出時，建議帶著孕婦健康手冊出門。上面詳細記載懷孕經過，萬一在外面暈倒或發生什麼問題時，就可以從上面了解該怎麼幫妳做緊急處理。

孕婦健康手冊的功用

領到孕婦健康手冊後，妳就可以享有一些服務。這些服務當中除了媽媽教室外，有的還會教授母乳哺餵、新生兒照顧等。

孕婦健康手冊的內容

1. 最後一次月經開始日
2. 本次懷孕初診日
3. 懷孕週數
4. 生產預定日
5. 體重
6. 血壓
7. 子宮底深度
8. 尿糖
9. 尿蛋白
10. 水腫
11. 血型檢查
12. 特別指示事項
13. 寶寶生長狀況
14. 其他需要特別進行的檢查
15. 梅毒血清反應
16. B型肝炎抗原檢查
17. 生產紀錄

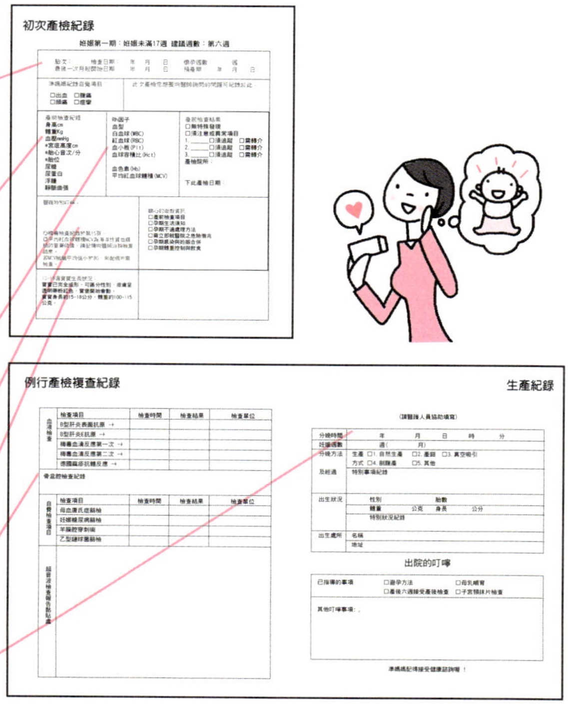

孕婦健康手冊內容註解

❶ 最後一次月經開始日

懷孕前最後一次月經的開始日，為計算預產期的標準。

❷ 本次懷孕初診日

在婦產科醫院診斷出懷孕之日期。

❸ 懷孕週數

前往做產檢時的懷孕週數。

❹ 生產預定日

預產期。

❺ 體重

一個星期增重達 500公克以上時，就有可能是罹患妊娠高血壓症候群的高危險群。另外，也有可能會造成過度肥胖和難產，要多加注意。

❻ 血壓

測量媽媽心情平靜時的血壓。最高血壓超過140mmHg，最低血壓超過90mmHg，就有可能罹患妊娠高血壓症候群。

❼ 子宮底深度

恥骨上方到子宮最上方的位置之間的長度。四個月時標準應有 12公分，五個月時有 15公分，以後則以月數X 3加 3公分為標準。

❽ 尿糖

檢查尿中是否有尿糖。如果這一項也是陽性，就有可能是妊娠糖尿病。

❾ 尿蛋白

檢查尿中是否有尿蛋白。如果這一項也是陽性，就有可能是妊娠高血壓症候群。

❿ 水腫

檢查水腫情況。按一下足脛，依皮膚回復的情形來決定是否為「陽性」。

⓫ 血型檢查

分娩時如需輸血將需了解血型為何，所以事先做好這項檢查。媽媽Rh（-）時，可能會有母兒血型不合的情形而需要再仔細檢查，寶寶也會得到特別的照料。

⓬ 特別指示事項

開給媽媽的處方或治療的記錄。另外，也會填些媽媽應注意的事項。

⓭ 寶寶生長狀況

⓮ 其他需要特別進行的檢查

⓯ 梅毒血清反應

到胎盤完全形成之前，如果梅毒還沒治療好，就有能造成早產或流產。即使已完全治療好，也會是「陽性」反應，這點要注意。

⓰ B型肝炎抗原檢查

媽媽有B型肝炎病毒時，可能會在分娩時傳染給胎兒。因此寶寶在出生後需要馬上做處置。

⓱ 生產紀錄

媽媽如何預防貧血？

Q 沒有症狀的貧血該如何預防呢？

A 貧血狀態不改善，到了生產時會造成難產，而且可能還會引起產後大出血，所以要勤於補充鐵質以防貧血。

懷孕期間要準備兩人份的血液量

貧血是幾乎所有的媽媽在懷孕期間都會遇到的問題。以前完全沒有貧血症狀的人，懷孕時還是會貧血。

而本來就有點貧血的人症狀則是更嚴重。如果一直貧血下去，到了要生的時候就會有問題了。

貧血的原因在於胎兒為了要形成血液，需要大量的鐵，此外，由於媽媽的體型愈來愈大，自己所需要的血液量也增加，所以妳必須要準備比兩人份再多一點的鐵質才行。

要治療妊娠貧血症就要加倍攝取鐵質

鐵會製造紅血球，懷孕期間體內循環的血會比平常多一點五倍，如果沒有足夠的鐵質，紅血球就會不足，就會出現貧血症狀。

鐵質還有另一個功能，就是帶領氧氣流通全身，因此如果鐵質不足，就會因為氧氣不足產生頭暈目眩、心悸、手腳冰冷、疲倦無力等症狀。

不過，這樣的貧血狀態並不會影響腹中的胎兒。胎兒會透過胎盤比妳還優先攝取鐵質，所以懷孕期間的貧血會對母體的影響較大。

貧血導致的生產問題

懷孕期間的貧血是個問題，如果不改善，在分娩時就會造成影響。例如，分娩時出血過多時，曾被診斷出有貧血症狀的媽媽，就必須早點做輸血的處置。

此外，產後如果貧血問題嚴重，水分就會分布地不均勻，下肢可能會出現水腫，晚上哺乳的時候也會很累。

鐵質攝取不嫌多

貧血並沒有疼痛等的症狀，不太容易發覺，所以要努力攝取鐵質，不要嫌多。如果不易從食物當中攝取，可以請教醫師，是否需補充鐵劑等。若不習慣鐵劑的味道可以改換其他鐵劑，或以注射方式補充。

攝取鐵質的建議

- **鐵質對胎兒完全沒有影響，可以多攝取**
  如果不易從食物中攝取，可以服用鐵劑。
- **豬肝用牛奶一起煮會比較好吃**
  如果對豬肝的味道難以接受，可以用牛奶煮，這樣比較軟也容易入口。
- **鐵質和維生素C一起攝取**
  維生素C可以促進鐵質的吸收，最好可以一起食用。
- **喝咖啡、紅茶、綠茶等會導致鐵質吸收下降**
  咖啡因會抑制鐵質的吸收，所以要多注意。
- **糙米的植酸鈣鎂（Phytin）會影響鐵質的吸收**
  植酸鈣鎂鹽（Phytin）會封鎖鐵質的吸收。
- **以鐵鍋料理食物**
  鐵鍋的鐵成分會溶解出來，讓妳在不知不覺中攝取鐵質。
- **魚類、肉類一起煮，吸收率更高**
  蛋白質會提高鐵質的吸收。豬肝當中富含蛋白質和鐵質，是理想的食品。

爸爸請你這樣做！

關於血液和吸菸

懷孕期間，運送營養和氧氣的血液對胎兒和媽媽而言都是很重要的生命線。製造正常的血流是非常重要的。然而，你好像愛莫能助，沒有什麼能幫得上忙的事情。可是，如果你有吸菸的習慣，為了不要再對血液造成負擔，有一件事情要請你配合。

吸菸或吸二手菸的媽媽生出低體重寶寶的機率是非吸菸媽媽的四倍。此外，早產的機率也高達六倍，這是因為香菸中的尼古丁會讓血管收縮，讓血流情況不順，導致氧氣或營養無法運送給胎兒，所以胎兒才會呈現缺氧、營養不足的狀態。

不僅如此，聽說吸菸也會使出生後的寶寶猝死。所以你不妨趁這個機會戒菸。即使自己不抽，聞到二手菸還是會讓人的血管收縮。所以如果爸爸沒有辦法戒菸，至少要能做到不要在媽媽所處的空間裡抽菸。

媽媽為了懷孕很多事情都很辛苦，你也幫忙一點吧！

Pick Up!!

芳香療法 讓懷孕及生產過程更舒適

芳香療法具有緩解孕期不適、讓心情放鬆的效果，所以相當受歡迎。在生活中善加運用，讓自己舒適地享受懷孕生活吧！

透過香味讓媽媽身心放鬆

最近有愈來愈多婦產科醫院都引進芳香療法，以緩解媽媽懷孕期間的不適。這種方法主要是使用從香草中萃取出百分之百的天然精油，透過香味來緩解孕吐或頭痛等身體不適的症狀。不須服用藥物，症狀就能改善，是不是很棒呢？

芳香成分透過兩種途徑而由身體吸收。一個是從鼻子吸入，刺激腦神經。這個方法可以讓人透過香味而得到精神放鬆的效果。第二個方法是透過按摩滲透到皮膚，經過血管和淋巴液吸收後將體內老廢物質排出，從內部潔淨體內。

懷孕初期建議用薰香瓶來讓自己沉浸在芳香的世界裡。清爽的香味會緩解孕吐的不適。

懷孕中期以後，可以在浴缸中滴幾滴芳香精油，享受一個美好的香水浴。此外，也可以將精油稀釋後，進行身體的部分按摩。

生產後，將疲累的肌肉施以精油按摩，或是在泡腳時滴幾滴精油，緩解水腫症狀等，都是很好的運用方法。

精油的種類基本上每種都可以用。使用精油的目的是要讓自己放鬆，所以請選擇自己最喜歡的香味來使用。

精油宜慎選

不過，鼠尾草（Clary sage）和天竺葵（Geranium）在使用上則要特別注意，這兩種香草精油有讓子宮收縮，促進陣痛的功用，所以懷孕時不宜使用。

相反的，由於這樣的功效，生產時則很適合使用這兩種精油。陣痛微弱時，請同行的人幫妳用精油按摩腰部或背部，可以讓妳生產時精神放鬆。

基本上在使用前要先請懂精油療法的人教導妳如何選擇、如何使用，以不含不純物的精油、依正確的使用時間或方法來使用。如果是在店面購買，則一定要先確認清楚是否可以於懷孕期間使用。

精油使用方法有三種

使用方法有芳香浴、精油泡澡、精油按摩等。

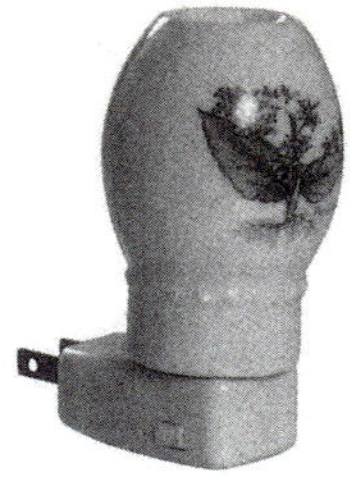

香精油具有揮發作用，以薰香瓶加熱就可以滿室飄香。

◯芳香浴

在薰香瓶內先放水，再點幾滴精油，之後予以加熱，香氣就會散發開來了。

◯精油泡澡（懷孕中期以後）

將精油滴在浴缸或澡盆內，一次滴三至五滴，如果是泡手或泡腳，一次滴一滴。

◯精油按摩（懷孕中期以後）

基礎油（carrier oil，用以稀釋的油）5 C.C.，再加上特效精油二滴，調出一瓶濃度2%的按摩精油來。此外，按摩之前一定要先測試。在手腕內側塗上大豆大小面積的精油，看會不會起敏感反應，三十分鐘內立見分曉。

孕期適用的芳香精油

● **解除疲勞——葡萄柚**

微含苦味的水果香，讓人消除疲勞，此外，還有安眠、利尿作用，並能緩解水腫現象。

● **回復精神——檸檬**

清爽、彷彿是剛摘下的檸檬香氣，能讓昏昏沉沉的腦袋或懶散的精神為之一振。

● **身心安定——依蘭**

甜美的香味溫柔地包圍著妳，讓妳感到幸福。還能調節身心平衡。

● **身心放鬆——薰衣草**

溫和的花香讓人保持精神上的協調，並能讓人放鬆，可說是一種萬能的香味，有「精油中之女王」之稱。

● **心情舒暢——尤加利葉**

味道為刺激的薄荷香味，讓頭腦、身體清醒過來，悶悶的心情也消失得無影無蹤。

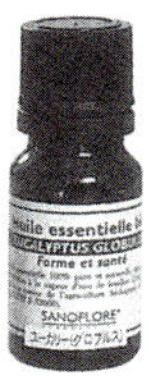

● **禁用——鼠尾草**

懷孕期間不要使用鼠尾草香味的精油味道較辛辣，可調整荷爾蒙，促進陣痛的發生。懷孕中請勿使用。

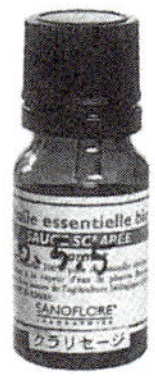

middle stage
懷孕中期

媽媽身體的變化

這個時期開始可感受到胎動，感受到真的要生孩子了。肚子也凸了起來。這個時要做生產、住院的準備，另外，生完後要回公司上班的人也要開始找保姆，要準備的事情真不少。

16～19週（5個月）

胎內變化圖示

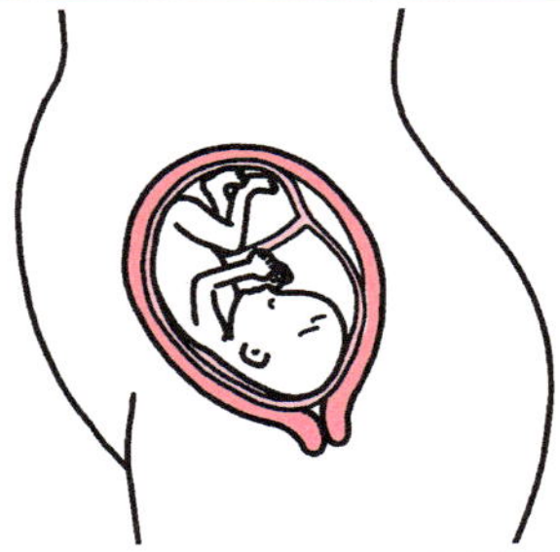

胎內變化說明

子宮長到大人的頭那麼大。下腹部也開始愈來愈明顯，胎動更明顯。

乳腺會變得發達、乳房也會變大，乳頭顏色變深，並且產生分泌物，胸部已經開始為迎接小寶寶的到來做準備。這時體重增加的速度也變快，身體的平衡變差，要小心不要跌倒。

醫師建議
Doctor Memo

遠行和旅行的禁令終於可以解除了。這個階段開始培養體力，要生的時候會比較輕鬆。當然，體重管理也不可忽略。要小心不要太胖，以免造成生產時的困擾。

上班的媽媽也要開始和公司談談產假、產後等等的事情了。

20～23週（6個月）

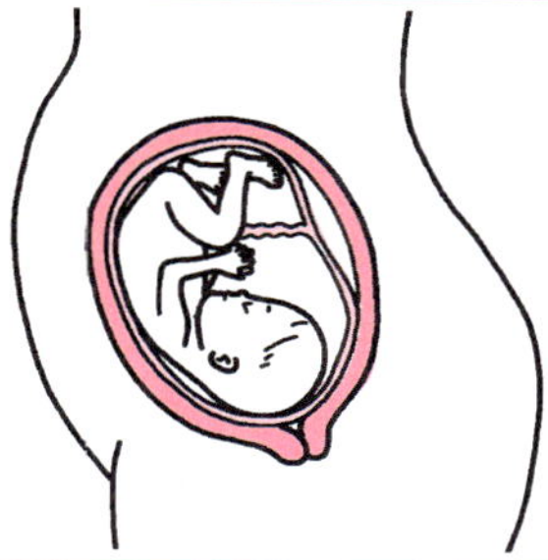

肚子愈來愈明顯，一看就知道妳懷孕了。身體的重心也改變了，身體要往後才能維持平衡，稍微動一下都覺得很辛苦。同時食欲也愈來愈好，體重也快速增加。

這時對腳會造成負擔，且常常會抽筋。下半身血流變差時會長出靜脈瘤，便秘嚴重時則會長痔瘡。

要開始去上媽媽教室了。確定好時間後，當然要找爸爸一起去。

超音波檢查的影像當中，已經可以看出寶寶的臉了，所以產檢時不妨兩人一起去。爸爸也要開始做好當爸爸的準備了！

24～27週（7個月）

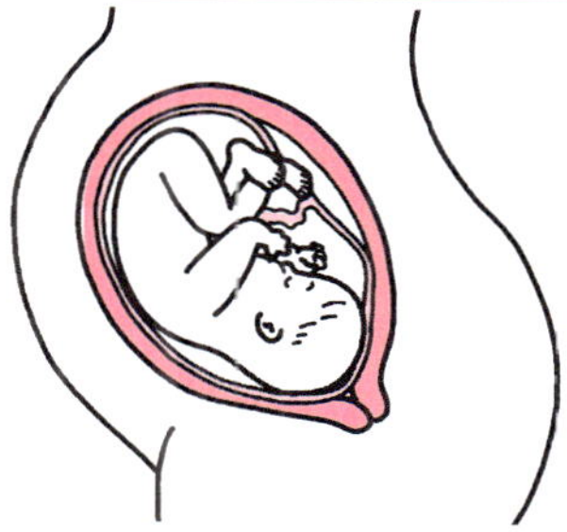

子宮變得比肚臍的位置還高，肚子也往前突出，看不到自己的腳，所以要更小心。另外，有些人會出現妊娠紋，不過這可以用按摩等方式預防。

乳腺更發達了，有的人腋下的淋巴結可能會腫起來。由於血流不順，有些人的小腿肚、大腿上也會長出靜脈瘤。

過了七個月後，開始要進入懷孕後期了。要回娘家待產的媽媽請完成回娘家或住院待產的準備。娘家如果很遠，可能要和爸爸分離近二個月左右。

生產時的會面、住院費用、出院後的生活等要和爸爸討論的事情，就在懷孕中期內討論清楚吧！

媽媽生活重點 家庭篇

照顧好身體是妳最重要的工作。孕吐也停止了，妳總算可以鬆一口氣了。可是，如果太過大意，小心會出現妊娠高血壓症候群、貧血、便秘等問題，所以可要照顧好自己的身體、控制好自己的體重喔！

● 嗜睡是正常的事情

懷孕就會讓人很想、很想睡。這是因為懷孕期間分泌的荷爾蒙內含有催眠的物質所致，主要是要讓承受負擔的妳多多休息，所以才會那麼想睡。妳並沒有變成懶鬼，請放心。

不好睡的時候可以側睡、單腳微屈。做法就是先擺好仰睡的姿勢，然後一隻腳的膝蓋微彎，往另一邊跨過去，身體也往那邊翻身。使用抱枕的話會更輕鬆好睡。

● 過多久才能做愛做的事？

懷孕中期最常聽到的煩惱就是懷孕期間做愛的問題。爸爸想要好好珍惜兩人相處的時間，妳卻因為肚子愈來愈大而有所顧忌。兩人的想法似乎有點差距。

就醫學上而言，基本上是希望不要比較好。如果想的話，請一定要戴保險套。另一件要特別注意的，就是對乳房的刺激。尤其乳頭會引起子宮收縮，所以不要太用力觸碰才好。此外，有迫切性早產或感染的情況時，最好也要克制。

睡覺時手拉手，或是爸爸從身後抱住媽媽等，肌膚之親可以有很多種方式。兩個人一起時，除了性愛之外，還有很多事情可以做。如果勉強的話，彼此之間反而氣氛可能會變得尷尬，所以要好好溝通看想要怎麼做，小心避免讓彼此之間的意見差太多。

● 擁有自己時間的最後機會

寶寶出生之後馬上就得開始為孩子忙得團團轉了，所以之前想學得要趕快學、想做的事也要趕快做，只要體能和時間許可，任何事情都可以嘗試看看。

如果懷孕前有上班，不妨善加利用教育訓練制度，以較便宜的學費接受訓練，不妨洽詢看看。

助產士的建議　要維持良好的體能就趁現在

懷孕期間能夠鬆一口氣的就是懷孕中期。不妨趁現在做好體能的維護。如果不趁現在好好調整體能，症狀只會愈來愈嚴重。

此外，生完孩子後就要開始照顧寶寶，要調養自己的身體更是難上加難。如果有什麼不舒服，要趁現在趕快告訴醫生，醫生會介紹安全的藥物或合適的醫院給妳。

牙齒是麻煩最大的一個部位。由於體內的鈣質都被寶寶吸收走了，所以有很多媽媽都有牙齒動搖的現象。

此外，有的媽媽會去做針灸或是芳香療法，不過是否適合，最好還是先與醫師確認清楚再去！

這些事情可以做嗎？【家庭篇】

下面列出懷孕初期常見的問題，妳也來參考看看吧！

- **搬家**：如果在懷孕過程中要搬家，最好在懷孕中期時就搬完。另外，關於物品的打包與拆封也建議花錢請人幫忙。不過，即使如此，之後的收拾處理還是很辛苦。
- **改變房間佈置**：要購買嬰兒床，就得騰出嬰兒床的位置。建議不妨在這段穩定的期間先騰出空位來。
- **吃零食**：孕吐情況好轉後，就要開始好好控制體重了。如果每天吃的食物熱量沒有超過規定，那就吃吧沒有關係，不過還是要避免晚上吃零食宵夜才是。
- **營養飲料**：有的營養飲料當中含有咖啡因，所以要看清楚再喝。懷孕中期的話偶爾喝一點應該沒有什麼問題才是。
- **睡懶覺**：在開始進行體重管理的懷孕中期，基本上還是要三餐規律，所以請在固定的時間起床、吃早餐。
- **演奏樂器**：彈鋼琴、小提琴是沒有問題，可是像長笛或喇叭等吹奏樂器會有對腹部施加腹壓的危險，所以就算之前都有在吹奏這樣的樂器也得要特別注意。
- **唱歌**：大聲唱歌有助練習腹式呼吸，所以是非常好的活動。此外，一方面可以刺激胎兒，一方面還可以解除壓力，真是一舉兩得。
- **園藝**：懷孕初期不太建議整理花草園圃這些事情，但是如果接觸植物會讓妳心情很舒服的話，就好好地享受園藝之樂，只不過別讓自己太勞累了。噴灑殺蟲劑時要多注意，裝水時也別忘了一次裝少一點，多裝幾次。
- **玩電動**：不特別鼓勵玩電動，但是如果妳真的要玩，則請注意姿勢、而且不要太過投入，因為緊張和興奮的情緒也會影響到胎兒，請適可而止。
- **做家事**：擦地、掃樓梯等的動作都可以鍛鍊到生產時所要使用的腹肌，所以是很有幫助的。何不試試兩腳跪下來擦地？

middle stage 懷孕中期

媽媽生活重點 職場、戶外篇

穩定期要買東西做準備，很忙碌。懷孕期間當中最穩定的時期就是懷孕中期。如果有什麼想要做的事情、掛意很久的事情、或是為迎接寶寶的到來而做準備等，都可以趁這段時期做處理或準備。

● 外出服裝的重點

這個時期開始要穿媽媽裝了。不過，這個衣服只穿幾個月而已，大家總是會希望可以盡可能有效率地準備這些行頭，所以在這就向各位介紹幾個選購重點：

○一片裙

可配合肚子大小調整腰圍，一般大小的裙子即可。

○媽媽裝

差不多是從五月以後，到孩子出生為止大約要穿個半年以上，所以在購買的時候要考慮材質。可以買一件薄的媽媽裝，天氣冷時外面再搭一件小外套就可以了。

○媽媽專用裙子或褲子

不管是外形上或機能上都比較好，在這大力推薦。上衣或外套等則可以借爸爸的來穿就很合適了。

媽媽裝只穿幾個月而已，所以二手商店反而會有比較品質優良的東西。妳可以在網路上的拍賣網站、跳蚤市場中挖到寶藏。

當個自然派媽媽 烹飪時調味料、食材上都要多用心

很多媽媽因在懷孕期間需要控制鹽分、熱量的攝取，所以不知不覺學到很多營養相關知識，進而重新檢討自己的飲食，這是很重要的。營養或食品相關的知識對於哺乳或照顧寶寶很重要，所以要注意盡量多吸收一些正確的資訊。

同時，像對調味料或食材的原產地等也要注意。如果只是醬汁這樣的東西，可以不用買自己做就好了。此外，試著多選些新鮮的蔬菜；有機蔬菜等是有點貴，可是如果能食用的安全也就值得了。為了胎兒的健康選擇優質的食物、用品等，也是自然派媽媽的職責。

想換婦產科醫院

有的媽媽隨著懷孕過程的進展，想要採取不同的生育方法，又或者去了幾次覺得與這家婦產科醫院不合。這個時候請不要猶疑，趕快換醫院。如果和醫院之間沒有良好的信賴關係，生產的時候也不會順利唷！

在選新的婦產科醫院時，請好好想想現在不能接受的地方在哪裡，親自去看看環境並且多聽聽他人的評價，再來做慎重的選擇。

要繫安全帶嗎？

建議媽媽將安全帶繫在不會卡到腰部的地方，如胸部、肩部等。如果不放心，也可以把安全帶繫在腰部的位置。

媽媽開車同樣在法律上沒有硬性規定，不過肚子愈大，壓迫肚子的姿勢也會愈難受，長時間的駕駛還是避免為宜。

這些事情可以做嗎？【職場、戶外篇】

下面列出針懷孕中期常見的問題，妳也來參考看看吧！

- **旅行**：只要不是太勞累，遊行是無妨的。不過出發前還是要詢問醫生的建議，安排的行程不要太趕。
- **搭船**：如果需要，那是沒辦法的事，可是如果只是自己想搭，還是應避免。一方面會搖晃，一方面是萬一出什麼狀況，在水上也比較不容易因應處理。
- **飛機**：不管國內線、國際線，在生產預定日的前二十九天前都可搭乘。可以的話最好坐商務艙等好一點的位置。如果是在生產預定日前四週以內，則需要有醫生的診斷書。
- **開車**：如果只是去附近買東西的話沒有問題。不過，如果時間太長那就不宜。如果挺著肚子讓妳覺得開車不舒服，那就放棄吧！
- **參加婚喪喜慶**：這個時期是穩定期，所以基本上是沒有問題的。只是可不要給旁人添麻煩才好。如果不放心，那就只要參加正式典禮後的聚會就好了，或者也可以送花和信件、卡片等致意。
- **KTV**：唱歌做腹式呼吸也算是在做生產的訓練，所以可以好好去玩。不過，如果有人抽菸的話，唱個段落盡早離開。
- **休閒**：釣魚、打保齡球等需要出力的休閒活動就不要做了。由於肚子逐漸變大了，所以散步時帶個讓妳平衡感較好的後背式包也不錯。
- **運動**：可以開始做媽媽運動了。可以選有氧運動、瑜伽、游泳等適合自己的班來上，不過事前可別忘了問過醫生喔！
- **露營**：基本上沒有問題。不過由於體溫較高，較容易被蚊子叮咬，必須要做好相關防護。

初期 中期 後期 飲食 生產 新生兒 產後

懷孕費用

到了懷孕中期需要買哪些物品，大約要花多少錢呢？
讓我們一起來算看看！

要準備買的東西要在這段時期內買齊！

孕吐結束，終於可以舒服一點了！懷孕中期是做迎接寶寶來臨的好時機。體型變化愈來愈大，該準備媽媽裝了。而寶寶用品的費用則要看是用買的還是用二手的而費用差異很大，大約都要準備五至十萬元左右。

除此之外，有的媽媽還會購買胎教用品，CD或是和腹中寶寶說話的擴音器等，平均要花費五千至一萬元左右。

另外，也有六成左右的媽媽會準備防止妊娠紋的乳液、乳腺按摩乳液，平均也要五千到一萬元左右。

媽媽裝只買必要的

有的媽媽懷孕後體型沒有改變很多，有的則是可以穿寬大的娃娃裝，所以該買些什麼因人而異。只不過，媽媽裝並不是只是大件而已，而是具有保護及輔助妳的身體設計，所以還是購買專用的媽媽裝為宜。

以內褲為例，媽媽專用內褲設計有腰帶可以支撐日漸變大的腹部，以減輕腰部的負擔。而胸罩的設計則是用以保護容易受傷的乳頭，並避免妨礙日益發達的乳腺。

另外，還有產婦專用胸罩，可以讓妳穿著哺乳，產前產後都可用，可以用很久且十分方便。內褲不要一次買齊，而是要一次少少買幾件好穿、合穿的即可。

關於媽媽裝

除以上所列之外，還可以再買如下物品：

- 短褲：可隨肚子變大而調整，正面較寬的褲子。建議腰部最好是鬆緊帶，顏色最好是白色，如此出血時比較容易發現。
- 哺乳用墊子：懷孕後期會流出母乳，選擇可以隨用隨丟的紙墊比較好。
- 睡衣：可將肚子整個蓋住，且有一個缺口可供哺乳用，產後也可以穿。
- 洋裝：只是穿大件一點的衣服的話，看起來完全沒有曲線，而媽媽裝的洋裝則在腰部另做設計，看起來清爽舒服。
- 褲子：媽媽用褲子在腰部可以調整，從懷孕初期到滿月都可以穿。其設計讓肚子看起來不那麼明顯，也可以穿去上班。

媽媽裝穿著的時間很短，所以便宜就是購買的重點。如果有生育過的人留下來舊的媽媽裝，也不妨接收過來。此外，二手商店、網路拍賣，租用等都是很好的方法，不妨多善加運用。

媽媽經驗談—可能的花費

依其他媽媽的經驗談，懷孕中期所需的花費如下：

- 媽媽裝：寶寶如果是在夏天出生，那麼懷孕後期正值夏天。所以會比冬天生產的媽媽花得少。
- 嬰兒用品：如果寶寶是在夏天生的，那麼開始準備的衣服可以少一點。有時為了避免溼疹，還可能會讓寶寶裸睡。
- 游泳：一個月一次，去到要生為止。
- 針灸：當時有體位不正的問題，所以用針灸來刺激穴道。生產時就沒有問題了。
- 預防妊娠紋的乳液：在網路上買的話會便宜一半喔！也可以購買隨身攜帶的保溼乳液。
- 胎教用品：古典音樂的CD。
- 《孕婦健康手冊》的套子。

如果沒有在工作，只要準備去婦產科醫院或是購物用的幾件衣服就夠了，內褲＋裙子、褲子、洋裝等各一件就行了。剩下的可以穿著娃娃裝或是跟爸爸借大件一點的針織外套、T恤、運動外套等就行了。

另外，還可能會花費的費用包括去游泳或去針灸的交通費。肚子愈來愈大以後，不僅不能騎腳踏車，連車子也不能開。一開始在選游泳池或針灸的地方時要想好這些情況再決定要去哪一家。

如果最近的車站也很遠，公車的時間和上課時間差很多，可能最後會變得必須搭計程車過去。此外，懷孕期間要去哪裡都要比平常花上兩三倍的時間，這點也別忘了。

體重管理重點

Q 懷孕期間為什麼不能過胖？

A 過胖的話不只會提高罹患妊娠高血壓症候群（妊娠毒血症）或糖尿病的風險，還會因產道脂肪增加，導致難產。

過胖是妊娠中毒症或難產的兇手

懷孕中期最大的重點，就是體重管理，因為過重的話會提高罹患妊娠中毒症或糖尿病的可能性。

此外，產道脂肪增加也會讓胎兒不易通過，或是讓子宮收縮變慢，以致生產時間拖得太久而造成難產。當然，如果妳的身體嚴重受損，產後的回復情況也會比較慢。所以，懷孕期間要早晚兩次測量體重。

體重增加的標準和懷孕前的體型有關。一般體重會在懷孕後期急速增加，到快滿月的幾個星期間極有可能一下子就增加五公斤。懷孕中期體重增加的標準是一個星期不超過二百至三百公克，懷孕後期則是一星期增加不超過四百公克。每天都紀錄管理自己的體重是很重要的。

而在婦產科醫院方面，有的醫院會準備包含飲食、運動到生活各方面的紀錄表，嚴格要求管理體重，也有的醫院怕造成媽媽的壓力，只在產檢時口頭上提醒媽媽一下而已。

如果因為醫生沒有特別要求就疏於管理的話，以後就辛苦了。也許到時候還會導致妳期望的生產計畫無法順利進行也不一定。關於體重，最好還是能每天量，仔細地觀察自己體重增加的情形是否正常。

在家靜養體重增加

如果基於某些原因，醫生要求妳在家靜養時，就不能亂動，只能躺著休息。但是即使是這樣，還是要注意體重，因為不能動就表示消耗的能量減少。

如果三餐攝取量還是跟平常一樣的話，體重就會馬上增加。計算熱量是挺麻煩的，所以三餐少吃點，甜的東西和冰涼飲料盡量別喝，如此才可以在無法運動的時後管理好妳的體重。

以BMI（身體質量指數）算出管理體重的標準

懷孕前很瘦的人和微胖的人的標準體重是不同的。請將身高體重帶入下列的計算方式中來算出妳的標準體重：

懷孕前的體重kg ／ 身高m的平方

懷孕前的體重 □ kg ÷ 身高的平方 □ m^2 ＝ BMI □

BMI不滿18時，懷孕前體重＋13公斤

懷孕前屬纖瘦型的話，妳可以增加的標準體重為最多十三公斤。盡管妳覺得沒問題，可是懷孕期間體質變得容易發胖，所以還是要小心不要吃太多。

BMI在18～24之間時，懷孕前體重＋10公斤

妳的體型屬標準體型，可增加的體重要控制在十公斤以內。此外，一天體重增加超過500g以上時，可能會因肥胖或妊娠高血壓而導致難產，要特別注意。

BMI在24.1以上時，懷孕前體重＋6公斤

有點豐滿的妳可增加的標準體重為六公斤。從懷孕初期開始就必須勤量體重，時時留意體重增加的情形。

爸爸請你這樣做！

兩人散步，其樂無比！

如果以為體重管理就是少吃一點，那可不行喔！媽媽應該知道持續從事適當運動、做家事、散步等的重要性。

若體重變重，無法隨意移動時，最少也要做家事。購物時可以趁週末時一次買齊。這樣有沒有一點概念了呢？

雖然知道這樣不好，可是肚子還是愈來愈凸，體重增加將近十公斤。媽媽心裡的不安，我很明瞭。

此外，平衡感愈來愈差，很怕會跌倒。還有，腰也痛腳也痛，水腫也不消。出門時不能穿以前的衣服，化妝品的味道又讓媽媽不太舒服。可是即使如此還是很想出去。媽媽在這樣的心情之下天人交戰。所以現在換爸爸出場了。

兩個人一起散步，散步也會變得很開心，而且有你在，安全上也比較無顧慮。

就算你看起來好像興味索然，可是開車帶她出去風景優美的地方兜兜風，她也會覺得變開心。所以，假日請多帶媽媽出去玩啊！

和寶寶溝通

Q 什麼是胎動？

A 胎兒在妳肚子裡動來動去就叫做胎動。這時可以拍拍肚皮回應他的動作，以和寶寶溝通。

胎動是寶寶和妳的第一次接觸

懷孕六個月開始，妳開始可以感覺到胎動。這可以說是妳和胎兒之間的第一次接觸。胎兒在肚子裡踢來踢去，轉來轉去，有時還會打嗝。妳可以感受得到寶寶在肚子裡很健康。

有的媽媽會感覺到激烈的胎動，有的人則不會，這和胎盤位置或妳的腹壁厚度有關，胎動不激烈不代表生出來的小孩就不健康。此外，即使是同一個胎兒，也可能有時睡很多，有時踢得很厲害，情況每天都不一樣。

胎動的感覺也和妳的體質有關，沒有必要太過神經質。不過，如果一整天都沒有感覺到胎動的話，還是應到婦產科醫院接受檢查才好。

拍打肚皮回應胎動

能感受到胎動後，就可以和寶寶玩溝通的遊戲囉！重複幾次後，寶寶也會開始回應妳的拍打動作。能夠做這樣雙向溝通，就表示寶寶的腦神經已經連起來了，是一種有助腦部發育的訓練。

○ 和寶寶說話：

胎兒對外界的世界非常有興趣，妳可以將外面世界的情況一樣一樣說給寶寶聽。例如，使用一種胎兒專用麥克風，看起來很像聽診器一樣，那麼妳就可以對著肚子裡的寶寶說話了。

○ 拍打肚皮

1. 寶寶踢一下肚子就邊說「kick」，並在那個位置拍一下。
2. 重複這個動作幾天以後，下次換拍在寶寶所踢位置的相反位置上。這樣兩個星期下來，寶寶就會看妳拍哪裡就踢哪裡。不過，胎兒的反應和胎盤的位置或妳肥胖程度有關，有的胎兒可能反應較慢。每個胎兒不同，不用太過擔心。

3.習慣以後還可以挑戰更難的遊戲。妳可以一邊說兩次「kick，kick」，同時拍兩下。不久，寶寶也會以相同的次數回踢妳的肚子。這樣的動作請有耐性地持續一個月以上。

「胎教」也是溝通方法之一

最近大家在談的胎教，也是幫助妳和寶寶溝通的一種方法。有的媽媽說，懷孕時放英文歌給孩子聽，孩子英文發音變好，也有的媽媽說懷孕時教寶寶ㄅㄆㄇㄈ，孩子學說話學得很快等，效果各不相同。

胎兒一直在留意妳的行動。一邊和寶寶玩，同時還能收這樣的效益，實在是一石二鳥。

從遊戲當中鍛鍊寶寶腦力

● ㄅㄆㄇㄈ：

一天教三個。如果能和動物，鳥或食物等詞彙一起教，效果更好。媽媽要一邊描繪東西的形狀，一邊唸出來喔！

● ABCD：

可以用彩色筆寫在紙上教寶寶。當然如果能大聲唸出來讓寶寶聽到更好。

● 數字：

在數盤子的時候可以唸出聲音來，像是在教胎兒說話那樣地數給他聽。

● 圖形：

從圓形、三角形、四角形開始。身邊的事物當中如果有這些形狀的話，可以唸出聲來教寶寶這些形狀。

爸爸請你這樣做！

可以告訴寶寶你的喜好

和可以感受到胎動的媽媽比起來，爸爸對新的家庭成員的存在感受可能比較不深。不過，爸爸很清楚寶寶確實是在媽媽的肚子裡面。

到了懷孕後期，胎兒已經可以分辨人的聲音，爸爸和媽媽的對話都聽得到。寶寶一開始能分辨的是媽媽的聲音，聽到爸爸較低沉的聲音也許覺得很舒服很好聽呢！就算只是一聲「早安」，「我回來了」等簡單的招呼也無妨。請養成習慣和寶寶多說話。

此外，還有很多胎教的方法，例如，和寶寶說話、唱歌給寶寶聽、讀故事書給他聽等，不過，很多爸爸還是覺得沒有辦法對著肚皮唱歌，或是不知道該唱什麼歌才好。

對於這樣的爸爸，有一個好方法，那就是說些你最擅長最得意的事情給寶寶聽，這樣一定可以想到很多話可說。例如，喜歡釣魚，就告訴寶寶魚的名稱和形狀，其他還有昆蟲、汽車、運動等，沒有什麼不能和寶寶說的。喜歡的事就多說一點吧！

懷孕期間的運動

Q 懷孕期間也可以運動嗎？

A 懷孕中期開始胎盤已經完成，所以已經可以運動了。增加些體力可以讓生產時輕鬆些。

培養體力，迎接生產的那一天

產前運動（maternity sport）可以從邁入穩定期的懷孕中期開始，並且持續到生產之前。產前運動的目的在於強化生產時要用到的肌肉，並學習呼吸法、放鬆法，和散步或做家事是不可相提並論的。生產比想像中還要花很多力氣，懷孕期間的運動可說是在為輕鬆生產在做準備。

這種運動不僅對體重管理有效，對於肩膀酸痛、腰痛、手腳水腫等身體的毛病都能解決。還有的人是過來轉換心情或是交其他媽媽朋友呢！妳也可以交到可以交換生育相關資訊及互相幫助的朋友。

懷孕期間的運動

● **媽媽有氧舞蹈**

媽媽有氧舞蹈是專門提供媽媽練習的有氧舞蹈，有專人負責指導。主要都是些對腰、膝蓋負擔較輕、無需扭腰的動作。這個運動消耗的熱量很多，對於體重管理很有效。

● **媽媽瑜伽**

這種運動結合了呼吸法和冥想，讓學員可以學習如何放鬆。此外，伸展動作可以讓身體更柔軟，有鍛鍊肌肉筋骨的功效。

● **媽媽游泳**

專供媽媽學習的游泳課。水中有浮力，所以比較不會對腰部或膝蓋造成負擔。媽媽可以同時學到呼吸法和放鬆方法。

一定要有教練的指導

開始進行產前運動前首先要有醫師的許可。醫師說可以，才可以去專門負責產前運動指導人員的相關單位學習。

妳的體力和平衡感今非昔比，萬一發生什麼狀況，急救處理上弄錯了什麼環節就危險了，所以一定要請教專家的意見。

運動時如感到肚子撐開，或發現出血現象時要馬上停止並告訴教練。如果感覺哪裡不一樣或怪怪的，在產檢時也可以告訴醫生。

散步時留意動作，效果更加倍

有的媽媽不方便去做產前有氧舞蹈或游泳，可是還是需要加強體力，這時就可以去散散步。雖說是散步，但可不單只是走路而已。走路時要把手彎成直角大大地前後擺動，腳步也要跨大步、大步走。而且腳指尖要微微朝上，這樣還可以避免走路踢到東西而跌倒。

如果注意上述動作，而提高運動效果的話，就會覺得身心舒暢。如果一直持續，短時間內也能有很好的效果。透過這個運動而讓血液循環變好，水腫情況也會好轉，同時也會刺激大腸，進而改善便秘的情形。持續大力前後搖擺手腕，肩膀酸痛也可望好轉。

不過，有件事情可不要忘了，那就是要補充水分。散步時要記得多喝水喔！

爸爸請你這樣做！

媽媽運動後，幫她按摩一下吧！

進入到懷孕中期穩定期後，媽媽就得開始為了生產而鍛鍊體力。而鍛鍊體力甚具效果的，就是做產前運動了。

產前運動是有專門的教練指導、專為媽媽設計的運動，可以鍛鍊生產時所要用到的肌肉，並訓練生產時的動作。除此之外，也會學到呼吸法、放鬆法等，生產的時候就不會那麼慌張了。

你要做的，就是幫媽媽按摩。懷孕期間雙腳連續好幾個月都水腫，腰痛或肩膀酸痛也是一日比一日難受。按摩會讓媽媽比較舒服，可是這時肚子變大、自己按摩不到了。所以在懷孕生活的後半段，就算是幾分鐘也好，請幫媽媽按按肩膀、揉揉腿，為她的身體多費一點心。

另外，媽媽肚子變大時，最重要的就是要好好照顧她的身體。蹲下來打掃浴室等是很危險的，而在快生的那個月洗頭更是辛苦，很多事情只要你多幫一點忙，就可以讓她輕鬆不少。

讓腰部、肩膀更舒服的伸展操

Q 懷孕期間以及產後的腰酸背痛應該如何解除？

A 做點伸展肌肉筋骨或是讓身體蜷曲的運動。如此一來，肌肉會放鬆，血液流通會變好，疼痛感也會慢慢緩和。

肩膀運動

肩膀內縮外張的運動。這樣的動作可以改善血液循環，並讓筋骨肌肉放鬆。一天做1～2次為標準。

1
雙腳打開比骨盆還寬，兩手交握舉到頭上，然後向左或向右彎腰。

2
全身放鬆，再將雙手在胸前交握。

3
手心朝內交握往前推，微微彎腰好像要看自己的肚臍一樣。

4
手心朝外往上伸。

5
往上延伸後，雙手分開，放鬆。

6
兩手分開，在背後交握，並讓身體微往後彎、臉朝上，再往左右彎。

腰部運動

1 手腳打開與肩寬，手心和膝蓋靠在地上，肩膀往上拱。

重點！ 背部中間不要過低，以免頭和臀部太高。

2 頭往左、肚臍往右、臀部往左扭腰，之後往反方向，即頭往右、肚臍往左、臀部往右扭腰。

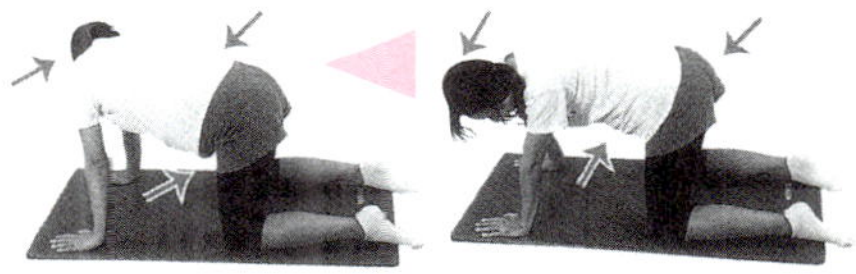

3 手心和膝蓋原本靠在地上，現在將手伸回來，回到跪坐的姿勢。

爸爸請你這樣做！

疼惜媽媽的辛苦

媽媽為了保護肚子，每天都得改變姿勢，腰部和肩膀承受的負擔不是爸爸所能了解的。爸爸不能代替媽媽受苦，但是至少可以疼惜媽媽的辛苦。例如，天氣好的時候一起散散步等，也有助增強媽媽的體力。

此外，媽媽就算每天都在做伸展操，可是腰部和肩膀還是會痛。這時請溫柔地幫她按一按，輕拍幾下幫她按摩一下以緩和疼痛。

懷孕期間常常發生睡到半夜小腿抽筋的情形。媽媽碰不到自己的腳指，這時請幫她按摩一下。很多人都以為是將腳趾往大腿側扳（也就是往自己的方向），其實應該是要往反方向拗才有效。

這些都只是例子而已，平常也要說出自己疼惜媽媽的心意。不要等她要求，而是要主動詢問有沒有你可以幫得上忙的地方。這樣的三言兩語，相信媽媽就能感受到你的疼惜。

何謂早產？

Q 發生早產時會有什麼症狀？

A 二十二至三十七週胎兒就出來了就叫做早產。妳應盡量不要動，讓胎兒在腹中成長。

早產的主要原因有五個

一般而言，正常的生產是指懷孕滿三十七週、未滿四十二週產下寶寶的情形。而早產則是指懷孕滿二十二週、未滿三十七週即產下寶寶的情況。

早產發生的機率占所有懷孕中的百分之五左右。不過如果超過三十四週，胎兒體重超過二千公克，即使是早產，胎兒也幾乎都能順利平安地成長。不過，如果胎兒體重沒有這麼重，那麼即使能活下來，也可能會留下後遺症。

早產原因有如下五點：

1. 精神上的震驚

受到很大的震驚而導致早產。

2. 宿疾、傳染病

媽媽原本即有糖尿病、心臟疾病、腎臟病、德國麻疹、梅毒、皰疹等疾病。

3. 腹部遭強烈撞擊或冷到

腹部遭強烈撞擊，或由於身體不夠暖，以致血液循環變差，導致胎盤脫離。

4. 胎盤有問題

前置胎盤、胎盤早期剝離、胎盤功能不全等情形。

5. 子宮有問題

除了子宮頸管閉鎖不全、子宮肌瘤之外，還有多胞胎、羊水過多等情況。原因如子宮頸管閉鎖不全等事先已經了解，可以進行手術將子宮頸綁起來。

至於其他的原因造成的早產則可以靠靜養和治療來安胎。媽媽應盡量不要動，讓孩子在肚子裡面長大到某個程度。要預防早產，就要早期發現早期治療，寶寶才能在肚子裡平平安安，順順利利地長大。

迫切性流產需有緊急措施

迫切性流產是指出現早產初期症狀的情況。如果覺得哪裡跟平常不一樣，如肚子脹脹、下腹部疼痛難當、有點出血、三十七週以前有破水的情形、分泌物的味道和顏色有異，就要馬上去婦產科醫院做檢查。

院方會要求妳靜養，但是「靜養」的程度也會因症狀而不同。但是，如果沒有正確靜養的話，到時候可是人命關天的事呢！

所以這個時候就要盡量具體地問醫生，哪些行為可以做，哪些行為不能做。無論如何，最重要的還是要先保持心情的平靜。

靜養期的生活

自宅 → 住院

如果醫生要求要在家要盡量靜養

除了產前運動、體操、旅行、性行為以外，只要小心一點都無妨。拿重物的時候，或打掃浴室的時候要非常小心。如果肚子感覺脹脹的，就不要泡澡，淋浴就好。若妳還在工作可以告訴公司自己的情況，該休息時就休息。

如果醫生說要在家休養

散步就先停下來。去買東西時盡量少拿點，並且慢慢走；煮飯時也不宜站太久；打掃浴室或是拿重物都不要碰。泡澡泡太久，肚子也會脹脹的，要多加小心。若妳還在上班，還是把工作辭掉好好休息為宜。

如果醫生說徹底好好休養

早產情況嚴重時，醫院會要求住院。基本上，除了刷牙洗臉穿衣等自己身邊的小事外，一律不要亂動。家事就交給家人吧！此外，如果家裡的情況無法讓妳安靜休養，醫生就會建議住院。這時不能泡澡，只能稍微淋浴，很多事都會受到限制。

爸爸請你這樣做！

早產對寶寶的影響

所謂迫切性早產是指胎兒還不宜跑出媽媽體外時，胎兒就快要生出來的情形。媽媽要盡量靜養，醫生沒說安全沒問題前，都要好好休息把胎兒守在肚子裡。

一般治療的標準如下：

【懷孕22～23週】胎兒的性命非常危險。
【懷孕24～27週】胎兒體重未滿 750g時，急救相當困難。
【懷孕28週】首要目標就是要撐到二十八週。要好好靜養，讓胎兒在肚子裡長大。胎兒體重 1000g，這時存活率就可大幅提升。
【懷孕30週】次要目標就是撐到三十週。胎兒體重達 1500g，後遺症的問題可大幅降低。
【懷孕32週】第三目標是撐到三十二週，寶寶重達 1800g，已經在安全狀態。
【懷孕34週】第四目標是撐到三十四週，寶寶重達 2000g，已經可以生了。
【懷孕35週】最終目標是撐到三十五週，雖然還是算早產，但是已經不需要緊急救治了。

早產的急救一樣也是需要安靜休養，如果讓媽媽勞累辛苦，會對胎兒有不好的影響，所以你在家事等各方面要多幫忙。

預防便秘或痔瘡

Q 為什麼懷孕就容易便秘？

A 懷孕期間荷爾蒙的作用不如以前正常，腸子遭受到壓迫所致。要留意多攝取食物纖維，或活動活動身體。

便秘嚴重時還會形成痔瘡

懷孕期間荷爾蒙的作用不如以前正常，腸子受到壓迫，所以本來不會便秘的妳也會為便秘的毛病所困擾。嚴重時，便秘還會惡化成痔瘡。這是因為想將因便秘而變硬的大便大出來時引起肛裂，或是大便時太用力，導致肛門附近長出痔靜脈瘤。到這種地步時，要治好就很困難了。

肚子變大以後，下半身的血液循環變差，瘀血也變得嚴重，生產之前想要完全治好是很困難的。也因為如此，對便秘更需要小心。應多做運動活動筋骨，讓血液循環變好，對三餐飲食的內容也多加注意，以預防便秘發生。

如果覺得好像有一點便秘的傾向，可以用按摩等方式早點解決便秘的問題。

● 根本的預防之道在於飲食

便秘的根本的預防之道在於飲食。如果懷孕以前就常常便秘的人要多加注意，三餐飲食當中要多攝取些富含纖維的食物。

食物纖維在胃裡不會被消化，而會繼續到達腸子裡刺激腸壁，將不要的東西運出腸外。白米加糙米，或是白飯改成黑麥麵包等，一些簡單的做法就可以達到不錯的效果。

此外，水分補給也很重要，妳可以隨身攜帶水，並且常吃水果因應。此外，每天早上起床喝一杯牛奶刺激腸道的同時又可以補充水分，可說是一舉兩得。

防便秘的穴道

解決便秘有效的辦法就是按壓穴道。
請每天壓一點壓一點，持之以恆地維持這個習慣。

❶ 肛門

泡澡的時候可以按摩肛門周圍，這樣很有效。可以在讓身體溫熱時用手指按壓。

❷ 手

大拇指下方突起的部位叫掌丘，按壓這裡可以刺激腸子蠕動，調節腹部的機能。手背這一面大拇指和食指之間有個叫「合谷」的穴道，不僅對便秘有效，還能有助子宮收縮，不過要小心不要按壓過度。

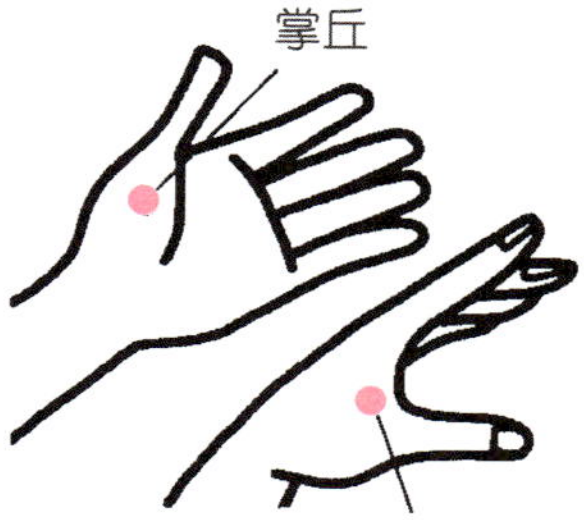

❸ 腳

小指的根部外側有個「至陰」穴，有助調整大腸功能。這個穴道不僅對便秘有效、有助改善手腳冰冷、腎臟功能，還能安產，對生產不順、難產、過預產期不生等有效。腳底凹陷的部分也有消化系統的反射點，也可以按摩1到2分鐘，但是不要太過用力。

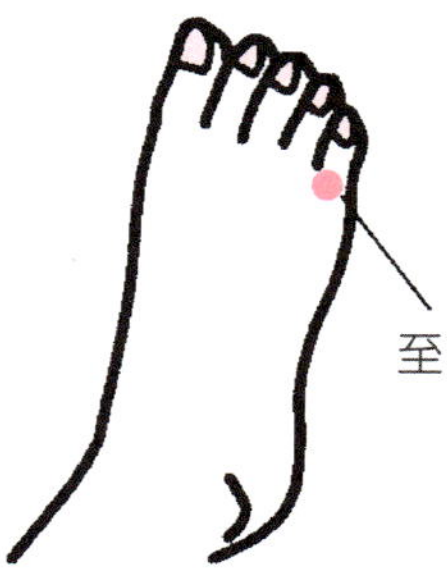

❹ 腰部

背部相當於肚臍處的位置往左右兩邊約隔兩隻指頭左右的位置起，往下再隔兩隻手指的地方有「大腸俞」穴。按壓此處可調整大腸功，不只是便秘，對於下痢、食欲振等有很有效。

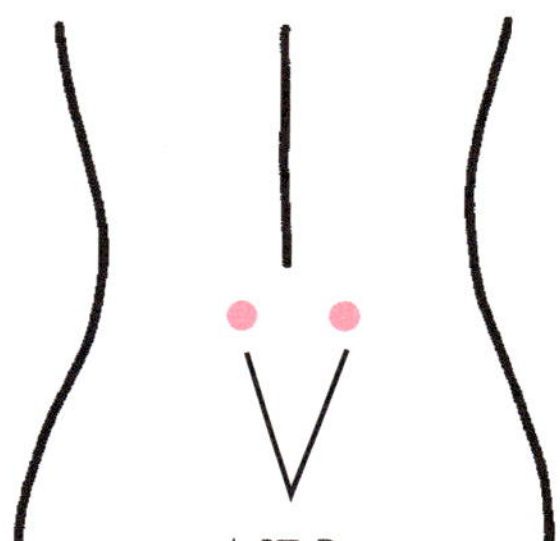

飲食以外的便秘改善法

適度地運動是很重要的。為了讓身體的血液循環變好、讓腸子的活動更活躍，就要運動。如果希望確實有效，則可以做產前運動。至於瑜伽、有氧運動等，則要選擇做起來不會太困難的。

此外，如擦地板等以蹲姿來做的家事也不錯，不過要注意身體不要太彎而壓迫到腹部。

還有，要養成早上上廁所的習慣，每次去的時間都一樣的話，就可以養成固定時間排便的習慣。坐在馬桶上的時候，也可以按按自己的腰部或用馬桶沖洗器的水流刺激屁股，也比較容易引起便意。

爸爸請你這樣做！

便秘用藥要小心

要解決便秘問題時要多加注意的就是用藥的問題。本來就有便秘問題的媽媽應該會有舒緩便秘的藥。吃個藥雖然可以圖腸胃舒坦，但是懷孕期間一定要向醫生確認沒問題才能服用。有些市面上的藥服用了可能會引起早產或流產。

中藥也是一樣。一般人會覺得中藥藥性溫和，可以安心服用，可是像對便秘有效的「番瀉」，如果大量服用也會導致早產的危險。

維生素等營養劑也不例外。維生素A或D這種脂溶性維生素如果過度攝取可能會對胎兒造成不良的影響，如果吃不下時，也不建議過度依賴維生素等營養劑。

相反的，也有些媽媽不好好地服用醫院開的藥。醫生就是認為有必要才開立處方，如果因為症狀改善，就擅自停藥，反而可能導致病情再發的危險。所以你要提醒媽媽按照婦產科醫院的指示服藥。

媽媽教室

Q 媽媽教室都在做些什麼？

A 教導準媽媽們很多事情，從懷孕期間身體的變化、生產時會有什麼狀況、到產後要如何照顧寶寶等當媽媽該預備的知識都有。這樣的課程從懷孕期間就要開始上。

一起學習生產與育兒相關的知識

所謂媽媽教室是指婦產科醫院所舉辦的媽媽課程。這個課程是為那些身邊很少已有生產育兒經驗的人，又是第一次懷孕生產，因而非常緊張惶恐的新手爸媽所準備的，提供很多必要的知識。

上課內容包括懷孕期的身心照護、營養指導、安產體操及生產時的心理準備、步驟、呼吸法、產後新生兒如何照顧、媽媽身體如何調養等。課程中除了請醫師、助產護士、營養師等專家來上課，還有實際演練或媽媽自由討論的分組活動等。

媽媽教室一般都是一週一次，每次兩個小時，總共上約五次左右。懷孕期間若發生什麼問題，有了正確的知識，也就不會那麼不安了。建議生第一胎的人一定要上媽媽教室。

媽媽教室的課程

一邊做當媽媽的心理準備，一邊吸收生產的知識。在這裡準媽媽們可以彼此交換意見，比較放心。

	課程	內容
第一次	給準媽媽的話	院長說明、指導分娩的目標、當爸爸、媽媽的心理準備，以及育兒等相關事宜。
第二次	指導準備住院以及營養相關事宜	了解媽媽想要的生育方式，並建議日常生活中應該注意的事項。
第三次	關於哺餵母乳	學習如何輕鬆快樂地哺乳。同時媽媽們彼此之間也可有所交流。
第四次	說明生產過程	使用模型來說明生產過程。課程中會用CD來讓媽媽們做呼吸法以及放鬆法的訓練。

（日本井上仕女診所提供）

爸爸請你這樣做！

媽媽教室可以學到很多實際會用到的技巧

爸爸也要上「媽媽教室」，請撥出時間來參加。平常大家都有工作，所以上課時間大致上都是在星期六日的下午。

如果是夫妻兩人的小家庭，你的幫助是不可少的。照顧寶寶，兩個人都是新手，但是寶寶是不會等到你們習慣怎麼照顧才出生。由醫院抱回來後就得由你們兩個來照顧，所以還是盡量在孩子出生前多學些相關知識。

「媽媽教室」裡會教到很多實際會用到的技巧，例如，你會在助產士的指導下，用洋娃娃來挑戰如何抱寶寶、如何幫寶寶洗澡、換尿布等。有的還會在你在肚子裡吊個十公斤重的東西，體驗一下媽媽的感受，讓你能滿載而歸。

有的生育方法可能需要你協助調整姿勢，或是提醒媽媽正確的呼吸法等，所以你也需要做練習，有的婦產科醫院會要求如果你希望一起進產房，就要一起上媽媽教室。

Pick Up!!

妊娠紋的預防

妊娠紋一旦出現就不會消失，要預防妊娠紋，就要靠控制體重和按摩，如此可以得到良好的效果。

按摩與控制體重預防妊娠紋發生

到了妊娠中期，肚子會變大、變明顯。之所以會有妊娠紋，是因為子宮或乳房變大時，皮下組織沒有辦法跟上皮膚表面伸展的變化而斷裂，所以才會形成妊娠紋。斷裂的部分的皮膚延展變薄，可看得到皮膚下面的毛細血管，看起來像是紅色波狀的線。

一般而言，妊娠紋都是在懷孕八個月左右開始出現，有的人早一點的話，在懷孕中期就會在腹部、胸部、臀部、大腿等容易累積脂肪的地方發現。

體型圓潤的人要小心！

雖然妊娠紋的形成和體質有關，但是一般而言較容易冒出妊娠紋的都是較胖一點的人。這是因為皮下脂肪層較厚時，皮下組織較難延伸，皮膚容易龜裂所致。

另外，媽媽較嬌小，或腹中胎兒較大，又或是生雙胞胎等情況，皮膚也會大幅延伸，所以容易出現妊娠紋。

出現的妊娠紋會在生產後漸漸變薄，產後三個月就會變白、變得不明顯，可是不會完全消失。

避免體重急速增加

很遺憾的，現在並沒有預防的方法。最佳對策就是不要讓體重急遽上升。有的媽媽會在懷孕中期孕吐的情況改善以後，漸漸進入穩定期，心情上也比較放心時突然急劇變胖，所以要特別注意。飲食和運動雙管齊下，才能做好體重管理。

媽媽專用的妊娠紋保養用品有很多，入浴時不妨輕鬆一下，試用這些保養產品。

如何預防妊娠紋

腹部、臀部、胸部按摩

由恥骨朝肚臍按摩腹部的兩邊。胸部和臀部也一樣由上往下提，或是以畫圓的方式按摩。

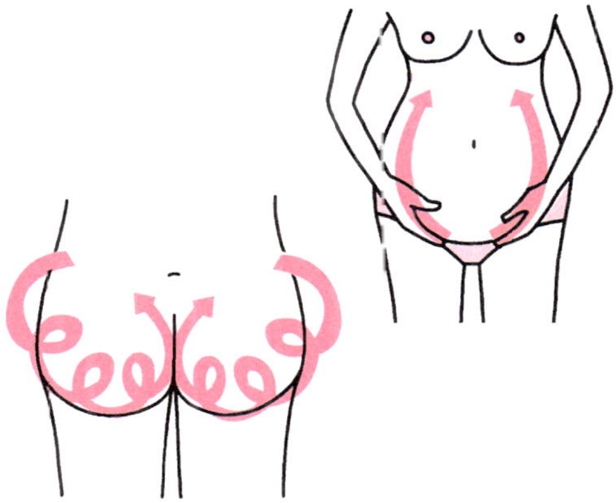

擦保濕乳液防止乾燥

懷孕期間由於荷爾蒙的變化，皮膚容易變得乾燥。以入浴劑保持肌膚的滋潤，洗完澡後，塗保濕乳液，以讓皮膚柔滑容易擴張。

鍛鍊腹肌

鍛鍊腹肌可以抑制皮膚突然大幅擴張，具有預防妊娠紋的效果。

妥善控制體重

注意均衡的膳食，並小心不要攝取過度熱量。同時還要配合適當的運動，以避免體重急遽增加。

★如果還是出現妊娠紋時

● **平日的保養**

入浴後等時候，可以沿著皮膚的纖維縱向塗抹乳液並按摩，或用熱毛巾按著出現妊娠紋的地方，妊娠紋就漸漸不會那麼明顯。

● **鍛鍊腹肌**

拉緊腹部鬆弛的部分，可以讓妊娠紋不至於再增長。

latter stage
懷孕後期

媽媽身體的變化

妳和寶寶在懷孕期間過得如何，從生產就可以看得出來。聽說從剛出生寶寶的表情就可以看得出來。希望妳過好每一天，讓寶寶出生時能有一個好臉色。

28～31 週（8個月）

胎內變化圖示

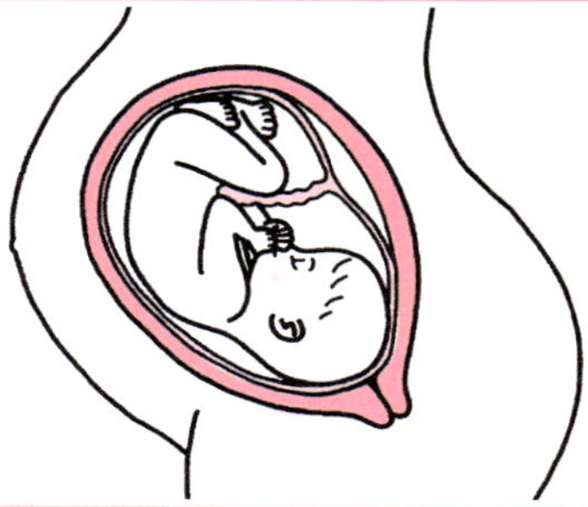

胎內變化說明

子宮底上升到肚臍和胸骨下方凹陷處的中間。胃和肺被往上擠，所以會覺得呼吸困難，或是消化不良。這樣一來可能一次吃不了那麼多，可以以少量多餐來因應。

另外，還會水腫，子宮的收縮也開始了，肚子撐開的感覺也會比以前強烈。

醫師建議 Doctor Memo

懷孕後期，本來體重沒有增加很多的人，一不小心就會胖起來了。別忘了要早晚站上體重計好好量一量。

此外，肚子變重了，晚上睡覺也不能仰睡。如果造成睡覺睡不好，或者有腰痛等問題也不要忍，產檢時要告訴醫生。

32～35週（9個月）

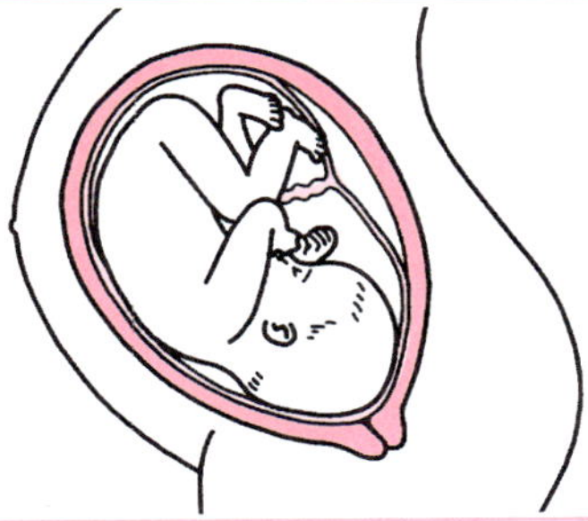

子宮底到達胸骨下方凹陷處，開始壓迫到妳的心臟。壓迫膀胱的情形也很嚴重，頻尿或殘尿讓妳很困擾。

這個時候疲勞感也已經到了極點，臉上的斑點和雀斑也會變得明顯。

陰道和外陰部也變得柔軟，開始做生產的準備。這個時期，分泌物應該也會增多。

和寶寶相處也快九個月了，相信應該彼此都很了解了吧？妳和胎兒的溝通對生產和往後帶孩子都會有影響。

這個時期有出血和腹痛的情形是很危險的，如果覺得哪裡情況有異，要馬上和醫院聯絡。

36～39週（10個月）

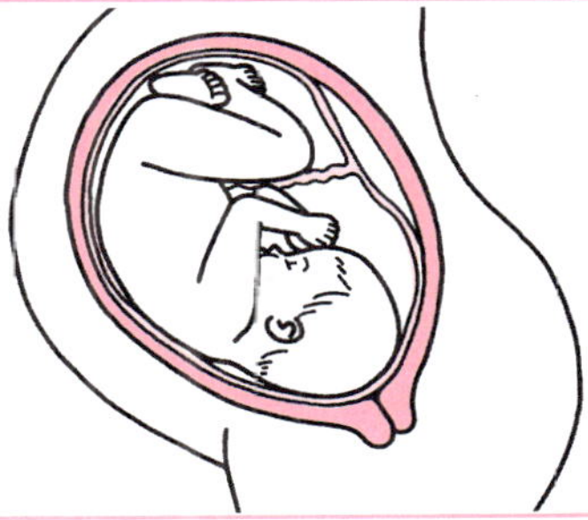

胎兒的頭向下，同時子宮底也下降，對內臟的壓迫減輕了，食欲也開始增加。不過對膀胱和對腸子的壓迫反而增加了，所以便秘可能會更嚴重。

快要生產了，產道也變軟、變長。胎兒的頭部位置固定了，所以胎動情況會變少，不過，由於子宮收縮，一天之內可能會感受到好幾次腹部撐開。

滿十個月了，什麼時候都有可能生。什麼時候會陣痛是抓不準的，所以盡量不要去離婦產科醫院太遠的地方。

另外，就算食欲增加也不可以吃太多。體重管理要支持到最後，這樣的話，要回復體重也會比較輕鬆。

latter stage
懷孕後期

媽媽生活重點 家庭篇

開始做迎接寶寶的準備。終於到了準備生產的最後階段。除了要準備寶寶的用品、住院的物品之外，要回娘家生產的妳也必須準備要回娘家了。

不過，這個時候絕不能太過勉強自己拿東西或搬東西。要好好照顧好自己的大肚子才好。

若要回娘家，有些事情要跟爸爸交代清楚

準備回娘家要用的物品是非常辛苦的，產前產後大約有將近三個月左右的時間不在家，除了要準備帶回娘家的東西以外，還要整理冰箱裡面，或是打掃環境。如果要租借嬰兒床或嬰兒浴盆，也要騰出空間來。此外，也要請人將這些東西送至娘家家裡。

留在家裡的爸爸知道要用的東西放在哪裡嗎？知道貴重物品要怎麼收嗎？等到要用時才匆匆忙忙地打電話詢問就很辛苦了。找個時間跟爸爸說明家中物品擺放的位置。另外，住院費用、緊急時候需要用的費用等也要事先討論好。

寶寶出生後，一天要餵十至十二次奶，連覺也沒法好好睡。想要做的事情也只有趁現在做了；不妨趁這個時候去索取彌月禮盒，如油飯或是蛋糕等目錄。

如果今後有一段時間要以宅配的方式買東西，請先調查好內容或條件。網路上的育兒資料有很多都來自有經驗的媽媽們的分享，也可以上網多蒐集資料。

助產士的建議　生產時真正會痛的時間大約是一小時

第一次生小孩，除了不安以外還會覺得很害怕。隨著預產期漸漸到來，不安害怕的程度會開始升高，很容易會有憂鬱的情緒。不過，這點大家都一樣，沒有媽媽因為這樣就放棄生產的，最後大家都還是和自己的寶寶來場「喜相逢」。妳也別想太多，當作是要盡的最後一點努力就好了。

關於陣痛等，妳是不是聽到太多前人的經驗，而把事情想得太過嚴重？其實真正很痛的，只是最後一小時而已。不是十個小時都一直在受苦。寶寶也跟妳一樣在承受疼痛、痛苦，妳和寶寶都要一起加油喔！

不要忘了準備住院用品

住院用品準備得如何呢？陣痛是不會事先通知妳的，所以還是盡早做準備為宜。再者，陣痛開始時要用以減輕痛苦的東西也是很重要的。依媽媽們的經驗需準備的物品如下：

●CD ●隨身聽／護脣膏 ●寶特瓶和吸管（喝水時比較方便） ●書或漫畫
●VCD或DVD ●靠枕等。

最後，要去婦產科醫院的交通方式或計程車電話號碼也先確定好、查好為宜。

肚子大了要更小心！

到了懷孕後期，肚子愈來愈大，自己的腳都看不到，以前能做的事情現在都不能做了，如泡澡就是其中之一。另外，打掃時使用長柄拖把或刷子會比較輕鬆。廚房的事情盡量坐著做。其他像把曬衣服時，把竹竿的位置放低一點等，用一點心就可以避免危險。

這些事情可以做嗎？【家庭篇】

下面列出懷孕末期常發生的問題，妳也來參考看看吧！

- **內褲**：配合變大的胸部和肚子，好好調整一下內褲。太緊的話會讓血液循環變糟！
- **藥物**：懷孕期間一定要小心用藥，尤期是懷孕後期更要小心。如果有習慣服用市售的藥品，也要問過醫生再決定是否可服用。
- **床、棉被**：腰部或背部感到疼痛時，要檢查一下睡眠的環境。較硬的棉被會比軟的棉被更能減輕妳的疼痛。
- **仰睡**：仰睡會讓妳承受腹部的重量，所以建議不要仰睡。這時妳可以改以對肚子不會造成那麼大負擔的方式來睡，如側睡，一隻腳彎向側睡方向這樣的姿勢。水腫很嚴重的時候，可以將腳抬高一點。
- **芳香療法**：可能會有放鬆精神的效果，但如果沒有足夠的了解，反而會得到反效果，需先請教過專家再使用。
- **戒指**：懷孕後期，手腳的水腫會變嚴重，常常會變得太緊而被箍住，或是拿不下來。不妨拿下來套在項鍊上。
- **睡懶覺**：懷孕末期早上常常都會睡懶覺。不過，也不必硬是要爬起來，能睡的時候就多睡點吧！
- **家事**：考慮要生孩子需要體力，還是要做些家事。不過，要注意不要站太高。上上下下拿東西、放東西是最危險的。

媽媽生活重點 職場、戶外篇

事前模擬一次生產情況。懷孕期間，除了皮膚、體型改變之外，還會發生各種變化。可以想想自己居住的地區和或婦產科醫院那一帶，在什麼樣的時間可能有什麼樣的狀況、要如何來因應等。

● 外出時要做好防曬的工作

懷孕後，皮膚會變得敏感，容易出現各種變化。每個人的症狀都不同，有的可能是乾燥，有的人可能是小疹子等，但是共通的情況就是長出斑點、雀斑出來，或是毛變多等，原因出在荷爾蒙和黑色素上。

懷孕期間，不只臉、手等露出外面的部位，就連乳暈和肚子等都變黑了。這是因為荷爾蒙讓麥拉寧色素增加，使色素容易沉澱的結果。如果不做好防曬措施，因為色素增加或吸收紫外線，而長出斑點、雀斑就得不償失，所以要準備好帽子、洋傘、塗抹防曬乳等，一切不怕太多只怕不夠。

另外，毛變多了也是受到荷爾蒙的影響所致。腳毛和手毛增加之快真令人吃驚，但是懷孕期間脫毛要特別小心，除了對敏感的肌膚不好之外，重複脫毛的話反而會讓毛愈長愈黑、愈長愈粗。不妨穿長裙以服裝來遮掩。

● 善加利用當地的資源

首先要注意的就是「媽媽教室」等提供的講習會，以及「幼兒健康門診」等跟寶寶有關的資訊。

此外，年初年底以及國定假日醫療院所常常都會休診。如農曆過年時，就會有很多醫院休診，可是已經快滿月時，什麼時候會開始陣痛是無法預料的。這個時候該怎麼辦、發生狀況時該聯絡哪個單位等，都要事先確認清楚。

此外，快接近預產期時，醫生會要求妳不要一個人前往距離醫院一個小時路程以上的地方。想想出現狀況時該怎麼辦，再決定要去哪裡吧！

當個自然派媽媽　寶寶只憑五感生存

到了懷孕後期，嬰兒用品是否都準備齊全了呢？衣服或毛巾、肥皂等選用天然的，比較能放心。

另外，比較煩惱的則是玩具。素材、形狀、價格等幅度都相差很大，選些無臭無味、可煮沸消毒的玩具吧！至於布料則選沒有使用福馬林的材質，且使用安全塗料（editable-ink）等的種類。

如果要挑顏色漂亮的玩具，則應以原料為木材的為主。寶寶只能透過五感來接收資訊，用手接觸的東西或是顏色等對寶寶都會有直接的影響，所以盡量給寶寶天然的東西比較好。

玩具不是一定要用買的，也可以自己做，如用布、線縫製。另外，麵粉用水揉一揉就變成黏土。只要用點心，寶寶也能玩的安心唷！

這些事情可以做嗎？【職場、戶外篇】

在下面列出懷孕後期常發生的問題，妳也來參考看看吧！

- **旅行**：到了懷孕後期可以出門旅行，但是滿十個月以後就不適合再去旅行了。
- **搭飛機**：因工作而在滿十個月時不得已得搭飛機時，需要有醫生的診斷書。劃位時盡量坐離洗手間近一點的座位。此外，坐商務艙也是很好的選擇。
- **開車**：有的媽媽看身體狀況還不錯時仍會開車出門。不過，滿十個月以後還是少開一點比較好。
- **腳踏車**：二十週以後就算是在家附近也不宜騎乘腳踏車。讓自己多走點路、活動活動筋骨。
- **摩天輪**：乘坐時發生什麼事情時既不能躺，也不能下來，還是不要坐的好。
- **運動**：只有運動是在孩子出生前都可以做的，而且做完還會精神舒暢呢！
- **產前運動**：只要肚子不會有脹脹的感覺，在家裡也要繼續勤做產前運動喔！
- **購物**：用走的是很好，可是拿重的東西還是要小心。回家時搭公車或計程車為宜。
- **大衆交通工具**：媽媽不妨多多利用捷運、公車等大衆交通工具。如要搭乘，可以避開尖峰時段，避免擁擠。
- **如廁**：快要生的時候會有頻尿的情況。這時絕對不要忍，就算在外面也要勤於跑廁所才是。

懷孕費用

終於到了懷孕後期，我們一起來算算生一個寶寶大約要花多少錢吧！

生一個寶寶要花多少錢？

終於到了懷孕後期，來算算生一個寶寶要花多少錢吧！尿布或配方奶粉從出院開始就會每天用到，所以事前準備一些比較方便。使用量大的東西一次買多一點比較划算。

尿布的價格要看是尿布還是紙尿布而定。一般人可能會覺得尿布比較便宜，但是到寶寶不用再使用尿布為止，卻得多花很多清洗尿布的時間和水費。如果是用紙尿布，一個月平均二千元左右，如果再加上嬰兒用濕紙巾，一個月還要再多花三百元。到了冬天，還要再買將冷冰冰的濕紙巾變溫的暖暖盒呢！

現在有很多各式各樣的商品，如果想花錢，不怕沒地方花。生一個寶寶的費用當然也要看照顧嬰兒的方式，不過，也要思考是否真的經濟實惠才好。

配方奶粉與尿布費

奶粉錢也要看是完全餵母乳、母乳搭配配方奶粉或完全泡配方奶粉，價格也會有很大的差異。母乳搭配配方奶粉時，平均一個月要二千元。當然也要看寶寶的食量，這個部分不是能省的，所以該買多少就要買多少。

其他如母乳墊、紗布、嬰兒用棉棒、嬰兒用沐浴香皂等，零零碎碎加起來，一開始一年最少要花六至十萬元。成長的同時，奶粉錢也增加了，要用的尿布也變大片，價格也變貴了，所以整體的金額也會往上提高。

其他醫藥費方面，一般嬰幼兒，只需付掛號費即可，且可享有免費健檢。

水電瓦斯費與生活費

孩子生下來後，要洗的東西很多，因為孩子很會流汗又很會吐，一天要換好幾次衣服。洗澡和泡奶也都會用到水和瓦斯，且在家時間長，冷暖器、空氣清靜機、除濕機等的電費也會上升。

另外，通知親友生產的喜悅所要打的電話、寄出的信件等，通訊費也會增加不少。不只如此，還有飲食費、投保的保險費等，多了一個家人開銷就會增加不少。

滿月禮費用

慶祝弄璋之喜或弄瓦之喜也不能隨便，雖然費用會隨各地習俗、家人看法等，而在做法、花費上有天壤之別，但是都是一筆不小的數目，要有心理準備。在下面列舉在慶祝孩子誕生時平均花費的金額。

1. 分送滿月油飯、彌月蛋糕。
2. 去廟裡拜拜求平安。
3. 宴請親友，可叫外送。

媽媽經驗談—可能的花費

依其他媽媽的經驗談，頭一個月會用到的嬰兒用品有：

- 紙尿布（10包）____________$.______
- 配方奶粉（4罐）____________$.______
- 嬰兒用濕紙巾（2包）____________$.______
- 母乳墊（1盒）____________$.______
- 衛生棉花（1盒）____________$.______
- 紗布（1盒）____________$.______
- 嬰兒用棉花棒（1包）____________$.______

慶祝、求平安

- 分送滿月油飯、彌月蛋糕。
- 去廟裡拜拜求平安。
- 宴請親友，可叫外送。

如何避免成為妊娠高血壓症候群

Q 妊娠高血壓症候群是指什麼樣的病？

A 指身體無法因應懷孕所導致的變化，而出現負擔過重的狀態。平常就要多加留意做預防。

大部分發生在懷孕後期

妊娠高血壓症候群是懷孕期間最要特別注意的疾病，其定義跟「妊娠毒血症」一樣，只是不包含「水腫」這一項。

妊娠高血壓症候群是指由於母體內突然出現一個嬰兒，隨著懷孕時間拉長，體重增加，子宮變大，胎兒也愈來愈大，而使得身體器官將胎兒視為異物急欲排出，進而導致身體負擔過重。

孕媽咪中，約有百分之五至十的人都會出現些症狀，而其中會有三分之一的情形特別嚴重。發生這種症狀時，營養或氧氣難以送至胎兒，嚴重時還會對胎兒的發育造成影響，造成「子宮內胎兒發育遲緩」，最糟糕的情況則是「胎兒窘迫（Fetal Distress）」。媽媽也會發生全身痙攣、失去意識，陷入「子癲前症」、「腦出血」、「腦梗塞」等危險的狀態。

妊娠高血壓症候群的症狀

妊娠高血壓症候群主要的症狀是「高血壓」和「尿蛋白」兩個。其中任一個出現異常數值時，就會被診斷為妊娠高血壓症候群，輕度時需要在家療養，嚴重時則需馬上住院。

治療方法大致可分三個：一個是要靜養。總之就是要好好躺著。躺著時身體的負擔會減輕，流到腎臟的血液會增加。而這樣一來水腫的情況就會獲得改善，血壓也會降低。

第二個就是要減少鹽分的攝取。一般攝取量為一日 10 g左右，在家療養時則要控制在 5～6 g。如果嚴重到要住院，就要控制在 3～5 g，幾乎感覺不到鹹味的程度。

第三個就是要減少整體攝取的熱量。高脂肪、高糖分是高血壓的主因，在家療養時標準熱量為一天 1600～1800大卡。嚴重到住院時往往都會控制為一天 1200大卡為佳。

如果這樣還是沒有改善，流到胎盤的血量減少，胎兒的情況危急時，就要開刀生產。在事情還有挽回餘地時，要多留意產檢時的尿蛋白、血壓、水腫等檢查結果。

哪些人是高危險群？

家族遺傳

高血壓會遺傳，若家族中有很多都有高血壓，或原本就有高血壓的毛病，那麼也容易罹患妊娠高血壓症候群。

糖尿病

有糖尿病的人，或有慢性腎炎等也要多注意。

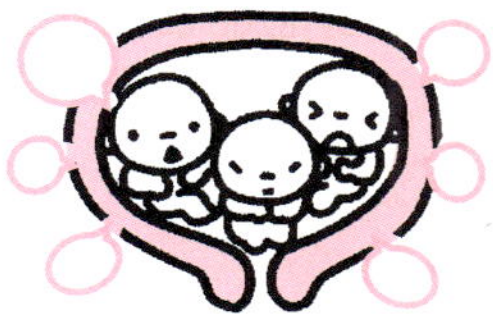

多胞胎

胎兒愈多，對媽媽的負擔愈大。

貧血

優質的蛋白質會不夠，血管變弱。

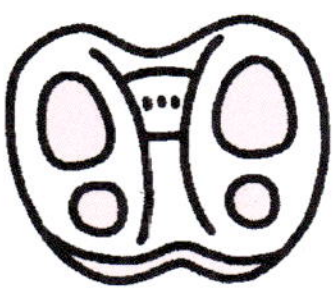

過胖

脂肪的代謝變差的話，血液中的膽固醇就會增加，提高罹患高血壓的危險。

高齡產婦

不管是不是生第一胎，只要是高齡產婦都容易罹患妊娠高血壓症候群。

爸爸請你這樣做！

預防妊娠高血壓症候群的方法

妊娠高血壓症候群嚴重時除會影響胎兒發育，媽媽本身也會陷入危險，所以不要小看這個疾病，應該認真地思考要如何預防。

你能做的就是減少鹽分攝取。對妊娠高血壓症候群而言，鹽分是大忌。所以你可以提醒媽媽不要吃太鹹，慢慢調整口味。

一般媽媽的鹽分攝取量規定是10g（大約是湯匙兩小匙的量）。但妊娠高血壓症候群的媽媽只能攝取一半。如果沒有很小心，很容易就會「破戒」。

此外，在生產完後，大致上會有一段時期要哺乳，所以養成控制鹽分攝取的習慣會比較好。如果媽媽要在菜上淋醬油，也可以提醒她不要加太多，讓她自我節制。

可能會有一段時間晚餐吃得有點清淡，不過午餐都吃你自己喜歡吃的東西，為了寶寶好，你就忍耐一下囉！

latter stage
懷孕後期

預防腰酸背痛的伸展運動

Q 生產前後的腰痛和背痛要如何減輕？

A 腰痛和背痛從懷孕期間就開始困擾著妳。做些延展腰部肌肉的伸展操並養成習慣，有助於緩和腰痛和背痛。

多運動增加血液循環

肚子變大後，重心會在前面，很自然地身體就會往後彎以保持平衡。結果導致支撐上半身的腰部、背部肌肉負擔增加，而引起這些部位的肌肉疲勞、腰痛或肩膀酸痛，甚至背部疼痛等問題。另外，受到黃體荷爾蒙的影響，骨盤關節或韌帶較鬆，也是腰痛原因之一。

要解決這些問題，平日除了要多做運動、活動筋骨以外，增加體力也很重要。除了運動或游泳以外，如果不想這麼麻煩，不妨在家多做伸展運動。

標準是一天做五次。晚上睡覺前、早上醒來起床前、白天再做三次是最好的。當然想多做也可以，沒有問題。

1 仰躺

將背筋拉直，先從背部躺下，讓腰部碰到地板。

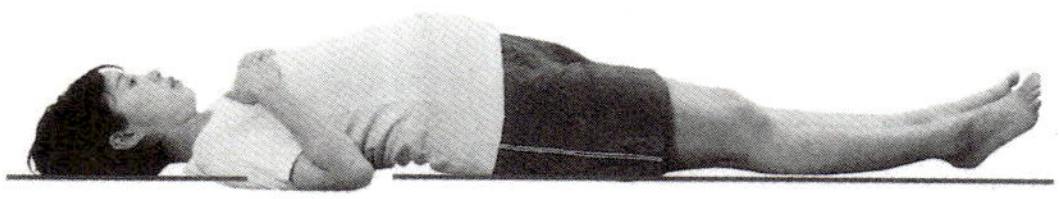

！重點

在仰躺狀態下讓腰靠在地板上，並注意背部相對於肚臍的部位要接觸地板。

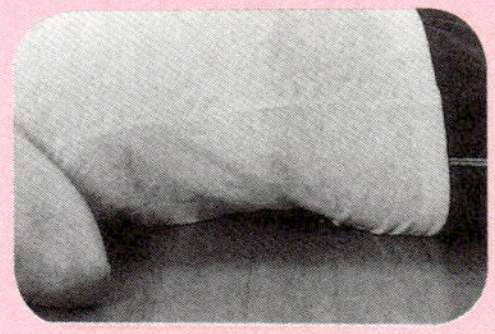

2 膝蓋彎起，撐起臀部

以仰躺的姿勢將腰部靠在地上，膝蓋彎起，撐起臀部。

洗澡後、上床前，身體比較柔軟，所以做一下這個運動很快就可以讓身體放鬆，睡得比較好。而在早上也可以先做一下這個運動，緩解睡眠期間肌肉酸痛的症狀，再開始每一天。

養成習慣後，筋骨肌肉或從內側放鬆，體力也變好。此外，透過活動筋骨還可以讓妳的血液循環變得更好，胎兒的血液流量也會增加。為了讓妳和胎兒都過得有精神、有活力，平日就要勤做伸展運動。

● 對產後的腰痛也有效

孩子生下來後體重漸漸增加，就算能走了，也可能還是要妳抱。為了要好好地抱住孩子，就要多注意腰痛。

生產是女人一生中的大事，身心負擔已經很重了，如果再加上腰痛，可能就會形成壓力。宜勤做伸展操，讓身體放鬆一下為宜。

3 腰部靠地，臀部下降

膝蓋彎起，讓腰靠在地上，然後慢慢放下臀部。重複這個上下運動。一天標準做五次。

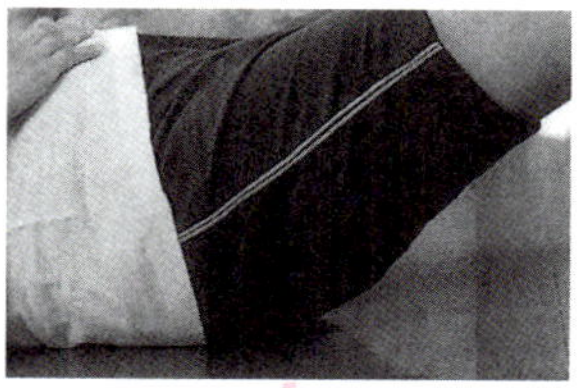

NG

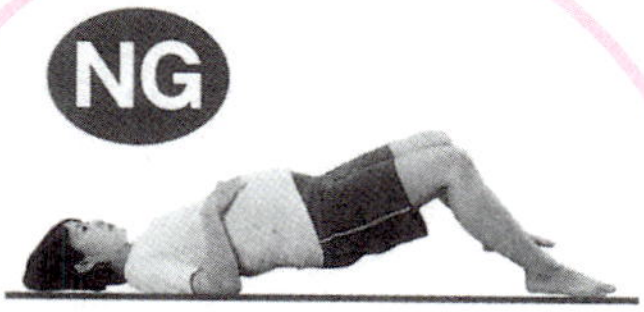

不可以背部和腰部都沒靠在地上。背部和腰部靠在地上，只有臀部往上抬。

爸爸請你這樣做！

幫助媽媽做保健

媽媽的肚子日漸變大，做什麼動作都變得辛苦。正因為如此，高難度的姿勢或走動對她們而言更是不容易。這個時候，你如果能多在保健上或家事上幫忙，媽媽一定會很高興。

首先是剪指甲。肚子變大了以後，自己的腳指頭都看不到了，勉強蹲下來只會讓肚子裡的寶寶不舒服。此外，由於皮膚變得比較敏感，身體的保養也不能疏忽。如果能主動幫媽媽剪指甲，她一定很開心。接下來是洗澡，背部或頭部等比較難洗的部分也請多幫忙。

至於打掃浴室也要麻煩你。浴室或浴缸很容易滑倒，萬一發生什麼事情是很危險的。此外，對常常腰痛的媽媽而言，往前彎腰蹲低的動作會讓她更不舒服。所以藉這機會，平常打掃不到的地方也一起打掃乾淨吧！

一點點體貼和用心對媽媽而言都是感謝與感動。

妳擔心胎位不正嗎？

Q 為什麼會出現胎位不正的現象？

A 出現這種現象的原因目前還不明。妳平常要放輕鬆點，這樣胎兒比較容易自由自在地動來動去。

胎位不正約佔三分之一

胎兒一般都是以頭在下方的姿勢浮在羊水中，這個位置稱為「頭位」；但是有的時候胎兒會頭上腳下，腳或臀部靠近子宮口附近，這就叫做胎位不正，或是「臀位」。

懷孕中期之前，所有媽媽當中約有三分之一會被診斷為「胎位不正」。雖說如此，胎兒到懷孕中期前都會在肚子裡活潑地動來動去，所以就算被診斷為胎位不正，也不用擔心。

到了懷孕後期，胎兒的身體愈來愈大。到不能自在活動之前，幾乎所有胎兒都會改變身體方向。

到最後要生產時，胎位不正的情況則為全體的百分之四至五。之所以不回到正確位置的原因，現在還不清楚，但是有時候子宮肌瘤、子宮畸形、胎盤位置較低等情況會導致胎位不正的發生。

胎位不正的嚴重的後果

胎位不正時，比較讓人擔心的是「早期破水」的情形。有人說是由於胎兒的臀部或腳會壓迫到部分子宮口，所以容易破水。

胎位不正的種類

● 向直腿臀產式
（Frank breech或
Extended breech）

● 腳胎產式
（Footling presentation，
Single or Double）

● 膝胎產式
（Knee presentation，
Single or Double）

● 彎腿臀產式
（Flexed breech）

此外，一般發生破水情形時，胎兒的頭會發揮栓子的功能防止羊水流出，可是胎位不正時就沒有辦法擋住羊水流出，臍帶會從空隙跑出去（臍帶脫出），這樣一來，胎兒就會陷入缺氧狀態。所以如果媽媽感覺好像有破水的現象，先用乾淨的衛生棉墊著馬上就醫。

最重要的就是放輕鬆

要治療胎位不正，可採「胸膝位」的姿勢。每天在早上和就寢前做一次，讓胎兒比較容易活動，但是如果肚子脹脹的，覺得很不舒服，就沒有必要勉強一直做。一定要經過醫師指示再做這個體操。盡量採輕鬆的、肚子不會脹脹的姿勢，這是最好的。在家時可以解開腹帶，讓肚子柔軟輕鬆點。

改善胎位不正的體操

請先解開腹帶，等肚子軟一點時再做體操

1. 基本姿勢為臉朝側邊，肩膀、胸部、膝蓋貼近地板。兩膝稍微打開約一個拳頭大小的距離，臀部抬高，膝蓋彎成直角，大腿和地板保持90度。爸爸也可以看一下媽媽的姿勢是否正確。

2. 維持這個姿勢十至十五分鐘。如果覺得呼吸困難，感覺有異，可先做五分鐘左右就休息。
3. 做完基本姿勢後，採右側臥或左側臥位讓胎兒的背後朝上，休息三十至六十分鐘，胎兒比較容易活動，就會開始轉。

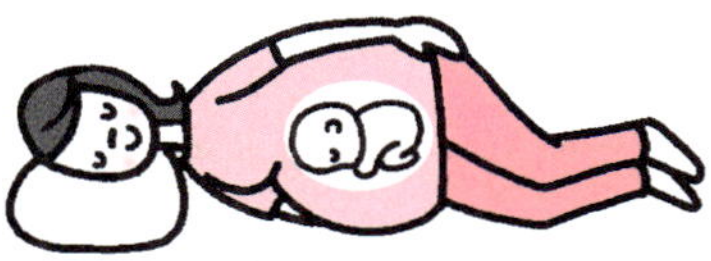

4. 每天白天做一次、睡前做一次，每次產檢時都問醫師胎位不正矯正回來了沒。

爸爸請你這樣做！

注意關於胎位不正的最新資訊

雖說胎位不正不是病，但是要生時往往都是採剖腹生產。對於希望自然分娩的媽媽而言，這是有點遺憾的事情。這時每天做改善胎位不正的體操，是個不錯的選擇。不過，不要太勉強自己，以免讓自己太過不舒服或勞累。

治療的方式大都傾向讓胎兒自己轉回來。媽媽可能會擔心這樣就沒有辦法自然產，可是也只能適度地做體操等待了。

剖腹生產是胎位不正時最安全的生育方法，媽媽也可以考慮用這種方式生產的可能性。

由於胎位不正而心煩或擔心對胎兒是最不利的。這個時候，你要多和媽媽談談，聽聽她的心聲。

關於胎盤和羊水

Q 有沒有什麼是必須要多加注意的問題？

A 胎盤和羊水是保護胎兒的「生命線」。相關問題可以透過定期產檢來預防。

胎盤和羊水扮演重要角色

胎盤連結媽媽與胎兒，而羊水則是保護胎兒的游泳池。兩者在胎兒成長過程中都扮演不可或缺的角色。

胎盤是附在子宮壁上的器官，從胎兒開始在妳腹中出現起就開始形成，直到懷孕四個月才完成。之後會隨著胎兒的成長而變大，到快生產之前直徑會達到 15公分，厚度會達到 2公分，重量會達到大約 500公克。在出生時會隨著胎兒一起排出體外。

胎盤的重要功能在於從血液獲得氧氣，供給胎兒營養，以及將老舊廢棄物或不要的二氧化碳排給妳。此外，從母體獲得所需抗體靠的也是胎盤。相反的，母體的細菌或有害物質則是會被胎盤擋在門外以保護胎兒。

正因為胎盤如此重要，「前置胎盤」、「胎盤早期剝離」等和胎盤有關的問題才會如此攸關胎兒的成長與生命。如果突然腹痛如絞或有大量出血等異常感覺，請馬上送醫，有必要做緊急處理。

羊水─緩衝外界刺激

羊水是包覆在胎兒周圍的淡黃色液體。溫度在 36～37℃之間，有點像溫水游泳池一樣。懷孕初期大約只有 30㎖左右，量很少。最多可增加到 700～800㎖，生產時會減少一點。

羊水最大的功能在於保護胎兒避免受到外在的衝擊，這樣分娩的時候子宮收縮就不會直接影響到胎兒。胎兒在妳肚子的十個月裡自由地在羊水裡游來游去，身體的功能發展得更健全。

此外，破水時還可以清理產道，讓胎兒更容易出來。胎盤可以一直附在子宮壁上，也是因為羊水一直在施壓的緣故。

羊水─胎兒健康指標

還有一個更重要的功能，那就是可以從羊水的狀態來確認胎兒是否為健康狀態。胎兒可以藉由喝羊水來獲得必要的養分；之後會將廢物質經由腎臟過濾後，再由羊水排出。

從檢查羊水的量、羊水狀況就可以知道胎兒是否正常地進行這些事項，所以羊水也是胎兒健康的一項指標。如果產檢時都有定期做超音波檢查，羊水有異時就可以早日發現。

胎盤的問題

部分前置胎盤

胎盤擋在部分子宮口上。前置胎盤中最常看到的一種。

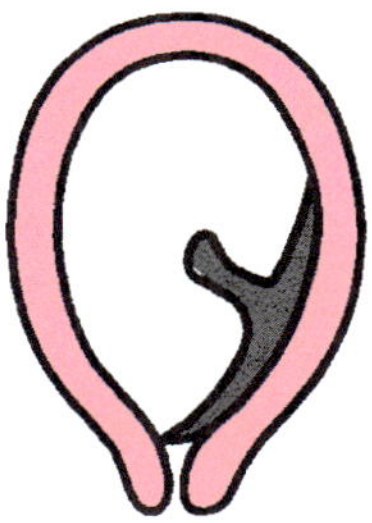

低置胎盤

胎盤的位置比一般情況低。如果到了懷孕後期還那麼低，可能就要像完全前置胎盤一樣採取剖腹生產。

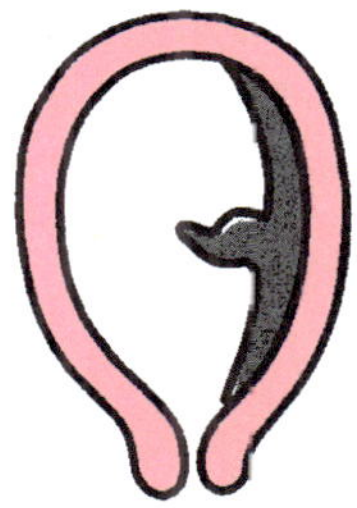

完全前置胎盤

胎盤整個擋在子宮口上，胎兒無法自行娩出，所以一般都會採剖腹生產的方式。

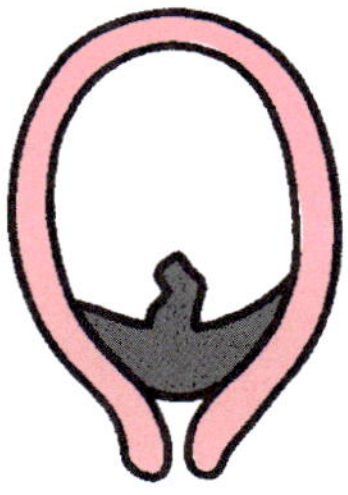

邊緣性前置胎盤

胎盤的下緣到達子宮口邊緣。如果程度輕微，約百分之二十左右可以採自然分娩。

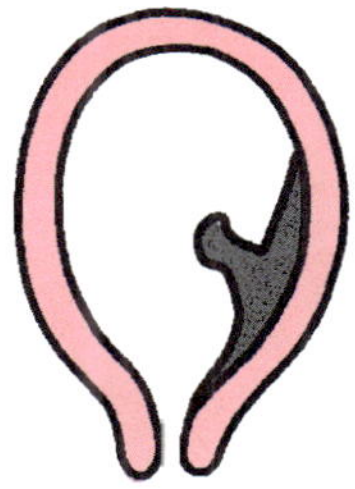

從羊水可獲知的其他異狀

除此之外，從羊水還可以知道很多事情。量太多時，妳有可能是罹患了糖尿病。如果量太少，胎盤的功能則有降低的可能性。

在懷孕十五至十八週進行產前遺傳診斷時，也是以羊水來檢查胎兒的染色體。這時是以針插入妳的腹部取出羊水，再從水中取出浮游的胎兒細胞。透過這個檢查，可以在胎兒出生前就知道是否有唐氏症等染色體異常的問題。

可是如果院方只是說「羊水較多」或「羊水較少」那麼就不用那麼擔心。如果有可能發生問題，醫生應該會馬上建議妳做檢查。

羊水量不是靠妳努力就能調整的，再怎麼擔心也沒有用。規定的檢查都確實地去做，就能早期發現問題，請放心。

羊水的問題

● 羊水混濁

胎兒解胎便，羊水變混濁的狀態。
胎兒在氧氣不夠的情況下會解胎便，需要馬上檢查原因。

● 羊水過多

羊水量比一般情況多的狀態。
有可能是胎兒無法喝羊水、消化管緊閉、肺部有異等。

● 羊水過少

羊水量比一般情況少的狀態。
有可能是胎兒腎臟功能較弱，無法順利排出羊水，或是胎盤無法產生羊水或破水的情況。

快要生產有何預兆？

Q 該如何判斷要開始生寶寶了呢？

A 有人說發生不規則的陣痛或是羊水破了，就表示要生了，不過，其實還是因人而異，妳可以好好觀察自己的身體狀況。

快要生時，身體會出現什麼預兆？

快要生了時，妳身體很多地方都會出現預兆。

○ 肚子脹脹的

一開始感覺到不規則的撐脹感，不久變成規則的陣痛。

○ 恥骨疼痛

受到荷爾蒙的影響，恥骨結合部位變得鬆弛。

○ 胃部附近覺得比較輕鬆

子宮下降，胃部的壓迫感消失。

○ 腰痛

胎兒的頭往下壓迫到腰部。

○ 分泌物增加

因為子宮頸要開了。

○ 頻尿

可能是膀胱受到壓迫，有時可能會有殘尿感。

如果感覺到這些變化，就表示快要生了。怎麼開始則是因人而異，有人說一般是先開始「微量出血」或開始有「不規則的陣痛」就表示快要生了，其實快生的徵兆並不只是這些而已。

如果是羊水破了，或是感到規則性的陣痛，請馬上打電話並盡速前往醫院。尤其是羊水破了的情況，雖然胎兒的頭會先擋住羊水的流出，可是卻可能會發生細菌由陰道進入而導致胎兒遭到感染，所以要特別小心。

生產流程表

1. **微量出血**
分泌物中混有血液，顏色為紅或粉紅色，有時則為月經要結束時的褐色。出現微量出血後，幾天後就會開始陣痛。

2. **頻繁地覺得肚子脹脹的**
有人沒有出現微量出血的現象，而是直接出現常常腹脹的現象。

3. **不規則陣痛**
一個小時數次不規則覺得腹脹的情況。真正的產前陣痛很快就要開始。

4. **規則陣痛**
開始規則性地陣痛。不過，寶寶可不是那麼簡單就生出來的，先別慌張。

5. **確認東西都帶了沒**
孕婦健康手冊、健保卡等都和其他住院行李放在一起了嗎？

6. **記下陣痛間隔時間**
記下陣痛時間、間隔、疼痛的持續時間，這樣跟院方表達妳陣痛經過時比較方便。

7. **打電話給爸爸和家人**
通知爸爸快要生了。確認爸爸要去醫院的方法或時間等。

8. **吃點東西**
分娩需要體力，能吃的時候先吃一點。

9. **淋浴**
醫院診所大部分都沒有提供讓即將分娩的媽媽淋浴的設備，所以可以趁陣痛較不痛時淋個浴，將身體洗乾淨。

10. **深呼吸以減輕疼痛**
陣痛愈來愈痛時，可採盤腿等較輕鬆的姿勢，並將精神集中在呼吸上。

11. **打電話給婦產科醫院**
懷第一胎的話等陣痛間隔十分鐘、否則等陣痛間隔為十五分鐘時打電話給醫院。醫院會問妳陣痛開始時間、間隔及持續多久等問題。

12. **住院**
院方的指示下來後就馬上去醫院。陣痛開始後開車是很危險的，請搭計程車。

1
破水
包覆羊水的卵膜破了就叫做破水，如果是在陣痛開始前發生，就稱為「早期破水」。

2
打電話
給婦產科醫院
用乾淨的衛生棉等墊著，馬上通知醫院。這時絕對不可洗澡或淋浴。

3
住院
破水放著不管，可能會導致細菌感染，所以要馬上就醫。

也可能會發生這樣的情況

一個人外出時突然快要生了

感覺劇痛或異常時，要馬上跟醫院聯絡。醫院可能會請妳緊急時去最近的婦產科醫院。滿十個月時，出門請記得帶孕婦健康手冊、健保卡還有媽媽用衛生棉。

「出血」、「劇痛」、「胎位不正的破水」

馬上通知醫院。如判斷有必要時可以先叫救護車。

產檢時，醫生突然要求住院

在妳不自覺時，子宮口已開，或是破水的情況。這時直接住院，以準備開始生產。

過了預產期還沒有要生的樣子

未滿四十至四十二週時要等待陣痛發生。過了四十二週時，胎盤功能可能會降低，可以和醫生談談是否要調整生產方式。

latter stage
懷孕後期

多做伸展操有助順利生產

Q 懷孕後期可以做什麼樣的準備，以求順利生產？

A 盡量多動動筋骨，讓股關節柔軟一些會生得比較順利。

多運動增強體力、柔軟股關節

體力固然很重要，但是柔軟的股關節也是順利生產不可或缺的一環。生產時的陣痛、痛苦，以及要用力等對母體的負擔是難以計量的，妳需要有足夠的體力才能生下小孩。

另外，讓股關節柔軟也很重要。胎兒在妳的股盤內漸漸成長，如果能讓骨盤周圍的筋骨肌肉變軟、變得容易伸展，孩子也會比較容易通過產道生下來。

要讓股盤肌肉柔軟，可以盤腿看電視，從日常生活就留意做張開股關節的訓練。因為股關節平常很少使用到，所以不會馬上就會變得柔軟；而伸展操可以在平常體能較好時，慢慢一點一點地持之以恆進行。

伸展動作1——盤腿

1

採盤腿的姿勢並輪流刺激兩腳的腳底。

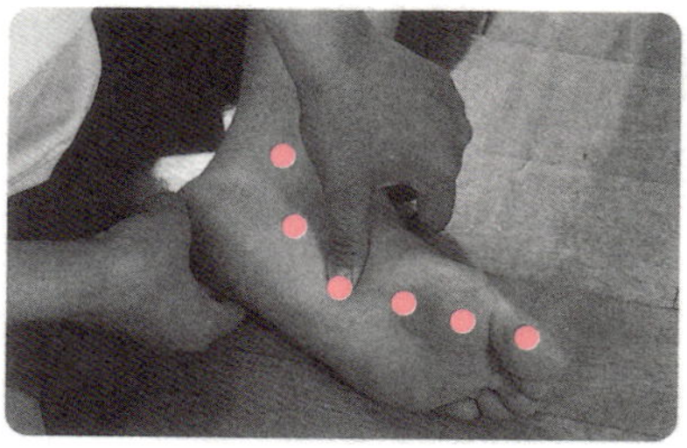

2

按按腳底的穴道，從後腳踝沿著腳底凹陷處到大拇趾慢慢按過去。一天按五分鐘左右。

此外，懷孕時由於受到女性荷爾蒙的影響，體內水分會變多，血管內或細胞內的水分會增加，所以腳也容易水腫。所以在做盤腿的動作時，可以順便刺激腳底，改善水腫的情形。這樣不僅可以改善全身虛軟無力的情形，還可消除疲勞，對身體頗有幫助。

伸展動作2——祈禱的姿勢

坐在地上兩腳張開，將兩肘頂在兩膝之間的內側並雙手合十。以手肘的力量將兩腿之間的距離撐開，以打開股關節。一天做十次。

除了按穴道之外還可以做這樣的按摩

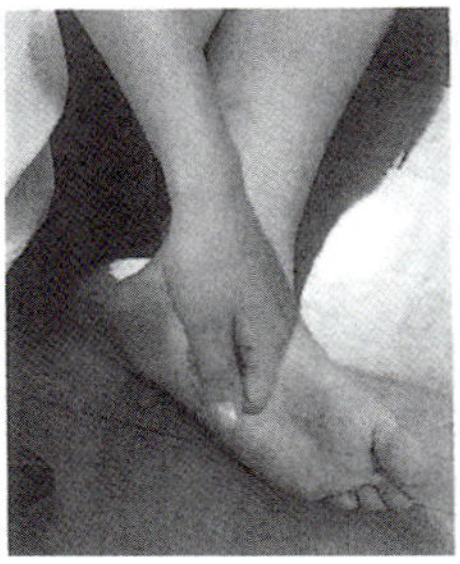

手握拳搥搥腳底凹陷處。力氣大小以自己覺得舒服為主。

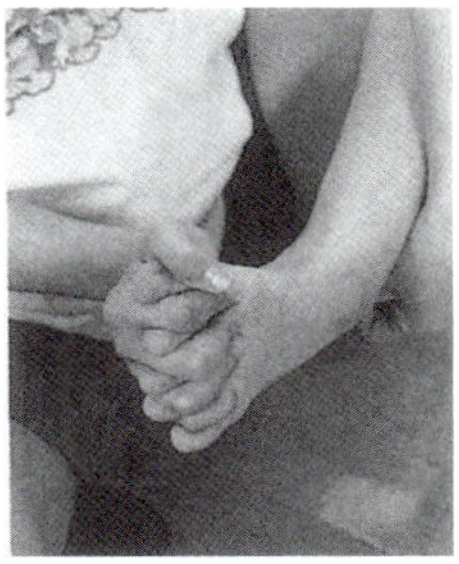

將手指和腳趾交叉，時而往外扳，時而往內壓，各五次。

爸爸請你這樣做！

爸爸陪產，分享感動的片刻

媽媽身上懷了一個對兩人來說都很珍貴的寶貝。到寶寶出生之前的這段時間裡，不管是快樂或痛苦的時光，你和媽媽都應該共同分享、共同承擔，為了要見到寶寶而盡最後的努力。

雖說是陪產，但如果沒有什麼意外，就不用太擔心。對媽媽而言，沒有什麼比你陪在身邊還更安心的了。而這也會成為媽媽加油把孩子生下來的動力。

除了會被要求以在媽媽教室中學到的呼吸法來帶領媽媽呼吸以外，如果她想喝水、想請人幫忙按摩一下腰部，也請你多幫忙。媽媽也許會比較任性一點，不過那只有幾天，就不要太見怪了！

最重要的是能親逢自己的孩子誕生的那一刻，這可是一生中不可多得的經驗。

如果你能開始有「為了孩子，我要更努力」的感受的話，那就表示你真的開始有做爸爸的自覺了。

生產相關問題

Q 我是生第一胎，開始生時會發生什麼情況？

A 開始生的情況因人而異，在下面列出比較多媽媽詢問的問題。如果還是不懂時，請向醫生詢問。

Q快要生時會有哪些警訊？

A確實是有些警訊，但是因人而異。例如，會感覺到腹部或腰部脹脹的感覺跟之前不同，那表示子宮開始變得容易收縮，就快要開始陣痛了。此外，如果突然開始變得有食欲，則是因為胎兒下降，不再壓迫腸胃所致。此外，分泌物增加、常跑廁所、不再感覺到胎動等，都是胎兒已做好從產道出生及快要生產的警訊。

Q要生的時候，該在什麼時間點通知院方才好？

A破水時，就算還沒發生陣痛，也要馬上跟醫院聯絡。疼痛的感覺每個人都不一樣，一次疼痛和下一次疼痛之間如果間隔為十分鐘左右時，請馬上跟婦產科醫院聯絡。

Q還沒到預產期，子宮口就有點開了，該怎麼辦才好？

A一般子宮輕微收縮也會導致子宮口打開，不過的確有的人會在預產期間子宮就開始打開了。有的人打開二至三公分後馬上就開始感到陣痛，也有人沒有什麼感覺。這時請依照醫師指示。

Q要怎麼去醫院？

A如果開車開到一半突然陣痛，那就很危險了，所以絕對不要自己開車，叫計程車為宜。在車上如果開始陣痛，可以靠在座位上採取較舒服的姿勢並且深呼吸。如果陣痛難忍且持續發生，或是羊水流出很多時趕快叫計程車。

Q我近視嚴重，生產時可以戴眼鏡或隱形眼鏡嗎？

A有時可能是半夜生，所以盡量戴眼鏡。此外，生第一胎時分娩時間較長，活動也較激烈，生的時候不管是眼鏡或太陽眼鏡都要拿下來。當然，生下來之後就可以戴上眼鏡好好看看寶寶了。

Q生產的時候為什麼醫生要按肚子？

A又稱為「胎兒壓出法」，在生出胎兒的陣痛和用力不夠時，或胎兒已經到了產道口卻停止等情況時會用這個方法。用手由腹部上方按壓子宮，可協助胎兒生出來。由於是壓在胎兒的臀部上，對胎兒不會造成負擔，所以請放心。

Q已經過了預產期還不生，沒有關係嗎？

A如果產檢時醫生說沒問題的話，就不必擔心。不過，一般而言，過了四十週以後胎盤的功能會愈來愈差。催生的時間隨醫院而異，不過一般都是過了四十一週後就會要求妳住院。

Q生完後肚子會消下去嗎？

A剛生完後妳的肚子就像吹飽的氣球放掉空氣後那樣。子宮會一天天縮回去，可是皮膚卻撐開了，當然會鬆垮垮的。不過，皮膚是有彈性的，過一個月左右就會回復原狀。產後六週可以使用縮緊腹部的束腹帶，效果更好。

Q懷孕期間變胖了，生完體重會回到跟之前一樣嗎？

A生完之後，會少掉寶寶及胎盤、羊水等加起來約六公斤左右，可是要生完後馬上回到之前的體重是不可能的。此外，懷孕增加的脂肪或體重也會隨時間愈久，愈難回復之前的水準。**產後六個月內是瘦身的黃金期，請多利用這段時間做做伸展操或減肥。**不過，剛生完體力也會大為降低，看身體復原情況再做運動，不要讓自己太勞累了。

開始替寶寶取名字囉！

Q 要替寶寶取什麼名字好呢？

A 名字當中包含對寶寶的愛是最重要的，其他如字型、筆畫、發音等也不要忘了注意。

名字是你們給寶寶的第一個禮物

有人說名字是父母給孩子的第一份禮物，這句話真是說的一點也不錯。從出生到死亡會被叫個幾千、幾萬次，所以要為孩子取個符合你們對孩子期望的名字。

雖說如此，要在那麼多字當中只挑一個組合，實在也很不容易。名字最重要的是要包含你們對孩子的愛。有一天，你們要告訴寶寶你們為什麼要取這樣的名字。

●取名字要注意的地方

如果名字當中包含著爸媽滿滿的愛，那一定不會是個不好的名字。可是，為了以後不要後悔，還是依下面重點檢查一下為宜。

◇檢查字型：姓跟名字型看起來很像時，很不好看。建議取名字時連名帶姓寫在紙上看。

◇檢查筆畫：筆畫多時，寫的時候會覺得很黑很重，筆畫少一點時又好像很空，沒什麼分量。一樣還是寫下來，感受一下好不好寫、給人的感覺。

◇檢查好不好唸：唸出來聽聽看什麼感覺。唸起來很拗口感覺也不太好，所以好不好唸也是一大重點。最後不要忘了連名帶姓一起唸唸看。

●取名的方向

○從孩子給人的印象來取

想想看自己希望孩子成長成什麼樣子。像廣大的大海，或是楚楚可憐的小花？相信你們應該也有自己對孩子的想望，例如，希望孩子很英勇或是讓人感覺很舒服等。可以先找出最符合你們想像的幾個字再來選。

◯選喜歡的字來取

先從爸爸媽媽喜歡的字中挑選後再做組合。先挑一個喜歡的字當第一個字，之後再找一個字來配，這樣就可以有很多選擇了。

搭配字	男孩：強、士、傑、豪、勇、誠、義、剛、威、彥等
	女孩：純、雅、怡、瑜、嘉、珮、雯、玉、琪、慧等

◯從爸爸媽媽或祖父祖母的名字中各取一字

以前常有的取名方式，這樣比較容易感受到家人血脈相連的感覺。第一個字要感覺強一點還是柔一點，給人的印象就會差很多。

◯從聽起來好聽的音來取

強：三聲、四聲、ㄅㄆ、ㄉㄊ、ㄍㄎ、ㄐㄑ、ㄓㄔ、ㄗㄘ的字比較強
柔：一聲、二聲、ㄇㄈ、ㄋㄌ、ㄏ、ㄒ、ㄕㄖ、ㄙ的字比較弱

◯依字義上來取

中國字中各有各的意思，查查字典會發現有很多漢字還有很多別的意思，你們可以找包含你們對孩子期許的字來取名。

◯依孩子生下來時的情況來取

如果生下孩子時天上飄著彩霞，可以取「霞」，如果吹著和煦的風，可以取「風」，如果太陽很和煦可以取「陽」。

◯搭配孩子的生辰八字來取

如果你們本身相信陰陽五行之說，則可以請算命師為孩子搭配生辰八字取個好名字。你們也可以先挑出喜歡的字，再問算命先生適不適合。

(請參考新手父母出版《寶寶命名事典》)

爸爸請你這樣做！

請盡快向戶政事務所辦理出生登記

台灣辦理出生登記要在三十天內，過了三十天父母就會被罰款，而且寶寶就沒有健保，所以還是要盡快辦理出生登記比較好。

辦理出生登記時需要：一、出生證明書。二、戶口名簿。三、申請人國民身分證、印章（或簽名），並請提供生父母結婚日期（前往戶政事務所時請別忘記）。

另外，出生登記，父、母、祖父（外祖父）、祖母（外祖母）、戶長、同居人或撫養人都可為申請人，故以上任何一人皆可為新生兒辦理出生登記。

此外，只要有委託書、受委託人國民身分證、印章等，也可請人幫忙代為申辦出生登記。

申請時請向戶籍地戶政事務所辦理。雖然在台灣可以有兩次改名的機會，但是更改手續繁瑣，所有相關證件也需一併改過，所以還是一開始就小心取個好名字為宜。

爸爸媽媽
加油！加油！加油！

媽媽經驗分享

就快要生了。在為快要能見到寶寶而興奮的同時，妳一定也有些不安。這樣的感受是快要當媽媽的人都會經歷的。那些媽媽有什麼想法、是怎麼體驗過來的，我們先來聽聽看。

「感覺自己是為了體驗那一刻而生為女人的。」

（栗城千夏）

「會生男的還是會生女的呢？」雖然現在懷孕期間就可預先知道寶寶的性別，但是我為了享受那種答案最後揭曉的興奮感，故意一直都沒有詢問過孩子的性別。

我在懷孕過程中孕吐很嚴重，東西也常常吃不下，所以非常辛苦。到了後期肚子愈來愈大，連臉好像也變了，大家都說我這胎一定是男的。

接下來是生產過程。羊水破了以後，一會兒希望能趕快看到寶寶，一會兒又因為下半身劇烈的陣痛而擔心自己不知道能不能順利生下寶寶，內心裡期待和不安不斷交錯。

就在覺得自己已經撐不下去時，孩子終於呱呱墜地。這一刻讓我深深感受到女人就是為了感受這一刻所以才生為女人的，內心的感受實在無法以筆墨形容。

那麼寶寶究竟是男生還是女生呢？結果跌破大家的眼鏡，是個女娃娃。這實在令人料不準呢！我又再次體會到這種特殊的感受。

給即將當媽媽的妳

關於寶寶怎麼照顧等實在是聽得很多，但是很多是自己親自生過、帶過孩子才會了解的。真是所謂「知易行難」呀！

「之前已有生產經驗，所以生第二胎時非常鎮靜。」

（赤岡由美）

我這次生的是第二胎。生第一胎時，對我而言是非常嚴重的大事，非常的驚慌失措。陣痛時間又長，身體上的痛苦和心中的不安佔據了所有的思緒，根本沒有多餘的閒情逸致來感受孩子誕生的喜悅。

生產前學的緩解痛苦的姿勢或體操都不知道忘到哪去了，先生還叫我不可以往後仰。等我意識清醒時，懷中已經抱著一個小嬰兒了。

有經驗的媽媽都覺得生產是個很好的經驗，可是我卻沒有感受到生產的喜悅，於是就想，生第二胎時我一定要體會這種感覺。

於是，從懷孕早期我就開始在腦中想像生產過程，每天都做想像訓練。而這樣的訓練也有了成果，生第二胎時次我非常鎮靜，連寶寶生下來的那一刻我也很清醒，而且還在分娩台上看著助產士忙來忙去。不知是不是這個緣故，生產時會大量分泌以降低痛苦的荷爾蒙並沒有分泌很多。

正因為有第一次的經驗，我才能順利地生下第二胎。有機會感受不同生產經驗，也算是一種幸運吧！

給即將當媽媽的妳

總之就是要鎮定，妳可以張開耳朵聽聽身旁的人的聲音。另外，生產前的想像練習也很有幫助，請試試看！

「生產從陣痛開始，也在陣痛中結束。跨越陣痛的障礙，終於見到我親愛的寶貝。」

（平野幸榮）

人家都說生產很痛苦，而我的生產則可說是「從陣痛開始，在陣痛中結束」。

我的陣痛是從傍晚時分開始的，一開始是像輕度生理痛那種程度，可是後來愈來愈痛，到了晚上十一點進入陣痛室時，我開始承受這輩子從來沒有承受過的痛苦，感覺就像腰部、腹部還有背部，都要散掉一樣。陣痛一來，我都覺得我快要痛得昏過去了。

雖然知道陣痛很痛，可是沒有想到竟然那麼地痛，我很擔心自己是否能撐到生下寶寶那一刻。在要被送進分娩室時，我簡直要鬆一口氣，慶幸自己終於快要解脫了。

生產的痛跟陣痛比起來，可說是小巫見大巫。但寶寶生出來的瞬間我卻覺得一點也不痛了。如果要比方的話，就好像什麼東西從陰道溜出來的感覺。我就這樣輕鬆地把孩子生下來了。

胸口抱著臍帶還沒切斷的小寶貝的瞬間，我感覺之前所受的痛苦以及懷孕期間所有的辛苦都拋到九霄雲外，心中充滿著難以言喻的幸福心情。看著眼前的小寶寶，心裡想「不是應該要更痛的才是嗎？我生得這麼輕鬆，真不可思議！」我不禁笑了出來。

給即將當媽媽的妳

懷孕期間覺得很辛苦的時候，想像一下看到寶寶的那一刻。想像幸福就即將到來，妳一定能撐過這段辛苦的時間。

「和先生討論而決定的生育計畫成功進行。」

（齋藤貴代）

這是我的第一胎。懷孕對我們夫妻倆而言，就好像神送給我們的寶貝一樣，我們非常感謝且珍惜。雖然寶寶是由我生出來的，但是生育是兩個人的事，因此我希望我們兩個人能同心協力一起面對。

我們最在意的就是「生產計畫」了，我們花了很多時間列出了我們想要的生產方式。最希望的，莫過於能夠正常生產。我們很早就把我們的想法告訴院方，並確實地做準備。

但是，人算不如天算，時間到了寶寶卻還不出來。預產期都已經過了五天了，卻一點也沒有要生的樣子。當產檢時聽到醫生說可能要打催生針或是剖腹產時，我想到之前辛辛苦苦做的生產計畫全都白費苦心了就滿心失望。

就在懷抱著憂鬱的心情入睡的那一晚，寶寶好像察覺到我的心情似的，突然開始發生陣痛，隔天早上就住院。

孩子好像是要讓我安心似的，子宮口順利地打開，最後終於如我所願地，正常且順利地生產。

我們期望達成的生產計畫完全順利達成，我和先生對於能夠按照計畫順利生產，而且能平安生下寶寶，感到無比的喜悅。

給即將當媽媽的妳

生孩子是兩個人的事情。請和先生多商量，讓自己能擁有一個無悔、心滿意足的生產經驗。

懷孕篇

產婦大小毛病一網打盡

懷孕期間身體的一點變化也會是個大問題。覺得很不舒服時，可以看看本篇的A～H，了解什麼樣的症狀該怎麼做。

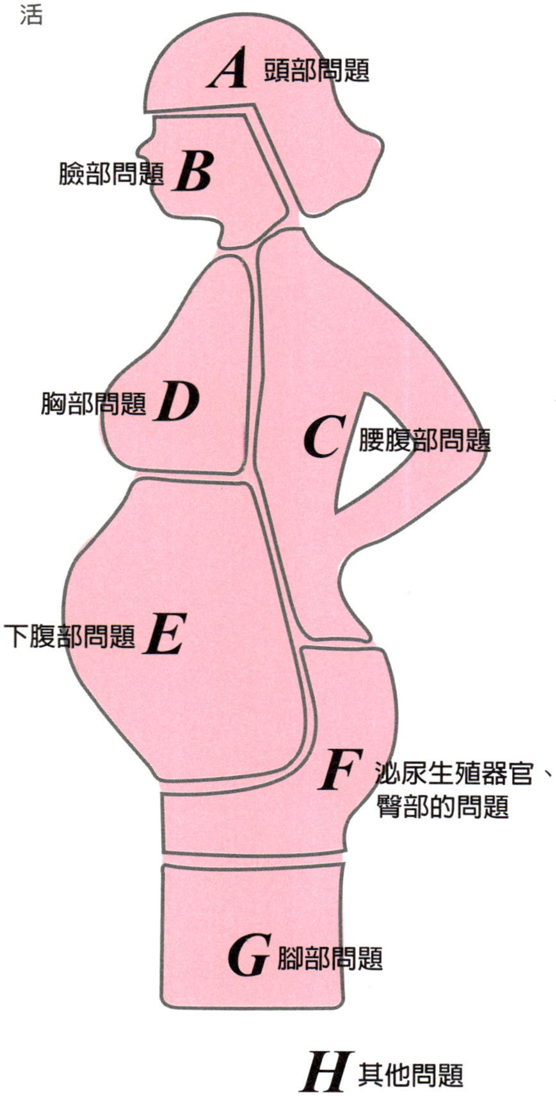

A 頭部問題

站著會頭暈（腦貧血）

很容易被誤為是貧血。這種症狀稱為「腦貧血」，特別是指血液無法送到腦部，一般常發生在懷孕後期。這幾乎都是生理性的問題，只要注意不要在人群中站太久，或是突然站起來，就沒有什麼問題。

發生這個症狀時，可以低下頭來蹲著休息一下。如果還是不放心，可以將情況告訴醫生，接受貧血檢查。

貧血而覺得頭暈

懷孕後期，妳可能自己不覺得有什麼問題，但醫生卻診斷出有貧血的情況。這是因為身體會把鐵質送到胎兒，體內水分增加，血液變薄的關係。

如果被診斷出貧血，就要按照醫師指示服用鐵劑和吸收營養。此外，在生活上也要攝取均衡飲食，並提早就寢，以獲得充足睡眠改善情況。若服用鐵劑，有時會排出黑便，不用太過擔心。

頭痛

主要發生在懷孕初期和後期。初期原因來自懷孕引起的緊張，或孕吐導致自律神經紊亂，後期則因為對生產感到不安或有壓力，以及肩膀酸痛等所引起。

不管是初期還是後期，都要多休息，多想一點愉快的事情轉換心情，以舒緩疼痛。此外，脖子附近有可緩和頭痛的穴道，也不妨按看看。

可是，如果頭痛以外還合併有頭暈，或是看到眼前有東西若隱若現、飛來飛去，就有可能是妊娠毒血症或腦部出現問題，要多加注意。若頭痛一直都沒有好轉的話，請就醫處理，不可逕自去買成藥服用。

體溫微升

懷孕三個月起，基礎體溫會上升。沒有感冒症狀可是體溫卻上升到37.1～37.2℃（比平常體溫還高1℃左右），這時不用特別擔心。不過，如果一直升到37.5℃以上時，或已經懷孕五個月卻還持續體溫較高，請記得告訴醫師。

因為體溫會微升，很有可能是因為腎盂炎。如果覺得很冷，但體溫卻升到將近40℃，或是突然又回到一般的體溫時，就要多加注意，應盡早接受檢查。

此外，腎盂炎還可能併發膀胱炎，所以如果排尿時有痛感，那就代表是危險信號，要盡速就醫。

頭髮變得乾澀、掉髮、掉毛

懷孕期間由於荷爾蒙失調或供給胎兒營養的關係，體質上會出現變化，特別是頭髮的角質層會剝離，導致乾澀、脆弱易斷。不過，這只是剛開始，有的還會更嚴重，演變為掉髮、頭髮變稀疏等問題。

為預防這樣的問題，媽咪應攝取均衡飲食。如：含碘豐富的海帶、富含β胡蘿蔔素的胡蘿蔔或南瓜等黃綠色蔬菜。

這個時期皮脂層會增加，會出現頭皮屑，頭皮也較癢，很容易令人想大力地搓洗，不過，建議還是選擇刺激性較低的洗髮精，溫柔地搓洗為宜。

B 臉部問題

臉上皮膚乾燥、起小疹子

懷孕期間，有時會有肌膚乾燥以及分泌物增加、長小疹子等問題。只要注意生活規律、營養均衡、勤洗臉、勤做保溼，就會比較好些。一般等生完孩子後就會有所改善。

臉上的斑點、雀斑

由於荷爾蒙的影響，麥拉寧色素會增加，所以斑點或雀斑也比較容易長出來。斑點和雀斑常被人混為一談，雀斑和麥拉寧色素的量與先天性體質有關，而斑點則是後天壓力或貧血所造成。因此斑點在產後即會消失，而雀斑則仍會留在臉上。

想要預防有個方法，那就是不要曬太陽。在太陽很大的時候，要撐洋傘或是戴帽子等，小心做好防曬工作。此外，多實用富含維生素C的食物或黃綠色蔬菜也很有效果。

呼吸困難

隨胎兒的成長，日益變大的子宮會將橫隔膜往上推，進而壓迫到心臟或肺，所以會覺得呼吸困難。

爬樓梯的時候不要著急，想休息的時候就休息，覺得難受的時候就停下來做深呼吸。

此外，懷孕期間也有可能因壓力過大或驚嚇而導致過度換氣的不舒服症狀，這點也請多加注意。如果出現這種症狀時請不要太過神經質，放寬心胸以對。

鼻子或牙齦出血

由於荷爾蒙的影響以及血壓上升的關係，鼻黏膜容易充血，而且會有齒齦出血或稍微擤鼻涕就流鼻血的情況發生。

牙齦出血不用護理自然就會好；如果是流鼻血，量少的話只要捏住鼻子就沒問題。

如果這樣還是不好的話，可以在鼻子裡塞紗布，再用濕毛巾等冰鎮頭部，躺下並將頭抬高。也可以攝食富含維生素A、C的食品來預防。

喉嚨、鼻子不太舒服

懷孕期間受到荷爾蒙的影響，黏膜也會出現變化，因而容易引起鼻塞或喉嚨乾燥等耳鼻喉科的症狀。

預防的方法是盡量不要讓房間太過乾燥，冬天時可以使用加溼器，此外，由於這個季節容易感冒，出門回來要記得洗手和漱口，做好自我管理。

口中黏黏的、不舒服或口腔潰瘍

懷孕時，由於荷爾蒙失調導致口腔內部黏膜發生變化，有時會發生口中黏黏或口腔潰瘍等情形。

這時請多注意維生素B等的攝取，只要多注意營養就可以改善。此外，也有人因為孕吐嚴重所以就沒有好好刷牙，因而引起牙齦炎或蛀牙的問題。由於孕吐導致刷牙不舒服時，可以不要使用牙膏而直接以牙刷刷牙，或是改成比較小把的牙刷來刷。

嘔吐、想吐

嘔吐或想吐是懷孕初期孕吐的症狀中最明顯的，幾乎有百分之五十至九十的人都會感受到想吐的感覺。

孕吐是指反覆嘔吐，無法攝取水分等情況，若情況嚴重需要接受點滴治療。

食物喜好的變化

有的人光是看到食物都會覺得噁心，情況嚴重的人光看電視廣告都會想吐。此外，有的人則是吃不下以前喜歡吃的東西，喜好改變得連自己都嚇一跳。

這些症狀幾乎是所有的媽媽都會發生的，所以想吃、吃得下再吃即可。太過擔心反而會造成壓力而使情況惡化。

消化不良、胃液倒流

懷孕時因胃的蠕動變慢，且變大的肚子使得子宮向上壓迫到胃部，而容易引發胃灼熱、消化不良的症狀。尤其是懷孕後期更有可能會引起逆流性食道炎。

預防之道在於每次用餐時吃少一點，或是少吃味道濃的、辣的、硬的、特別熱或特別冷的東西，並注意生活規律。

此外，避免壓力也很重要。如果這樣做胃灼熱的情況還是沒有改善的話，可以請醫生開胃藥等處方給妳。

一直想吐

懷孕後期胃會被子宮往上推擠，有時還會發生胃灼熱的現象。懷孕滿十個月時胎兒會下降，胸或胃也會比較舒坦。

如果滿十個月了，妳還有這樣的情形，就很有可能是胃部問題。懷孕期間可能不能吞服鋇劑，但可以照胃鏡，妳不妨和醫生商量看看。

覺得齒牙動搖

懷孕時為了容易生產，骨盤等身體各部位的骨頭和韌帶會比較鬆，而連接牙齒與骨頭的部分也一樣，所以覺得「齒牙動搖」。這個問題懷孕後期以後自然就會痊癒，沒有大礙。

此外，也容易因荷爾蒙的影響或口腔不衛生而導致牙齦炎或蛀牙，情況嚴重時也可能會因為牙床蓄膿而使得牙齒動搖。預防方法就是勤刷牙。懷孕期間還是可以看牙醫，請教該如何解決。

耳鳴

耳鳴或頭痛有可能是高血壓、視力變差、牙齒咬合不良、肩膀酸痛所引起。如果覺得沒有這些問題，則有可能是自律神經失調所導致。這在孤單或壓力大的人身上很常見。建議多和朋友去逛逛街或和朋友聊天轉換心情。如果還是很不放心，可以告訴醫生。

眼睛模糊、睛感覺有亮光

血壓升高時，眼底的血管會發生變化，症狀包括眼睛覺得有東西在飛、模糊、一個看成兩個、眼前有光在閃、閉上眼睛後看到煙火等。這時請接受醫生檢查並安心靜養。

尤其是眼底出血（將白色的東西看成黃色、直線的東西看起來歪歪扭扭）時，就很有可能是己罹患妊娠高血壓症候群（妊娠毒血症），腎炎或是高血壓等病症，要早日請醫師診斷。

流口水

懷孕初期由於孕吐之故，會讓唾液變多。嚴重的人一天還會流到牛奶兩瓶的量。這不一定是荷爾蒙失調所引起的，所以需要特別注意。

解決之道因人而異，有的人是多躺著休息，有的人則是吃少量的麵包或稀飯、酸的東西。不過，實際一點的方法，則是出門時帶著口罩，或是口含酸梅等，待孕吐改善時就會好轉，請不要擔心。

對味道敏感

懷孕初期會對味道敏感，且會因香菸、特定食物的味道、惡臭或高溫多濕的環境等壓力而使孕吐更加嚴重。

這個時候爸爸是最大的受害者，也是最大的加害者，不過兩人住在一起，這也是沒有辦法的事情，所以要請爸爸對酒味、菸味及香水味等多注意一點了。

如果爸爸不能理解孕吐的種種不舒服，這樣妳就很辛苦了。這個情況下，可以請爸爸陪同一起去醫院等，讓爸爸了解妳的身體為了讓一個寶寶在其中成長會有多大的變化，這點很重要。

C 腰腹部問題

手腳麻痺

由於血流不通，身體水分比以前多三成，身體很容易水腫。連帶地，起床時或是其他時候常常會覺得手指難以活動、感到麻痺，或是感覺變遲鈍。這是因為睡眠期間血流變緩慢，或是因為容易水腫，所以才會發生這種症狀。

將手指反覆張開、併攏後感覺好一些，就不用太擔心。建議洗澡時可以按摩一下，同時三餐要控制鹽分的攝取。

肋骨附近會痛

整個懷孕期間子宮會持續變大，二十週左右高度會升到肚臍，三十六週前會升到肋骨下方，所以肋骨才會痛。這時候可以請醫生開給妳緩和痛感的貼布。另外，在這個時期胎動愈來愈頻繁，不只是肋骨，連腸、胃等也會壓迫到。

怕熱、流汗

懷孕期間新陳代謝會變得活潑，身體容易累積水分，加上初期時體溫會上升，因而會比較怕熱。

此外，由於肚子變大，短褲的鬆緊帶附近或乳房下方、膝蓋後面、腋下等容易累積汗液的地方也會容易長濕疹，尤其是夏天的時候。

這時更要勤於淋浴等，保持身體的清潔，並穿著透氣的純棉內衣褲，內褲和胸罩都要選鬆一點的。

心悸、不能呼吸

隨胎兒成長變大的子宮會讓橫膈膜往上提升，並壓迫到心臟或肺部，因而妳會感到呼吸困難。懷孕期間全身奔流的血液量會增加，因此可能會發生心臟負荷變大、脈搏數變快、心悸等情形。

不只如此，還有可能因貧血而使血液中的紅血球減少，而感到心悸。這時可以和醫師討論過後服用鐵劑。

發生心悸時，可以先當場休息一陣子看看情況。休息一下還是沒有改善的話，可能是身體出問題，須趕快請醫師診斷。

腰痛

懷孕期間，重心會傾向一邊，肚子變得凸出來，所以會對腰部形成很大的負擔進而引起腰痛。有時也可能是因為荷爾蒙分泌的問題所導致。

解決辦法就是在站著的時候，留意自己的姿勢要兩腳與肩同寬，身體不要往後仰。鞋子要穿2～3cm的低跟鞋就好，有時戴束腹帶的效果也不錯。

久站導致的腰痛

不可長期久站，因為這樣不只會造成腰痛，還會引起水腫或靜脈瘤。可是都沒有動的話血液流通會變差，容易引起腰痛。

能夠適度運動是最好的，其中又以對身體不會造成負擔的孕婦游泳最值得推薦。這種游泳對緩和腰痛也很有效，在穩定期時不妨試試。

體重過重

生產時的體重一般而言，能控制在不超過十公斤以內是最好的，不過，當然這也要視懷孕前的體型而異。太胖的話容易難產，也容易導致腰痛和高血壓等問題。

如果已經超過十公斤了，也不要氣餒，要努力控制避免再增加體重。適度運動，做做媽媽有氧或游泳等，以及攝食均衡的營養都有助於體重控制。

腰部劇痛

把腰痛的原因全都算在懷孕頭上是很危險的，因為也有可能是椎間盤脫位（lipped disc）或是坐骨神經痛。疼痛就是身體給妳的求救訊號，很痛的時候不要忍，趕快去婦產科或骨科檢查。

真的發生椎間盤脫位也沒關係，只要能採分娩體位，還是可以經由陰道分娩。懷孕不能動脫位手術，可是可以使用藥物來緩和疼痛。

D 胸部問題

乳房或乳頭疼痛

在雌激素的作用下，母乳工廠——乳腺組織或流通母乳的乳管也會變得更發達，以做好生產的準備。

這時，乳頭會感到刺痛，乳房也會覺得脹痛。如果乳腺組織或乳管一下子發達得太快，血液循環的速度跟不上，乳房就會瘀血、部分變硬，或是感到強烈疼痛。這些都是生理上的反應，不必擔心。可是如果有發熱的情形或是乳頭流出像血一樣的分泌物，就不妙了，請速赴婦產科醫院接受診治。

此外，內衣直接和身體接觸，所以需要特別留意。胸罩不要使用那種把胸部緊緊包起來的，而要選用媽媽用的胸罩，或是能溫柔呵護胸部、寬鬆一點的為宜。其他方面，做一點按摩也可以改善唷！

● 胸部按摩

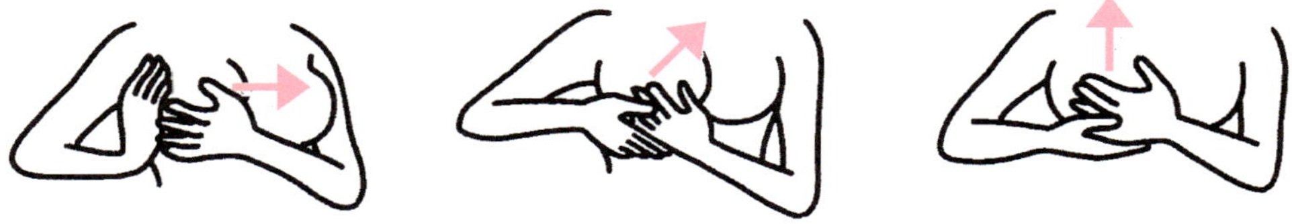

❶ 左手撐住乳房，用右手大拇指下方掌丘的部分從乳房外側往內側輕按。

❷ 右手小指指腹從乳房的斜下方往斜上方上提。

❸ 以❷所述之右手小指指腹從下往上提。

※相反方向的乳房也要按摩。

乳房或全身有點癢

由於荷爾蒙失調，新陳代謝變活潑，有時會發生胸部甚至全身搔癢的情形。症狀可分兩類，一種是只有癢感而已的妊娠性皮膚搔癢症，另一種是伴隨濕疹嚴重搔癢的妊娠型癢疹兩種。癢的時候可以用冰毛巾按著或輕拍，可以的話盡量不要去抓。

另外，冬天或乾燥的時候，可以擦些潤滑、保溼的乳液來防止乾燥，並避免對肌膚的刺激。妊娠性癢疹發作或搔癢難忍時可以去看醫生尋求解決之道。

腋下長出小硬塊（副乳）

小硬塊是哺乳動物變成人類時組織所留下的東西，懷孕時有時就會長出來。腋下的部分又叫做副乳。

有時不只會有腫脹、硬塊的情形發生，甚至還會長出像乳頭一樣的東西。雖然不至於會從副乳流出母乳來，但是疼痛難忍或是會發熱的話，除依照醫師的指示外，可用東西冰鎮副乳處兩至三天。副乳一般而言會在產後自然消失，無須擔心。

乳頭或腋下變黑

懷孕之後，增加的荷爾蒙導致麥拉寧色素增加，色素多的部分看起來就會黑黑的。位置大概是位於腋下、乳頭或陰部等。

雖然麥拉寧色素會讓皮膚看起來黑黑的，但其實它也有保護身體的作用，所以身體才會出現這樣的變化。一般生完後會回復正常，妳可以不必太過擔心。

E 下腹部問題

肚皮要撐開的感覺

●活動身體後，常常覺得肚皮好像要撐開的感覺

肚皮要撐開是因為子宮肌肉收縮的關係，每個媽媽都會有這種感覺。按按肚子覺得硬硬的，就可以知道。就像在練臂肌的時候肌肉會變硬一樣，子宮收縮肚皮也會撐開。

這種撐開的感覺，如果安靜休息一會兒就會好，那就是生理自然的反應，完全沒有問題。另外，肚皮撐開的感覺只要一天十次以下就不必擔心。

●什麼也沒做卻常常覺得撐開

先躺著安靜休息。如果這樣還是沒好，就去婦產科醫院報到。休息的時候，請讓身體側躺安靜休息。仰躺的姿勢不但會讓血壓下降，還會讓肚子撐開的感覺更嚴重。之後深呼吸，注意要讓自己心情放鬆。

還有，如果想排尿或排便也不要忍耐，想上廁所的時候就去上。因為有時候可能會因便秘而導致腹痛。請不要自己在市面上買便秘的成藥服用，記住只能吃醫生開給妳的藥。

●腹痛

肚子撐開感很強烈時就會覺得痛，此外，也有可能是子宮變大，支撐子宮的韌帶發生痙攣而感到疼痛。

如果子宮整個變硬而疼痛，或是撐開以及疼痛的感覺很劇烈，就有早產或迫切性流產的危險，應馬上去婦產科醫院就診。

●覺得肚子撐開，而且還有出血

對於腹部撐開的感覺和出血要多注意，因為到二十一週之前，都還有迫切性流產的可能性。迫切性流產一開始的徵兆就是少量出血和下腹部輕微的疼痛。只要維持安靜休養，就能保住胎兒，所以請保持冷靜，速赴醫院。

這個症狀如果發生於懷孕末期，就很有可能是胎盤早期剝離（胎盤在出生前就先行剝離）。這時會出現強烈腹痛或發冷汗等休克症狀，肚子也會脹得很硬，請緊急通知醫生。

●覺得肚子撐開，但是沒有出血

程度較輕微，安靜修養就會好的這種脹開的感覺不需擔心。不過，迫切性早產不一定會伴隨出血現象，常常發生這種情況的話有可能會引起破水或出血。

所以如果安靜休息還是沒改善，就算沒有出血，為小心起見還是去醫院檢查比較好。

如果是劇烈胎動後肚子有脹開感，那就不必擔心。另外，胎位不正也容易有肚子脹開的感覺。

●持續感到劇烈的脹開感和疼痛感

有的媽媽會很神經質，對於疼痛很敏感，但是如果脹開感和疼痛感很明顯變得強烈，就很有可能有迫切性流產的危險，要馬上請示醫生。

●肚子撐開的頻率很有規律

很有規則的脹開感和出血很有可能就是快要生的徵兆。有時可能沒有出血但是開始出現陣痛的情形，這時就要速赴醫院。

食欲變差

到了懷孕後期，子宮會壓迫到胃，所以一般都會變得很沒食欲。

對有的媽媽而言，這正可以避免體重繼續增加，正是求之不得，但是如果體重有減輕的情形，那就有問題了，必須請教醫師該怎麼做。

肚子變小了

懷孕後期的時候，有時會覺得肚子怎麼變小了。這並不是寶寶變小了或是子宮正在收縮所致。是因為胎兒的頭降到骨盤當中，所以會覺得肚子變小，不必特別擔心。

肚子出現紅黑色的線（妊娠紋）

妊娠紋是由於皮下脂肪增大，破壞了與皮膚之間的平衡所引起的。產生妊娠紋時，肚子會出現一條條紅黑色的線，同時伴隨有癢的感覺。這是百分之九十的媽媽都會發生的生理現象。生產後，痕跡會變白色而不那麼明顯，所以不必擔心。

如果妳很在意，建議可以用對肌膚刺激性低的橄欖油等加以按摩。至於搔癢感，塗抹含維生素劑的軟膏就會改善。如果情況較嚴重，還伴隨有溼疹等症狀時，請向醫師請教。

F 泌尿生殖系統與臀部的問題

肚子拉不停

視每個人的體質不同而有所差異，有的人在懷孕期間會拉肚子。拉肚子不會導致迫切性早產，可是會讓肚子有脹開的感覺。可以告訴醫師，請他幫妳開立處方。

漏尿

大笑或打噴嚏時，可能會導致漏尿。這是因為縮緊尿道的力氣難以達到尿道，膀胱又受到子宮壓迫，承受過度壓力時就會引起漏尿的問題。這是很常見的問題，稱為腹壓性尿失禁。

因應的對策就是常跑廁所。如果很不放心，可以用衛生棉或漏尿墊墊著。此外，還要保持陰部的清潔，經常換內褲、常洗澡以防感染。

出現尿蛋白

只有出現高血壓或尿蛋白任一種症狀，就會被診斷為妊娠高血壓症候群。如果高血壓一直都治不好，就極有可能是妊娠高血壓症候群。

如果尿蛋白是由於妊娠高血壓症候群所導致，就有可能會因為腎臟功能低落而尿出蛋白尿，而使身體漸漸流失蛋白質，進而影響胎兒發育，有時還會影響產後的肝臟和腎臟功能。會尿出尿蛋白有時也可能和膀胱炎有關，所以還是向醫師請教為宜。

尿量減少

有攝取水分卻沒有排尿，水分就會累積在體內而引起水腫。覺得有水腫現象時，可以在睡覺時把腳墊高。另外，側睡可以避免子宮壓迫下大靜脈，讓下半身的血液易於流回心臟，對於水腫的症狀也有緩和的作用。

排尿時疼痛

如果排尿時會痛，或是覺得沒有排乾淨，就很有可能是罹換膀胱炎，請先到婦產科醫院接受檢查。 解決的方法是常上洗手間，或是墊衛生棉或漏尿墊等。

有殘尿感、頻尿

儲存尿液的膀胱就在子宮附近，所以會隨胎兒的成長而壓迫到膀胱，也因此還沒有很多尿時就會覺得有尿液。特別是懷孕後期到滿足月這段期間寶寶位置會下降，這時頻尿情形更嚴重。

建議從傍晚開始就不要攝取太多水分。此外，出門時也要選擇離洗手間近的地方，避免長時間搭車或遠行為宜。

便秘

●沒有每天排便

懷孕後為了抑制子宮收縮，身體會分泌黃體素，同時腸胃的蠕動也會變遲緩，因此容易形成便秘。

沒有每天排便不代表就是便秘。例如，五天上一次是太少了一點，不過排便次數每個人本來就不一樣。就算沒有每天排便，只要不腹痛，腹脹或覺得不舒服，就沒有問題。

解決方法就是不管想不想上大號，每天都去蹲馬桶，並且留意攝取均衡飲食。另外，慢性便秘會引發痔瘡，所以上廁所時注意不要太用力。

●突然便秘

懷孕後期子宮變大，壓迫腸子，所以會突然開始便秘。此外，也有些準媽咪會擔心太用力排便會影響到胎兒，所以上廁所時不敢出力，也是一個原因。解決方法是多攝取富含纖維的食物。

●不吃藥就大不出來

如果是服用婦產科醫院開的處方那就不用擔心。只不過還是不宜依賴藥物，要努力多攝取食物纖維，多做運動，從日常生活中改善。

解決方法為，養成早上一起來就喝杯水或牛奶，在固定的時間去上廁所，多攝取富含纖維的食物，以及適度地散步，養成做媽媽體操的習慣。

●便秘導致腹痛

有時會因為便秘而肚子痛，這時可請醫生開藥給妳。此外，也要多注意日常生活中是否有足夠規律的睡眠，飲食是否富含纖維質，是否常做運動等。

●便秘愈來愈嚴重

懷孕期間，由於荷爾蒙的影響以及肚子變大所造成的壓迫，都有可能會造成便秘。便秘雖然不是造成流產或早產的直接原因，可是會引起腹脹、頭痛、腹痛、起小疹子、長痔瘡，孕吐更嚴重等讓人不舒服的症狀。妳也可以請醫師開藥方，但不要過度依賴藥物才好。

容易放屁

受到荷爾蒙影響，腸胃時好時壞，有時候容易打嗝或放屁。雖然在別人面前放屁很丟臉，可是將不要的廢物排出體外，代表體能很好，就不要太在意了。

此外，有便意或想放屁卻一直忍，反而會讓直腸和結腸反射消失，就會漸漸感覺不到便意。如果常常想上大號或想放屁卻一直忍，最後就會形成便秘，所以如果可以的話，想放屁時不要忍，趕快去洗手間解決。

陰道出血

●腹部沒有脹開的感覺可是卻出血

陰道糜爛或長瘜肉時，也會出現出血的狀況。約懷孕三十週前，如果出現出血可是並沒有疼痛感，就有可能是胎盤擋住子宮口，即所謂的前置胎盤。

所謂前置胎盤是指，胎盤擋住子宮出口的狀態。因此，分娩時胎盤會先脫離後寶寶接著才生出來，所以會造成生產時出血過多。不過，懷孕中期時只要子宮口沒有打開，或是沒有子宮收縮的情形都沒有大礙。不過，不管如何，懷孕期間的出血都是有問題的，發現時應馬上接受醫生診斷。

●腹部有脹開的感覺而且還會出血

如果出血量漸漸增加，而且還發生像陣痛一樣規律的疼痛感，就有可能是迫切性早產，請速赴醫院請醫生診斷。

若出血量少，可是劇痛卻一直都沒停時，就有可能是常位胎盤早期剝離。

●出血

不管出血量多或量少，懷孕期間出現出血現象都應該趕快就醫。懷孕初期、中期的出血很可能是迫切性流產。出血後如果有下腹部疼痛或腰痛的時候也要多注意。

在懷孕初期，出血原因有可能是子宮外孕或葡萄胎（hydatidiform mole）或前置胎盤；後期出血則可能是迫切性早產。其他原因還可能包括子宮口糜爛，或長鼻瘜肉所致。

●稍微量多的出血

足月之後發生的出血，是即將生產的徵兆。因為快生產的時候，會將子宮頸管的出口封住的血液狀黏液流出之故。

一般而言，這樣的出血都會出現在陣痛開始之前，但也會出現在生產之後，或是出現後過一週還沒生產的情形。黏液中帶血，感覺好像沒什麼，其實出血量是很多的。快生產時的出血是不會持續地流的，所以妳可以從這點來做判斷。如果是快生時的出血情形，也請馬上和醫院聯絡。

分泌物

●顏色為褐色

有可能是出血。如果突然流出來的話可能就是鮮血，但若慢慢流出來時，則可能因為氧化的關係而變成褐色。

這時可能是子宮口慢慢打開而造成的出血，如果持續一段時間，覺得不放心，則可至醫院就診。

●量多

懷孕時會由於荷爾蒙的影響會導致分泌物增加，尤其是懷孕初期與後期。由於量的增加，可能會使妳感到不舒服，不過，分泌物可以保持陰道的健康，而且是了解陰道是否健康的重要線索。

倘若有這方面困擾時，妳可以穿著透氣性佳、百分之百純棉的內褲，並經常換洗。如果使用分泌物專用衛生棉或護墊，也應經常更換。如果分泌物是無色透明，則可能是破水，請馬上去醫院。

●陰道搔癢，而且有白色分泌物

出現白白的，有點像乳酪渣那樣的分泌物，而且會搔癢，那麼就有可能是念珠菌陰道炎。一般在懷孕期間較容易受感染，尤其是感冒服用抗生素過後更容易出現。如果不是非常不舒服，沒有必要馬上去醫院，可以等產檢的時候再請醫生檢查即可。

如果是染上披衣菌（chlamydia），或是子宮頸炎，就有可能會感染產道，請在生產前治癒。

●略呈黃色

如果出現黃色膿狀的分泌物，就有可能是B型鏈球菌感染。這種細菌容易在女性泌尿器官、生殖器官繁殖並容易導致破水，也是迫切性流產的主因之一。新生兒感染上這種細菌有時會導致敗血症與髓膜炎，這時就得用抗生素治療。

此外，如果分泌物為黃色而且還冒泡，就有可能是滴蟲陰道炎（tricomonas vaginitis）。這是性病的一種，會有強烈的搔癢感。感染時需要夫妻共同治療。雖然這種病不會對懷孕或生產有影響，可是滴蟲卻可能進入尿道引起尿道炎，因此需要到婦產科醫院尋求治療。

●落紅

如果出現分泌物帶血而且是在滿足月時，就很有可能是快要生產的預兆，請先稍做觀察。如果很快就出現陣痛，那就是要生了。如果出血量多，那麼就有可能是前置胎盤之故。如果不知該如何是好，還是趕快去婦產科醫院檢查吧！

破水

●感覺好像是漏尿一樣，有水流出來

如果是漏尿，很快就會停下來了。如果持續有像水一樣的東西流出來，就要馬上去婦產科醫院，並馬上住院。如果是因為懷孕足月而發生的破水，可能就是陣痛前的前期破水，這時就算沒有陣痛也不可洗澡，要速往醫院。

●有水一點一點，緩緩地流出來

如果是由離子宮口較遠的卵膜破裂所引起的高位破水，由於羊水會一點一點地流出來，所以很難分辨是漏尿還是破水。如果難以判斷時，先不要清洗，趕快去醫院。懷孕足月前，如果羊水流出情況很明顯，就要馬上叫救護車緊急送婦產科醫院。

恥骨疼痛

快要生產時，子宮會壓迫骨盤，並且由於荷爾蒙的影響使關節聯合較鬆弛，所以才會覺得恥骨附近疼痛。疼痛是免不了的，得忍到生完才能解脫。

如果真的很痛，就要多休息，三餐飲食營養均衡，尤其是鈣質更要多攝取。如果因為痛就都不動，有時反而會讓疼痛更嚴重。這時可以做些伸展運動或散步等讓自己活動活動筋骨，但是不要太辛苦。

肛門疼痛

懷孕期間很容易便秘，長痔瘡的情況也屢見不鮮。痔瘡又可分為痔核、裂肛（裂痔）、痔瘺（穴痔）三種。懷孕中最容易罹換的就是子宮對直腸動脈造成壓迫所導致的痔核，和便秘、需用力解便而引起裂傷的裂肛（裂痔）這兩種。

痔瘡當然不會對生產造成影響，只不過懷孕期間有這樣的隱疾實在是件辛苦的事，不妨請醫生幫妳開一些軟膏藥來塗抹。此外，也要多注意飲食，並多泡澡，並且避免一直保持一樣的姿勢或站太久。

下腹部部分變硬且激烈疼痛

懷孕期間有時會覺得腹部部分變硬，或是持續覺得劇裂疼痛。這時很有可能是出現較少見的胎盤早期剝離的症狀，請盡早通知醫院接受檢查。這個情況下，有的時候可能會緊急剖腹產。

G 足部問題

按小腿不會回復原狀

用手指按一按小腿正面，如果不會馬上回復原狀而形成一個凹陷，就表示有水腫的問題。這時血液中的水分從血管壁滲透出來，而累積在皮膚下方，連兩手手指也會變得難以彎曲。改善之道就是飲食上注意不要攝取太多鹽分。

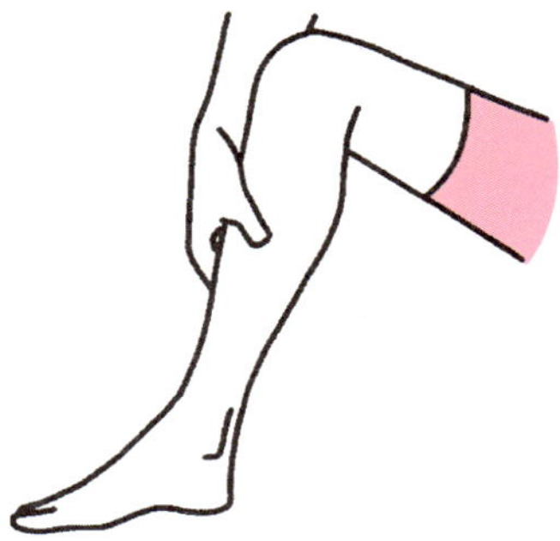

腳麻

懷孕期間容易水腫，水腫引起的手腳麻痺稱為腕骨隧道症候群（Carpal Tunnel Syndrome）。生產完後隨著水腫消失就會不藥而癒。如果要減輕疼痛，可以嘗試游泳，游泳可以幫助妳血液循環更好，身體就會更容易活動。此外，在睡覺前將腿抬高，也是很好的做法。

在食物方面，可以多攝取鐵、鋅、鈣等，有助減緩疼痛。過多鹽分會讓水腫變本加厲，平時應該少攝取為宜。如果有出現刺痛感，則有可能是椎間盤突出症（Intervertebral disk herniation）等。

腳跟腫大

懷孕期間，日益變大的子宮會妨礙下肢靜脈的血流，導致腳部的靜脈浮上來，出現像蜘蛛網瘤一樣的東西，這個東西叫做靜脈瘤，原因包含懷孕期間黃體素增加所致。靜脈瘤會出現在腳上、外陰部、陰道週圍附近等，產後會自然痊癒。

休息的時候把腳抬高，或是泡泡腳、採在有弧度的東西如竹子上，或是穿彈性褲襪等，都可促進血液循環。

外陰部腫脹疼痛

由於受到子宮壓迫，導致靜脈像瘤一樣浮起，就是靜脈瘤。如果是長在外陰部或是陰道周圍，在生產時就容易發生大量出血，這點要多注意。

解決方法為盡量不要保持相同的姿勢，同時多穿彈性褲襪。此外，如果是長在肛門周圍時，很有可能引發便秘，導致惡性循環，這點請注意。

腳毛變深

懷孕後由於身體會分泌各種荷爾蒙，尤其是體毛更是會受到荷爾蒙的影響。手毛、腳毛和陰毛等會變濃，眉毛或頭髮卻變少，掉毛或掉髮的情況也很明顯。這些現象在產後就會自然消失，不必擔心。

後小腿肉痙攣

後小腿肉痙攣是因肌肉疲勞，或者是維生素以及鈣質等礦物質攝取不足等所引起。

此外，懷孕期間子宮壓迫下半身，使得血液循環變差，也是原因之一。

這時可多按摩腳部或做伸展運動，不要讓腳受涼。另外，也可多吃有助解除肌肉疲勞、富含維生素B_1的食物，例如，大豆、豬肝、豬肉、地瓜等。

後小腿肉痙攣時，不可以將腳趾往內扳。

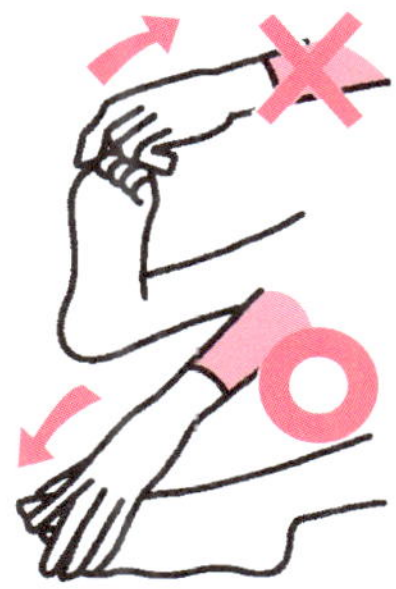

要將腳趾往外壓，才是正確的。

H 其他問題

擔心水腫

懷孕期間體重過度增加或受到荷爾蒙的影響，以致懷孕後期的媽媽很容易水腫。如果症狀輕微，只要控制鹽分的攝取，充分地休息就會好。

水腫一直發展下去，就很有可能會罹患妊娠高血壓症候群，所以要盡早請醫師診斷，看是否有血壓上升或是尿蛋白的情形。

如果在懷孕初期出現水腫的現象，則也很有可能是嚴重貧血、循環不全，或是嚴重腎功能不全等，要請醫生診斷。

體重一週增加500公克以上

脂肪一週增加500公克就算是懷孕期間，也會讓人覺得不可思議，很有可能是熱量攝取過多。這不是個好現象，應要做好體重管理。如果有水腫等情形，就很有可能有罹患妊娠高血壓症候群，必須盡早去看醫生。

血壓很高

本來自己就有高血壓，或是家族之中有人有高血壓，就會比較容易發生妊娠高血壓症候群的問題。如果放著不管，胎兒就無法獲得足夠的血液，以致循環變差，最後導致子宮內胎兒發育遲緩，或是生產前突然發生胎盤剝離的情況。

這時妳可以少攝取鹽分和熱量並靜養，小心不要讓血壓升上來。如果是到了懷孕後期血壓才突然變得很高，就要在飲食上多注意。

懷雙胞胎

懷雙胞胎或多胞胎時，對母體造成的負擔比懷一胎還大，所以也更容易引起妊娠高血壓症候群的情形。此外，懷雙胞胎的媽媽往往會覺得肚子裡有兩個寶寶，所以要多吃一點，以致攝取過多的熱量導致體重增加。

罹患妊娠高血壓症候群的媽媽當中，以懷雙胞胎的媽媽最為嚴重，不止症狀特別嚴重，也更容易早產，產下內臟尚未發育完全的寶寶。這時對母體會造成很大的負擔。另外，產後也會出現其他症狀，所以懷雙胞胎時要更小心。

懷孕前開始就有過胖傾向

不管有沒有懷孕，過胖都是糖尿病或高血壓等成人病的主要原因，更何況懷孕，對腎臟負擔更大，更容易發展為高血壓。

過度肥胖的人懷孕後要注意維持懷孕前的體重，了解自己很有可能會發展成妊娠毒血症，並向主治醫師請教該如何做體重、熱量、鹽分攝取的管理。

煩躁、憂鬱

由於荷爾蒙的影響或妊娠帶來的壓力，會讓妳難以承受壓力。此外，在孕吐嚴重時期會有想吐或不舒服等症狀，對妳造成精神上的消耗。

這時是最需要另一半的配合。可以請先生聽妳說話，不過，有時可能會把氣出在先生身上。要請先生了解，這個時期就是會這樣，請他不要見怪。自己當然也要自制，不要太「無法無天」。另外，也可以和好朋友外出吃飯聊天，以舒緩壓力。

肌膚乾燥搔癢

懷孕後期或產後，由於卵胞荷爾蒙急遽變化，膚質也有所改變，所以肌膚會變得敏感而乾燥。

另外，孕吐、精神上的壓力以及偏食等也可能會造成肌膚乾燥。

妊娠性肌膚搔癢症是由於新陳代謝活潑所引起的，所以皮膚乾燥時，可以多塗保濕乳霜，或穿著內衣以緩和對皮膚的刺激。

皮膚過敏、濕疹

懷孕期間新陳代謝變得活潑，很容易產生搔癢、濕疹、皮膚過敏等等的肌膚問題。

尤其是肚子、胸部、大腿等，除了癢還會起疹子，這就是所謂妊娠性癢疹。

要抑制搔癢症狀，就要多洗澡，保持皮膚清潔，並穿著觸感柔和的內衣褲或洋裝。

此外，化妝品或香皂等也要選用味道淡、不刺激人體的產品。至於要防止皮膚乾燥則可以塗抹保濕乳液。如果搔癢難忍，可以請醫生開藥方給妳。

想睡、懶散無力

懷孕後變得想睡或全身懶散無力，有一可能是黃體荷爾蒙的分泌所致。黃體荷爾蒙有讓子宮柔軟、預防流產、維持懷孕繼續進行的功能，可是也有麻醉作用，所以身體活動才會變慢，並常常感到想睡。

這種想睡、懶散無力的現象是懷孕後自然發生的生理現象，不妨將這視為調整體能的時期，趁機好好休息。

仰睡時呼吸困難

到了懷孕後期時，仰睡就會變得很不舒服。日益變大的子宮壓迫到大靜脈，會讓身體覺得不舒服，沒法好好睡。這時請以枕頭或靠墊支撐腰部側睡，腰部和膝蓋自然彎曲，就會比較舒服。

失眠

有的人懷孕後會很想睡，有的人則是會睡不著。不管是何者，都要注意保持睡眠的規律。尤其是早上起床的時間一定要保持固定。如果有什麼煩惱而睡不著時，請和先生或朋友談談，或告訴醫師，總之就是要去除心中的不安。

另外，睡前三個小時就吃完晚飯，會比較好睡。可以多用溫水泡半身浴、聽音樂、看小說讓自己放鬆，或是飲用薰衣草茶或甘菊茶等讓心神鎮定的香草，讓自己的精神更穩定。

Part 2 體重管理篇

懷孕期間的飲食

懷孕是檢討自己飲食習慣的好機會。不管是為了自己、家人還是寶寶，都要學習正確的知識。

懷孕期間的問題可透過飲食來預防

有很多媽媽都是因為懷孕而開始重新檢討自己的飲食習慣。生產完後的哺乳期間，也是一樣重要。之後妳也要為寶寶準備三餐、做便當、做小點心等，所以趁這個機會多學些跟飲食有關的知識是再好不過的。

首先就先養成適當的熱量、鹽分攝取量以及正確的飲食習慣，讓自己平安順利地生產。

懷孕期間的問題只要多注意飲食，都可以漸漸變好的。例如，貧血的時候多食用豬肝、紅鳳菜、油菜等可以補充「鐵質」。便秘時則可以多攝食黃綠色蔬菜或根莖類蔬菜、豆類海藻類等可以補充「食物纖維」。

妳可能覺得孕吐好像沒有什麼方法可以解決，但只要攝取維生素B_6，症狀就可以得到緩和。食物中豬肝、青花魚、沙丁魚、黃綠色蔬菜等，都有豐富的含量，吃得下就多吃。

只要好好地控制鹽分和熱量，離順利生產就不遠了。一天攝取的鹽分最好控制在10 g以下，熱量控制在 2000大卡左右，如果和懷孕前的飲食習慣相差頗大，只要每天做些努力減少一點，就可以了，不必太勉強。

哺乳期間的飲食會影響胎兒

生產之後就要馬上哺乳了。這段期間，寶寶都是透過母乳來獲得營養，所以不能吃些便利商店的便當或泡麵果腹。

蛋白質、維生素、礦物質這三種營養素一定都要攝取到才行。肉類、魚類、蛋、豆腐類等的蛋白質也最好都能均衡攝取。

另外，因為懷孕期間增加的體重也要減回去才行，這時減少熱量的攝取就是很有效的方法。照顧孩子需要體力，過度減肥可能會對身體造成負擔，影響健康。每日三餐要注意營養的充分攝取，醣類或脂肪少吃點，才能順利恢復苗條。

現在妳已經了解飲食的重要性了，現在我們就來回頭看看妳現在的飲食方式健不健康。下面有一個飲食方式檢查表，請在表中以○或X來作答。我們以○的數目來評量妳的飲食習慣。現在我們就來看看，在對寶寶健康有利的飲食要求中，妳做到了幾項。

現在這樣的飲食習慣沒問題嗎？
懷孕期間飲食檢討表

如下的問題請以○或✕來回答。

- □ 早餐每天都有好好地吃。
- □ 懷孕後菸、酒都戒了。
- □ 補充水分時都是喝麥茶或水。
- □ 早餐比較常吃白飯和味噌湯，少吃麵包。
- □ 購物時一定確認食品標示。
- □ 咖啡、紅茶一天只有在飯後才喝一杯。
- □ 原本就不挑食。
- □ 不買餅乾點心類帶回家儲藏。
- □ 三餐飲食都還算重視營養均衡。

- □ 和朋友聚餐時，會選吃麵而非漢堡。
- □ 基本上很愛吃青菜，所以都吃很多。
- □ 常常吃竹筴魚、青花魚、沙丁魚等青魚類。
- □ 吃小零嘴的時候會選吃湯圓，而不吃蛋糕。
- □ 常吃豆腐、豆漿等豆製品。
- □ 與先生外出用餐時，會選擇清淡的日本料理，而非義式料理。

只有0～5個○

有必要馬上改進飲食習慣

照妳現在的吃法，可能會出現很多問題。可別忘了，妳肚子裡還有小寶寶呢！還是改進一下飲食習慣為宜喔！

有6～10個○

懷孕前和懷孕後需要的營養是不一樣的

妳是不是跟以前一樣想吃什麼就吃什麼？懷孕期間身體會有所變化，在症狀還沒出現前，要多注意一下營養攝取是否均衡。

有11～15個○

飲食習慣沒問題！要繼續保持下去

感覺妳很用心留意飲食上的營養的均衡。隨著懷孕的進展，熱量和鹽分的攝取量必須要更少。不過，妳現在飲食習慣沒有問題，可以繼續保持下去。

這個加一點 那個少一點

讓寶寶頭好壯壯的聰明料理

這裡列出聰明攝取營養成分的一些小建議。只要將菜色以及食物調理方法加以組合，營養的吸收率就會大幅提高。很輕鬆就可以做到囉！妳不妨參考看看。

鐵質，為什麼重要？

鐵質的吸收率低，所以每天都要勤於攝取鐵質喔！鐵是體內運送養分的紅血球的主要成分，所以是懷孕期間要特別留意攝取的營養素之一，因此要每天勤於攝取。

一般而言，來自魚、肉、豬肝等的動物肉類的鐵質較易吸收，來自蛋、乳製品、蔬菜等非動物肉類的較不容易吸收。妳一天所需要的鐵質約為20g。

另外，鐵質和維生素C一起攝食時，吸收率會更高，所以烹煮魚、肉等菜色時不妨加些蔬菜進去，或者搭配水果食用。

聰明料理法

茶用鐵瓶裝

調理食物時用鐵鍋也能攝取到鐵質。在調理過程中鐵鍋會融出些鐵質滲透到食物中，雖然量少，但還是可以攝取到些微鐵質。

一週吃一至兩次烤豬肝

如果覺得豬肝煮起來很麻煩，那就買市面上的烤豬肝。如果不敢吃豬肝則可切小一點炒飯時加進去，會比較容易入口。

吃飯搭配麥茶或開水

綠茶、咖啡、紅茶等含咖啡因的飲料會降低鐵質的吸收，所以要補充水分時建議喝開水或麥茶。

選擇蛤蜊義大利麵

義大利麵熱量高，是妳特別要注意的食物。可是如果因為聚餐不可避免時，不妨挑選富含鐵質的蛤蜊義大利麵。

鈣質，為什麼重要？

要讓胎兒有一身好骨頭和一口好牙齒，就必須要多攝取鈣質。鈣質是胎兒骨頭和牙齒生長所必須的營養素，懷孕期間一天的攝取量需達到900mg。

體內的鈣質如果不夠，胎兒就會從妳骨頭中吸收鈣質，會導致妳的骨量減少，提高日後罹患骨質疏鬆症的機會。另外，胎兒的心臟要有活力地跳動、精神要穩定也需要鈣質，因此，妳必須多多攝食含鈣的食物。

不過，有一點要注意的是，鈣和磷酸結合時會被排出體外，所以要特別注意含磷的加工食品或冷凍食品應盡量少吃，否則拚命攝取的成果也只能付諸流水了。

維生素D和鈣質很合，可以提高鈣質的吸收，所以建議妳一起食用。用餐的時候可以和富含維生素D的豆類、曬成乾的食物或乳製品等一起食用。

聰明料理法

餐桌上常備芝麻

不管是白米飯還是沙拉，食用前撒些芝麻就可以輕鬆攝取到鈣質。芝麻粉的吸收率極佳，另外，白芝麻比黑芝麻含更多的鈣質，提供妳做參考。

每天都喝一杯牛奶

青花菜的吸收率18%，小魚乾的吸收率30%，牛奶的鈣質吸收率卻高達50%，這個效果絕對不能漠視。不敢喝牛奶的人可以加黃豆粉或可可粉等。

曬成乾的食物效果倍增

鈣質與維生素D一起食用，可提高吸收率。所以食用曬乾的香菇、梅乾、乾果，也能攝取到鐵質，不妨多加利用。

選擇營養價值高的零食

要吃零食的話，就挑小魚乾跟杏仁片，而不要挑甜的東西或餅乾。杏仁對於促進乳汁分泌很有功效。

鹽分，為什麼要減少？

很多食物中都含有鹽分，所以烹調時要少量添加。過量攝取鹽分被認為是罹患妊娠高血壓症候群的主因，所以在整段懷孕過程中都要多加注意。正常媽媽一天的鹽分攝取量為10g以下，也就是兩小匙半，要是不注意吃了過鹹的東西，馬上就會超過攝取上限。

鹽分若沒有控制好，容易導致浮腫或高血壓症狀，這時攝取量就要再減少，一天不得超過7g。如果情況嚴重要要住院，就必須控制在5g以下，幾乎感覺不到鹹味。

妊娠高血壓症候群靠每天飲食的控制會有很大的效果。例如，醬油買低鹽的，火腿、魚漿類食品等鹽分較多的加工食品要先過水去鹽再食用，確實地從飲食中控制鹽分攝取是相當重要的。鹹味變淡了，相信妳也會發現食材原來味道是這樣美味。

聰明料理法

多用高湯、醋或檸檬

多用高湯取代醬油，或是以醋、檸檬、柚子或柑橘類的水果來調味，少加鹽。

調味料的開口小一點

為了避免加太多調味料，可以在鹽罐的瓶口貼膠布，至於美乃滋醬則可以用牙籤開一個小洞就好。

盡量不要喝剩下的湯

拉麵等的湯不要喝太多，多吃一點裡面的料。湯類如果味道很濃，就喝一半就好。

沙拉醬不要用淋的而用沾的

吃沙拉時建議搭配清淡的日式沙拉醬，不要加美乃滋。此外，放在另一個小碟子裡沾著吃，食用量會比較少。

熱量，為什麼要減少？

為了寶寶著想，攝取飲食要重「質」不重「量」。懷孕期間要多接受婦產科醫院針對飲食以及運動相關的指導，以避免體重增加。熱量攝取太多，會導致變胖，產道會變得比較狹窄，到時候就會很難生，且也會造成產後要減重的困難。

懷孕前的女性所需熱量標準為一天1800大卡，懷孕初期稍微增加到1950大卡，到了懷孕後期則可增加到2100大卡，千萬不可因為肚子裡有個小寶寶就吃加倍的量。切記不要攝取過多卡路里。

吃的量可以不增加，但是飲食的內容可不能不改變。貧血的人要多攝取鐵質，便秘的人要多攝取食物纖維，要避免妊娠高血壓症候群則要控制鹽分攝取，有很多病都是可以從飲食上來預防的，為了肚子裡的寶寶，請改善自己的飲食習慣。

聰明料理法

吃沙拉改加大豆醋或柑橘類果醋

蔬菜和大豆醋很合，且大豆醋的熱量又比沙拉醬低。不過，也不能因這就添加過量喔！

先過水再食用，油量減半

油炸的東西先過水再食用。如果沒時間就倒水到鍋子裡面煮過一下，效果也一樣。

如果要吃肉，用燙或用滷

想吃肉的時候，建議用燙或用滷，而不要用油炸或煎烤。這樣油脂含量會比較低，雖然一樣是吃肉，但卻健康很多。

用氟加工的鍋子料理食物

氟加工的鍋子比一般的鍋子用油量更少，所以建議使用，但要注意使用方法，以免產生毒氣。

對付兩大惱人症狀的食材——便秘、貧血剋星

便秘和貧血是每個媽媽都會碰到的惱人問題。要解決這個問題，只要在平常飲食中加些東西即可。在下面列出有效的食材供妳參考。

便秘

要解決便秘的問題，就是要多攝取食物纖維，並且三餐飲食規律正常，並選擇有效對付便秘問題的食物。

乾椎茸（20g裡含8.4g）

在大太陽下曬過，效果增加十倍。椎茸在菇類當中營養價值相當高，在大太陽底下曬過，維生素D更會增加達到原來的八倍更好。

● 妳可以這樣吃

可以跟魚肉、雞肉等煮湯。

納豆（40g裡含2.7g）

納豆當中除了食物纖維之外，裡面的納豆菌還有助食物的消化與吸收。拌納豆時不要加醬油，只加黃芥末醬，就可以讓鹽分減半。

● 妳可以這樣吃

可以灑些青紫蘇或蔥，或加上秋葵、章魚、鮪魚拌著吃，就是簡單的一道小菜。

雞豆（50g裡含5.8g）

食物纖維是大豆的兩倍。豆類當中食物纖維含量算是相當多的一種，除了有優質蛋白質之外，鈣質、鐵質也很豐富。

● 妳可以這樣吃

常常加在咖哩飯裡，也可以和各種蔬菜搭配做成沙拉。

王菜molokheiya（80g裡含4.7g）

營養價值最高之「蔬菜之王」。蔬菜當中營養價值最高，除了食物纖維外還富含維生素、礦物質，尤其是維生素A和E更是相當高，可增加人體抵抗力。

● 妳可以這樣吃

一般都是醃過上面在灑些吻仔魚，也有人和豬肉一起炒。

青豆

（50g裡含3.9g）

買當季新鮮的，不要買罐頭。富含食物纖維、維生素C、B_1，但是製成罐頭後水溶性維生素會流失，效果減半。當季新鮮的是最好的。

● 妳可以這樣吃

和飯一起煮，就變成好吃營養的青豆飯了。

青花菜（80g裡含3.4g）

維生素C含量很高。青花菜食物纖維雖然也多，但是最受矚目的還是它極高的維生素C含量。莖的營養價值較高，可以切薄片炒來吃。

● 妳可以這樣吃

可以稍微煮過後淋上芝麻醬，既簡單又美味。

水煮大豆（50g裡含3.4g）

除了食物纖維以外，還有優質的蛋白質、礦物質、維生素等。還有可增強骨骼的「大豆類黃酮素」以及預防便秘的「皂素」等特殊成分。

● 妳可以這樣吃

日本的吃法是和蓮藕、牛蒡、蒟蒻和高湯一起煮五目豆，妳也可以有專屬的創意。

黑麥麵包（50g裡含2.9g）

早餐就吃黑麥麵包吧！黑麥麵包富含食物纖維，不過，當中含了不少鹽分，所以也不能因為有食物纖維就吃太多。

● 妳可以這樣吃

建議早上喜歡吃麵包的妳食用。

牛蒡

（50g裡含2.9g）

可以做沙拉或煮湯。在根菜類中，牛蒡的食物纖維算是特別豐富的。調味料用高湯的話，就比較沒有健康上的疑慮。做牛蒡沙拉則要少放一點美乃茲。

● 妳可以這樣吃

建議將煮過的牛蒡輕敲，再加上芝麻和高湯拌一拌。

杏鮑菇（50g裡含2.2g）

屬低熱量的菇類，富含食物纖維、維生素以及鐵質。用蒸的比較能有效攝取營養素。

● 妳可以這樣吃

放在網上烤，再加上煮過的菠菜和柚子汁拌一拌，做成一道「杏鮑菇拌柚汁」，或者用鋁箔包起來蒸也是一絕。

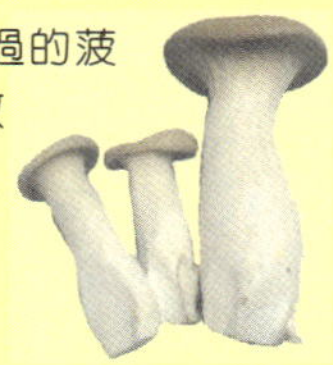

貧血

要預防貧血就要多攝取鐵質。鐵質的吸收率低，必須每天補充。

雞肝（50～70g裡約含4.5～6.3mg）

除了鐵質外還含有維生素A和B_1以及蛋白質，營養價值高。能夠每週吃一兩次雞肝或是雞肝糊是最好的。

● 妳可以這樣吃

雞肝可以和韭菜一起炒。雖然要放血有點麻煩，但還是值得一試。

豬肝（50～70g裡約含6.5～9.1mg）

鐵質含量是雞肝的兩倍。含豐富鐵質以及非常豐富的維生素A，可提高人體免疫力，而且鐵質吸收效率比雞肝更高。

● 妳可以這樣吃

放在網子上烤，可以緩和腥臭味，不敢吃的人會比較容易入口。

羊晒菜（10g裡約含4.5～6.3mg）

不只鐵質等礦物質成分含量高，食物纖維也很豐富。最常見的吃法就是煮湯、醋醃，或是將豆腐搗碎，加芝麻、白味噌做調味，之後再加蒟蒻和羊晒菜，都很不錯。

● 妳可以這樣吃

配白飯，或者煎蛋，搭配沙拉等，都是很有創意的吃法。

醃漬黑棗（40g裡約含0.4mg）

吃了一顆再吃一顆，就可以輕鬆補充鐵質。水果乾中，黑棗是鐵質含量最豐富，食物纖維也多，很適合用來預防便秘。此外，還有美白肌膚的效果。

● 妳可以這樣吃

建議想吃零食的時候以醃漬黑棗代替，此外，也可以加在糕餅類等食物裡面。

油豆腐（100g裡約含2.6mg）

油豆腐中富含鐵、鈣、鎂等礦物質，含量豐富。用熱水沖一下，就可以去油，降低熱量。

● 妳可以這樣吃

用烤箱烤過之後，灑些薑絲，淋些高湯，就是香味四溢的一道小菜。

曬過的沙丁魚

（50g裡約含2.2mg）

含鐵而且熱量低，真是極佳選擇。除了鐵以外，還富含蛋白質，脂質以及維生素B_2。

● 妳可以這樣吃

可以整隻放下去烤，連頭帶尾一起吃更能補充鈣質。不過，抹鹽後才拿去曬的沙丁魚，則應盡量避免。

小白菜

（80g裡約含2.2mg）

除了含有鐵質等礦物質以外，維生素A和C也很豐富。可以水煮，也可拌炒，都很好吃。

● 妳可以這樣吃

可以加高湯和白芝麻、蔥、蝦仁乾、芝麻油等一起拌，就是一道好吃的小菜。

如何增加鐵的吸收率

維生素C真是難以被人體吸收的鐵質的最佳輔助，一起攝取時可以將鐵質轉變成容易被人體吸收的型態，所以鐵質的吸收率可以提高。小白菜或青花菜可以讓妳一次攝取兩種營養，是對人體相當有益的食物。

紅椒和黃椒（50g裡約含85mg）

紅椒和黃椒含有豐富的維生素C，這點和青椒是平分秋色，但因比青椒厚，維生素C不容易被破壞，所以甜椒比青椒略勝一籌。

● 妳可以這樣吃

妳可以和其他多種蔬菜一起煮。蔬菜可以先用橄欖油和大蒜先炒過，再利用蔬菜當中含的水分悶煮，這樣就是一道法國小菜（ratatouille）。

白色花椰菜

（80g裡約含64.8mg）

白色花椰菜維生素C的含量很高，而且用熱水燙過還能保留住維生素C的養分。一天只要 100g就能滿足所需。

● 妳可以這樣吃

如果要將蔬菜和動物肝臟一起煮，建議就選白色花椰菜。此外，可以加高湯或灑上柴魚片，做成清爽小菜也很合適。

奇異果（70g裡約含48.3mg）

方便食用且兼具多種功效的萬能水果。除了維生素C含量高以外，食物纖維也很豐富，具有很多功效，而且對切後就可以用湯匙吃，方便易食。

● 妳可以這樣吃

可以在攝取大量鐵質後，與穀片或優格拌著吃。

其他富含維生素c的食物

●葡萄柚 ●白菜 ●草莓 ●檸檬 ●油菜 ●蕪菁甘藍的葉子

孕期飲食 16 Tips

有食欲或沒食欲時怎麼吃？

孕吐而覺得什麼都不想吃是個問題，孕吐完後食欲變好也是個問題。以下就介紹幾個簡單易行的小重點。

有食欲時怎麼吃？

食欲太好怎麼辦？一旦胖起來就很難瘦下去，平常飲食是否節制，結果就會天壤之別。

Tips01 用現成的菜三兩下就可做好

蔬菜拌芝麻外，還可以再加豆腐等一起拌。煮湯時可以加高湯，讓鹽分減半。三餐要換成健康的菜色。

Tips02 零食裝到盤子上再吃

小零食放在包裝袋裡的話，就沒有辦法控制量。一定要先決定好要吃多少，再放到盤子上吃。

Tips03 每一餐攝取的熱量都不要超過規定

也可以某一餐吃多一點，其他兩餐吃少一點，不要超過一整天應該攝取的量即可。

Tips04 不知該吃哪種好時，挑奶油少的

要吃蛋糕的話，寧可挑起士蛋糕，也不要挑有鮮奶油的蛋糕。如果偶爾真的嘴饞，請選鮮奶油少的。

Tips05 多動多消耗熱量

運動是最有效果的。不過購物或做家事並不算是運動，可以從媽媽運動中找一些適合自己的動作。

Tips06 各種食物都攝取，不要偏食

天然食物有很多，每種都食用不要偏廢，這樣自然就能獲得各種所需的營養。

Tips07 要吃麵包的話，選硬一點的

麵包中含有鹽分，實在不適合媽媽食用。如果要吃請吃法國麵包，需要多咀嚼再吃，可以減少吃的量。

Tips08 零食改成水果或優格

知道不可以吃零食，但卻非常想吃。這時可以在優格裡加水果，花點心思，吃得更健康。

沒食欲時怎麼吃？

吃得下再吃。孕吐讓人很不舒服的時候，吃得下再吃，胎兒的營養等孕吐階段結束後再補充都還來得及。

Tips09 常常準備蔬菜湯

蔬菜湯萬歲！蔬菜中的精華都溶解在湯中，所以可以補充一些養分。不過，鹽分要少一點。

Tips10 吃些滑潤順口，冰涼的東西

水果或果凍比較容易入口，是沒有食欲時的聖品，冰過後更好吃。

Tips11 蔬菜建議吃煮過的

相同量的蔬菜，煮過後會比沒煮的體積更少，所以一次可以吃很多，淋上大豆醋或果醋，效果更好。

Tips12 酸味有助促進食欲

檸檬、柚子以外，也可以嚐試柳橙或柑桔類水果。此外，很多菜色也可以加醋，建議妳試看看。

Tips 13 隨身攜帶水瓶

不要忘了補充水分！外出時要記得多攝取水分，並盡量避免喝果汁或碳酸性飲料喔！

Tips 14 轉換心情

偶爾外食也是不錯的。看看體能狀況，如果外出有困難，偶爾和朋友一塊喝茶，也能讓人精神放鬆。

Tips 15 準備馬上可以抓著吃的小零嘴

孕吐在空腹時會更嚴重，所以可以在桌上或枕邊準備一些小餅乾等，要吃隨時隨手拿。

Tips 16 不舒服時可以吃香蕉

覺得準備食物很麻煩，可以用香蕉代替。可剝皮後直接吃，或切一切加在優格裡或玉米片裡一起吃。

爸爸請你這樣做！

媽媽沒有食欲時，可以為她煮蔬菜湯。只要將家中現有的蔬菜煮成蔬菜高湯，沒有食欲的媽媽也能享受到天然食物的美味，並感受到你滿滿的愛。

蔬菜湯做法：先熬蔬菜高湯>>>再炒蔬菜>>>大功告成了！

1.將洋蔥、胡蘿蔔、芹菜洗乾淨、去皮。放入水中煮30分鐘，蔬菜高湯就完成了。

2.將洗好的洋蔥、胡蘿蔔、芹菜切成薄片或是小塊。起鍋開大火，置入蔬菜塊，待滾時再轉成小火慢炒。

3.等到量減少到1／2至1／3時，再將做法1的蔬菜高湯加入，煮約10～20分鐘，待蔬菜湯自然散發蔬菜的甜美滋味，好湯就完成了。

！小訣竅：如果覺得味道不夠，可以加些市面上賣的調味品如「味之素」等。

外國人都怎麼生？

荷蘭篇

在荷蘭很流行請助產士來自己家裡接生，有將近半數的媽媽都希望在自己家裡生。不過之所以如此，是因為荷蘭有專業的助產士。

家庭醫師會介紹助產士給妳，而助產士則會從懷孕期間到產後全程照顧妳。在荷蘭，有不少的男性助產士，人數約占所有助產士的兩成左右。

另外，荷蘭的產後照護做得很好，是有名的社會福利國家。產後一週左右會有對於助產及產褥照護等的專業幫手（HELPER）到家裡來照顧妳。幫手的工作內容很多，包括：照顧妳，或是教妳怎麼照顧寶寶等。一個人單槍匹馬奮鬥的妳，聽了是不是很羨慕呢？

第二章

就快要生了！生產與住院生活

生產預定日就快要到了，就快要和期待已久的寶寶碰面了！可是很多媽媽在期待的同時，卻也對是否能順利生產而感到些許不安。

為了讓妳能夠在意外發生時從容以對，下面也特地解說生產的流程，希望妳能夠在身心健康，充滿活力的狀態下，迎接寶寶出生的那天。

在婦產科裡要做些什麼？

Q 我會怎麼度過懷孕住院的期間？

A 首先會先從病房轉到陣痛室，之後再轉到分娩室準備生產。自然產的媽媽在醫院大約會住上三天左右，剖腹產大約一週，在下面也介紹一下醫院的環境。

前往婦產科醫院：

一出現快要生徵兆時，請趕快通知婦產科醫院。請搭計程車，或請家人開車送妳過去。

到達醫院：

先在櫃檯辦好住院手續。之後會問診及做內診。

住進病房：

手續和檢查做完之後，就會送妳到病房。這時要先提醒自己放輕鬆，爸爸也要陪著妳喔！

● 陣痛發生：

想像自己像是要吹熄蠟燭那樣地吐氣。如果還是很痛的話，可以壓住腹部兩至三秒鐘。

轉入陣痛室：

陣痛間隔變短之後，就會轉到陣痛室。在陣痛室吃飯或按摩，陣痛愈來愈劇烈後，可以讓自己覺得舒服點。另外也可以坐上「active a chair」讓寶寶更容易生下來。

● 陣痛發生時：

深呼吸一至兩次。要在呼吸最有力的時候用力。

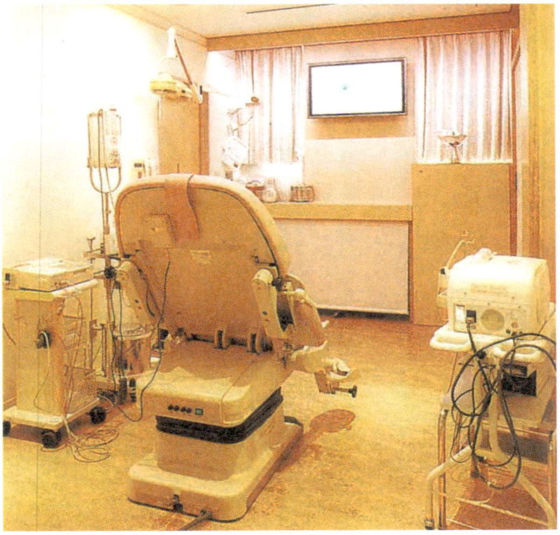

轉到分娩室：

子宮口全開時就會轉到分娩室，轉到分娩室上分娩台之後，就聽醫生護士的指示，配合陣痛用力。

● 陣痛發生時：

開始看得到寶寶的頭時，呼吸方式要改成較淺較短。寶寶的頭出來了，寶寶的身體也會很快出來。

寶寶終於生出來了：

有的婦產科醫院還會在分娩台前的螢幕上打上「恭喜您平安生產」等字眼。

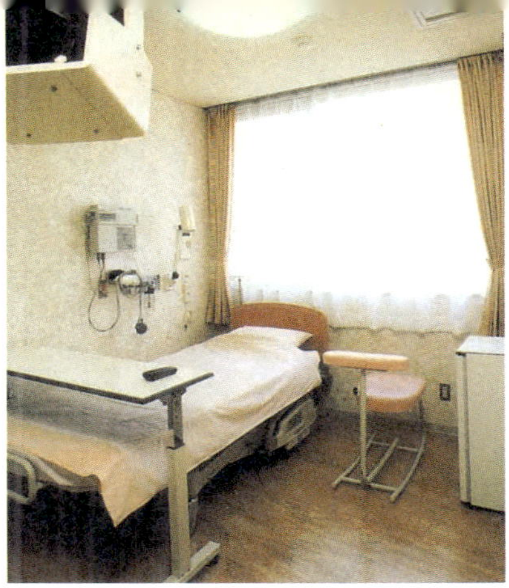

LDR

分娩室：上了分娩台不久就可以和寶寶相見了。不要緊張或激動，聽醫師怎麼吩咐。

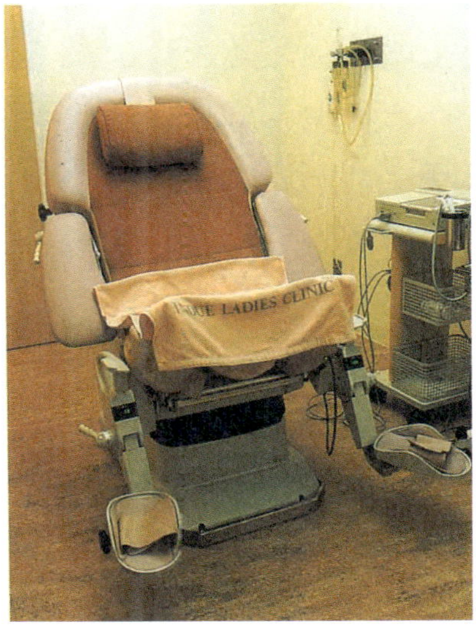

照片提供／井上lady's clinic。

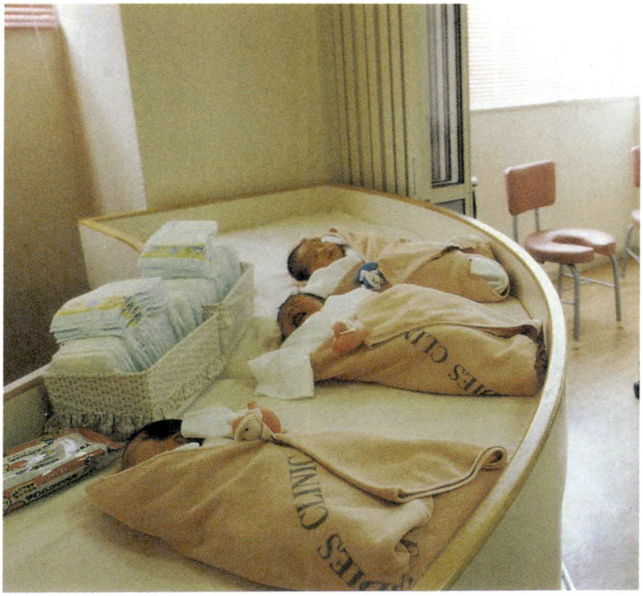

臍帶切斷後：

院方會幫寶寶做身高、體重、頭圍、胸圍等生理檢查並記錄。之後寶寶就會被送到新生兒病房。

生產之後：

妳會在助產士的指導下學習如何哺乳、換尿布、幫寶寶洗澡等。

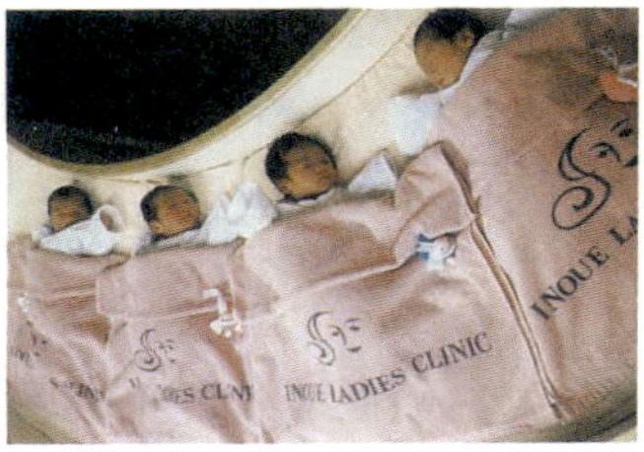

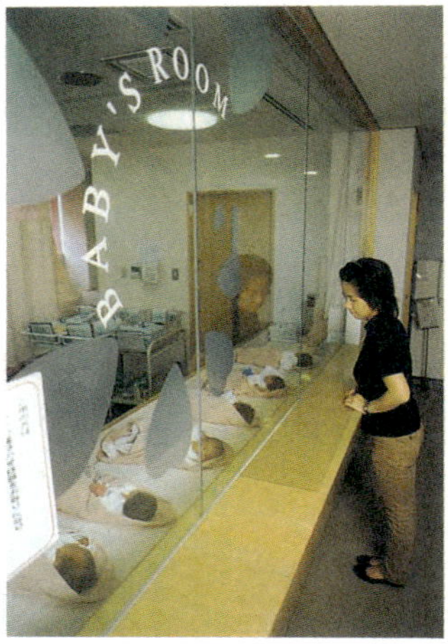

寶寶出生後：

妳可以隔著玻璃牆看著剛喝完奶，睡得香甜的寶寶。

出院之前：

出院前一天會有特別餐。

照片提供／井上lady's clinic提供的法國慶祝套餐。

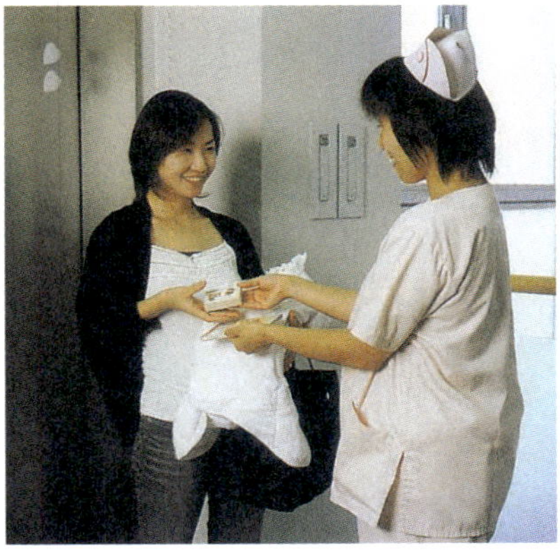

要出院時：

妳和寶寶都要接受出院檢查，沒有問題即可出院。出院時院方會送妳寶寶的臍帶當紀念。最後向辛苦照顧自己的醫生和助產士說聲謝謝再走吧！

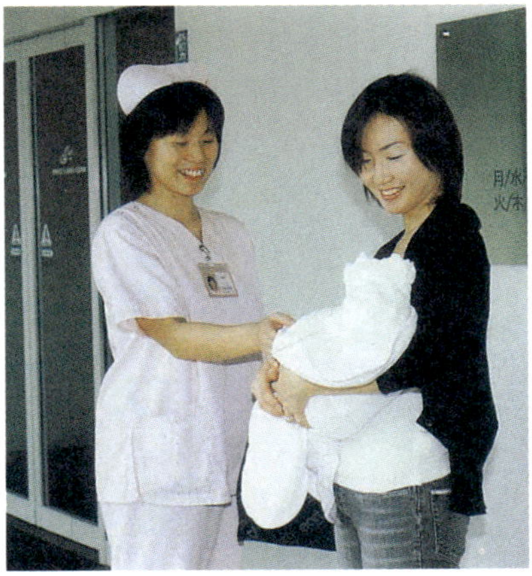

產後生活：

之後就要開始妳就得每天帶寶寶生活了。產後的疲累需要多多休息調養回來。

住院該準備哪些東西？

◆一定要準備的東西有：孕婦健康手冊、健保卡、診療單、印章。

◆要事先都準備好放在一起，緊急時才能拿著就走的東西有：

一、衣物：

- 哺乳用胸罩、開襟睡衣、家居服：產後因為要教妳怎麼哺乳，所以前開式的衣服比較方便。
- 毛巾、浴巾、紗布：毛巾或是紗布也是妳或寶寶常常會用到的東西。
- 產褥內褲：產褥褲則是為了便於產後做檢查，或是有惡露流出時容易清理之鼠蹊部有開口的特殊褲子。
- 其他：小外套、襪子、拖鞋。

二、個人用品：

- 洗臉用具：方便住院時盥洗用。
- 杯子、筷子：幫來探望妳的客人準備紙杯或紙碗，要用時就很方便。
- 生產護墊、生理用衛生棉：衛生棉用量會很大，可以多準備一些。

三、其他：

- 時鐘：為了算陣痛間隔時間用的，所以要準備有秒針的，每一格都標示得很清楚的為宜。
- 筆記本跟筆：筆記本跟筆是要讓妳記下關於小寶寶的點點滴滴，日後可做為甜蜜的回憶。
- 相機或攝影機：可以記錄下生產的那一刻及寶寶的點點滴滴。
- 其他：還可再多帶些可以讓妳忘了陣痛的東西。

生產時間表

Q 生產會怎樣進行呢？

A 生產所花的時間，初產婦平均要十五至十九小時，就算是經產婦也要五至七小時。這是一段很漫長的路，所以請調整好呼吸，從容以對。

記住大概的生產流程，可以減輕不安

陣痛開始到寶寶生出來要花十個小時以上。如果對之後會發生的事情一無所知的話，心裡一定會覺得很慌，有大概的了解則可大幅減輕心中的不安。為了讓自己能從容面對，請多了解一下生產大概的流程。

有的媽媽只是拼命聽著助產士的指示，結果回過神來，寶寶已經抱在胸口了。之後聽說生產時間竟然長達十多個鐘頭，才覺得驚訝。可是只要照著生產流程一步一步走，就不會有問題。妳是為了當媽媽才不斷努力，就放鬆心情，不要太緊張了。

●避免疼痛的方法

陣痛在剛開始時，與平常沒什麼差別，但等到陣痛間隔愈來愈短，每次疼痛的時間愈來愈長，那種痛就不是一般人能忍受的。因此，為了讓陣痛能夠稍微緩和些，要先動一動，找出什麼樣的姿勢可以讓自己比較舒服一點。

妳會需要擦汗用的毛巾，補充水分的飲料，以及靠墊和測量陣痛間隔的時鐘等。另外，也應避免在不該用力時用力，可以使用沾有精油香味的手帕或 CD 等讓妳轉移注意力。

分娩第一期（平均需花十二至十六小時）

胎兒的變化	媽媽身體的變化	呼吸法、如何度過這段時間
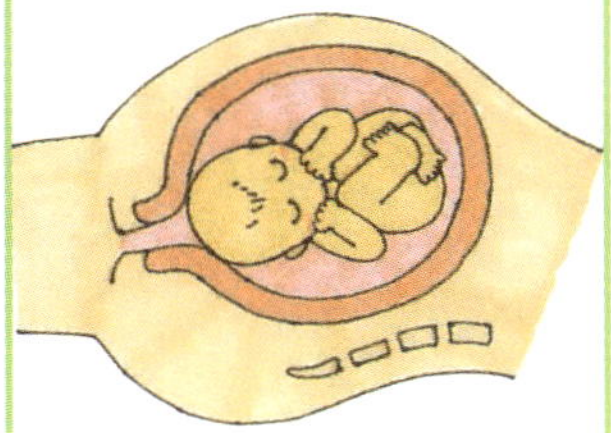	●一開始，胎兒在子宮裡面是保持側睡的狀態。 ●下腹部出現像生理痛那樣的悶痛。 ●流出帶血的分泌物，這是快生產的徵兆。 ●有時可能沒有陣痛，卻發生破水的情形。 ●子宮口開口為0至三公分。陣痛間隔八至十分鐘，每次痛達二十至三十秒。 ●肚子規則性地脹開。	●打電話通知醫院，諮詢醫院的意見。 ●能吃得下就吃，先填飽肚子再說。 ●不要因為開始陣痛了就慌，可以先去淋浴。（如果破水了就不要淋浴，保持原狀） ●陣痛的時候深呼吸。 ●準備就緒後就可去醫院了
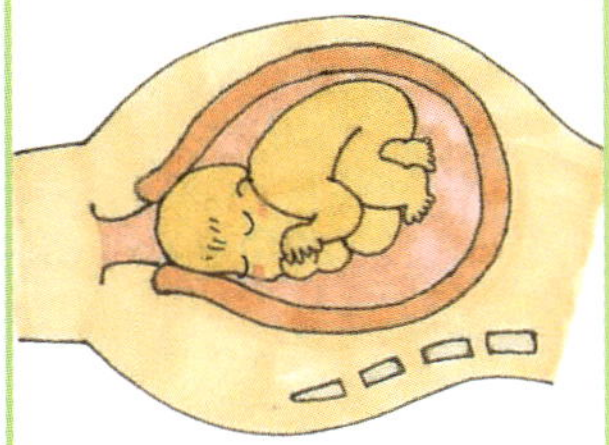	●胎兒身體開始轉向。 ●腹部和腰部會感到強烈地疼痛。 ●肛門到外陰部會感到些微壓迫感。 ●有的人這時會覺得想吐或是冷。 ●子宮口打開四至七公分。 ●陣痛間隔五至六鐘，每次痛達三十至四十秒。 ●肚子脹開的感覺比較好一點了。	●坐著或是趴在地上會覺得比較舒服一點。 ●配合呼吸在腰部等處做點按摩會比較輕鬆一點。 ●每兩至三分鐘就想跑一次廁所。 ●快要用力時，就像是要吹熄蠟燭那樣「呼」地一聲把氣吐出去。 ●陣痛開始後就深呼吸，放輕鬆。
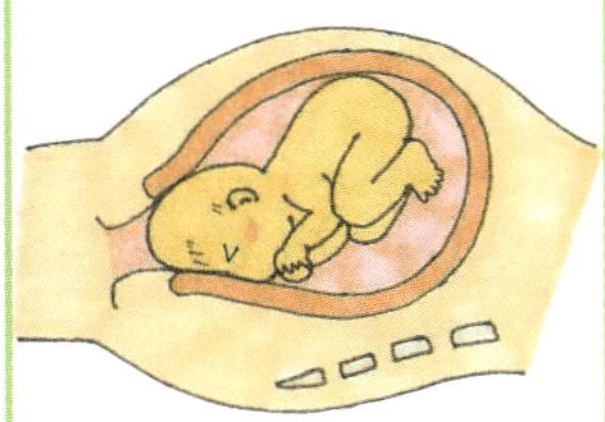	●胎兒方向完全改變，這時面對的方向是妳的背部。 ●覺得肛門受到壓迫，有時會想用力。 ●腰痛變劇烈。 ●破水。 ●子宮口打開八至十公分。 ●陣痛間隔一至二分鐘，每次痛達六十秒。 ●這時陣痛最長也最劇烈。	●沒食欲沒關係，但是要記得補充水分。 ●陪同的人可以幫妳按摩，或一起練習呼吸法。 ●如果還是會一直想用力，就在吐完氣後按腹部二至三秒。 ●慢慢地速度要加快。

無痛分娩或減痛分娩的流程

無痛分娩是一種用麻醉方式緩和陣痛的分娩方法。現在一般都是進行半身麻醉的減痛分娩而已。如果妳希望進行減痛分娩可以主動向醫生提起，不過有以下症狀的人，醫生會主動建議進行一般分娩，或是剖腹生產。

- 有心臟合併症的人
- 有高血壓症狀的人
- 怕痛的人
- 容易恐慌的人

此外，對藥物過敏或是上次生產已經是剖腹產的產婦，也不能進行半身麻醉的無痛分娩。

減痛分娩是要在背骨上的「硬脊膜外」注射麻醉藥，進行「硬脊膜外麻醉」，以讓媽媽在肌肉較不那麼緊張，且在身心較放鬆的狀態來生產。

如此一來，妳既不會感覺到疼痛，又可以有清楚的意識，不僅讓妳可以在生產期間用力，還可以讓妳聽到小寶寶出生時的聲音，比較有生產的感覺。

麻醉藥雖然對妳或胎兒沒有影響，可是沒有辦法太用力，所以常常都會用到真空吸引或鉗子等其他方法或道具。有的醫院則會在開始用力之前，先停止麻醉效果。

減痛分娩的進行方式

減痛分娩是在陣痛一開始後就要開始準備打麻醉針。減痛分娩的步驟如下：

1. 插入硬脊膜外導管。
2. 打測試麻醉針。
3. 子宮口開了五公分左右時才打正式麻醉針。
4. 看情況約一個半至二個鐘頭時追加施打麻醉針。
5. 子宮口全開後妳開始用力。
6. 寶寶誕生。

生產完後到麻醉藥效消失要花好幾個小時。此外，減痛分娩不是在任何婦產科醫院都能進行的。常聽很多人說他們本來就打算要進行減痛分娩，為了找能進行減痛分娩的婦產科醫院找了很久。此外，減痛分娩的方法或流程也是隨醫院而異，事先應該多聽院方說明才是。

分娩第二期（平均所需時間二至三時）

胎兒的變化	媽媽身體的變化	呼吸法、如何度過這段時間
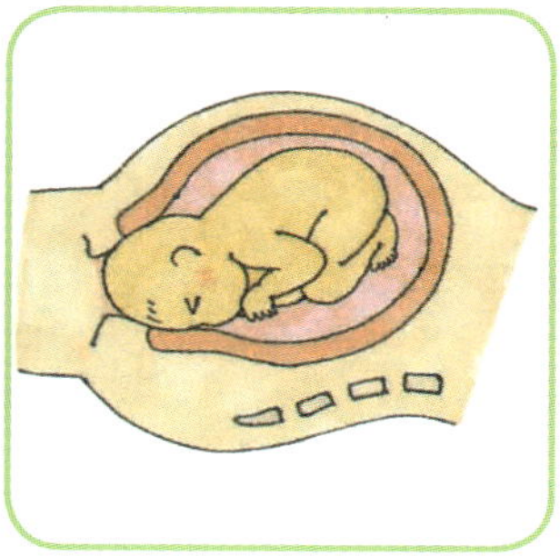	●上分娩台。 ●陣痛更加劇烈，間隔也更加短。 ●肚子脹開的感覺更清楚。 ●感覺強烈地用力。 ●寶寶在陣痛的時候頭會出來，陣痛消失時，又會縮回去。	●陣痛來時先做一兩次深呼吸。在吸到底的時候長長地呼氣並用力。 ●在中間調整呼吸，盡量讓自己能夠用力很久。 ●寶寶已經下降時，這時反而不要用力。就算是在吐氣，寶寶也可能滑出來。 ●寶寶的頭伸出來後，就停止用力，慢慢呼吸。
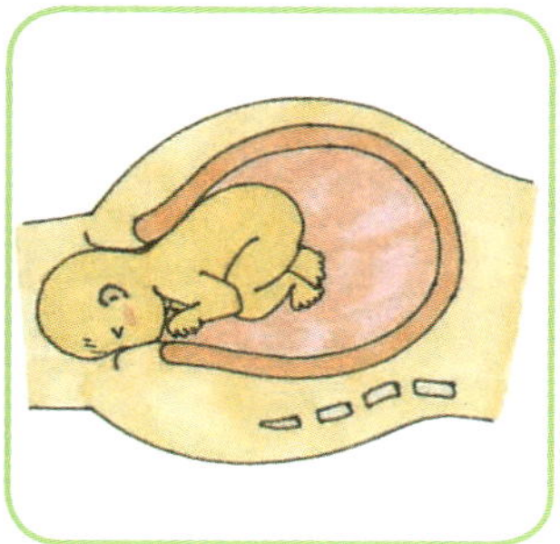	●寶寶在陣痛消失後頭還是沒有縮回去，已經可以從子宮口看到胎兒的頭了。 ●覺得寶寶的頭好像夾在外陰部，有種灼熱的感覺。 ●不管有沒有陣痛都想會要用力。	

分娩第三期（平均所需時間十五至三十分鐘）

胎兒的變化	媽媽身體的變化	呼吸法、如何度過這段時間
	●有沒有陣痛都想出力。 ●胎兒的頭到了子宮口時會馬上側向，上面的肩膀先出來，之後下面的肩膀才出來。 ●塞在肚子裡的東西一下子出來，輕鬆許多。	●胎兒的肩膀出來時，可用點力幫助寶寶趕快出來。
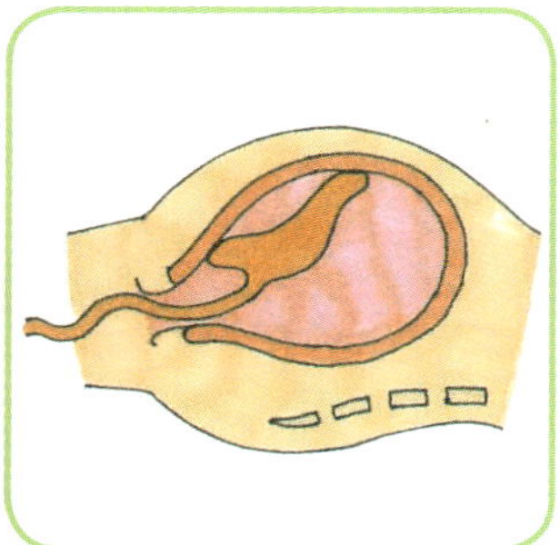	●寶寶出來三至五分鐘後，會有一股陣痛，這是要把胎盤排出來所致。 ●胎盤出來後，子宮會回到原來的大小，這段期間也會感到疼痛（後期陣痛）。	●請依照醫生指示，輕輕地用力。

有助緩和陣痛的伸展操

Q 要怎麼熬過陣痛的痛楚？

A 陣痛時會因為子宮收縮覺得疼痛而緊閉雙腿。所以平常就應多做伸展操，練習將下半身的力量轉移到上半身來。

將下半身的力量，轉移到下半身來

要將胎兒從子宮送出去時，子宮會週期性地收縮，收縮時的痛就是陣痛。一開始陣痛時間短而且只是輕微疼痛，但是疼痛感會漸漸加劇，間隔也會愈來愈短。

一開始疼痛還不嚴重，也許還能夠動來動去，等到陣痛加劇，下半身就會開始用力。在這個階段就用力是很危險的。如果在子宮口還沒開前的陣痛階段就用力，妳的血液流通會變差，對胎兒頭部也會造成負擔，此外，還會讓子宮口不容易打開。

有人幫忙時

妳將雙腳打開，幫忙的人就背對坐在妳的雙腳之間。之後幫忙的人打開自己的雙腳，這樣妳的腳也會隨之打開。妳則可以靠在前面幫忙的人背上。

！重點
幫忙的人要緊抓著妳的腳踝，讓腳不要往中間合。

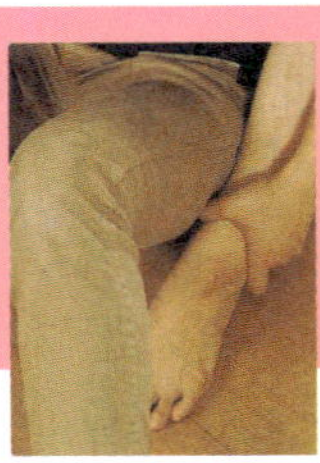

使用座墊

在地板上放一個座墊，打開雙腳跨坐在座墊上，之後彎下身來維持這個動作十秒再抬起身來。反覆進行這個動作。

！重點
做這個動作的時候要注意上半身的動作並放鬆。

所以這個時候，要懂得如何讓自己舒服一點，但又不會不自主用力。陣痛時，妳要雙腳打開，好讓骨盤不會閉起來。重點就是要將因疼痛而對下半身出的力氣，轉移到上半身來。

生產前就要多做緩和陣痛的伸展操，讓自己習慣於骨關節打開的動作，做好準備以等待生產之日的到來。另外，這時握著另一個人的手，也可以讓妳心理上更加沉著穩定，希望妳試試看。而靠在另一個人身上，不只可以讓妳的疼痛稍微減緩，身體靠在信任的人身上也能緩和妳的情緒。

陣痛會一陣一陣的，是因為子宮收縮是一陣一陣的之故。這個時候是母體將氧氣送給胎兒的階段，所以要讓身體放鬆，才能夠給寶寶很多的氧氣。

妳可以在腦中想像孩子生下來的樣子，或是從陣痛的間隔聯想到海浪一波一波襲來的畫面，又或是將子宮口打開的樣子想像成花開的樣子，這樣會讓妳感覺比較放鬆一點。

一個人的時候

1 雙腳盤腿，讓雙腳腳底碰腳底，右手抓左腳腳踝，左手抓右腳腳踝。

2 彎下腰來深呼吸。吸氣十秒，吐氣十秒，反覆進行這樣的呼吸方式。

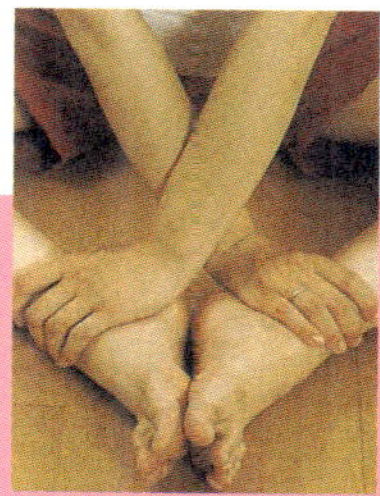

！重點

兩肘壓著小腿側，所以骨關節會保持在打開的狀態。

爸爸請你這樣做！

陣痛不是男人能夠懂的

老實說，就算告訴你「陣痛很痛」，你也不會理解那到底有多痛。不過，不懂沒關係，你還是有很多可以幫得上忙的地方，例如，幫忙擦汗，幫媽媽按摩腹部或腰部，或是握著媽媽的手。希望你能了解，媽媽有多希望你能陪在她的身邊。

媽媽可能會哭或是口出惡言，不過，稍微忍一下，等寶寶生出來也就會忘記了。這個時候請你寬大地接受媽媽的這些反應，並鼓勵她再忍一下。兩人共同經歷生產的痛苦，這經驗會讓彼此間的情感更加深厚。

開始要生產囉！

Q 快要生之前要做哪些醫療處理？

A 要做那麼多的醫療處理，可能會讓產婦覺得不舒服。多了解進行這些醫療處理的目的和效果，妳也可以選擇要不要做。

了解生產前醫療處理的意義

抵達婦產科醫院後，會進行很多檢查或醫療處理。最近由於WHO（世界衛生組織）的呼籲，日本及台灣也開始標榜「讓媽媽快樂舒適地生產」的口號，為了讓媽媽更安全，有個愉快舒適的生產經驗，現在開始有了很多新的做法。

有的婦產科醫院在做生產計畫的時候，就會問妳對於醫療處置有沒有什麼特別的要求。在生產的時候，也會盡力減輕妳的壓力與負擔。

醫療處理的意義和效果

健康的妳要進行的醫療處置有CTG（胎兒監視器）、剃毛、灌腸、打點滴、導尿這五項，不過，有的媽媽會要求不要做剃毛或是灌腸。其實每個醫療處理都是有其意義和效果，妳可以多了解後再做選擇。

○CTG（胎兒監視器）

將裝有端子的帶子綁在肚子上檢查陣痛的情況和胎兒的狀態。檢查一次要四十分鐘，所以住院時做完檢查後就會一直戴著這個CTG裝置以掌握情況。

○剃毛

事先剃掉外陰部到陰道口的毛。這是為了到時候如果要切開會陰，或是出現傷口時容易進行處理。

○灌腸

腸子就在產道旁，將腸子裡面清乾淨，胎兒也會比較容易通過產道。而且有時也會由於對腸子的刺激，導致陣痛更嚴重。另外一個目的則是可以避免胎兒受到感染。

○打點滴

為了避免分娩時出血太多，或是出現什麼問題時可以馬上處理，都會讓妳裝上點滴導管打點滴。打的點滴一般都是葡萄糖、電解質液等。另外，正在生產的時候無法進食，打點滴也可以為妳補充水分。

○導尿

尿道裡裝上導管以排尿。膀胱有尿的話，寶寶會很難下來，而且陣痛有時也會變弱。另外，陣痛變強以後就沒有辦法去上廁所了，所以這個時候就可以透過導管排尿。

住院後的檢查與生產的準備

1. 尿液檢查。
2. 血壓、脈搏、體溫檢查。
3. 拿下隱形眼鏡和戒指等：怕弄丟、價值不斐的東西盡量在家裡就先拿下來。
4. 卸妝：醫生要看妳的臉色是否有異狀，所以生產的時候不要化妝。
5. 穿上醫院指定的產服：洋裝、內衣褲、腹帶都脫下來，穿上專用的產服和前面有開口的產褲。

6. 長頭髮要綁起來：妳要在床上躺很久，長頭髮的人可以綁成兩邊比較不麻煩。
7. 剪指甲：寶寶生下來後，醫護人員馬上就會抱來讓妳抱抱並吸奶。指甲太長可能會讓剛生下來的寶寶受傷。

8. 墊較大塊一點的產墊：以備破水或出血之用。之後再看陣痛的情況如何。
9. 內診：看子宮口開的情況、位置、柔軟度、胎兒下降的情況。
10. 聽胎兒的心跳聲音：確認胎兒的健康狀況。生產對妳而言很辛苦，對胎兒來說也是。妳可以鼓勵寶寶，兩個人一起突破生產的這一關。

使用催生劑的時機

Q 非要使用催生劑不可嗎？

A **催生劑中的成分與妳體內某荷爾蒙相同，只要遵守用量和方法，能使用催生劑實在是再好不過的事了。**

有的生產情況會需要輔助

沒有陣痛就不會開始生孩子。可是有時候卻有可能妳或胎兒都準備好了，但陣痛卻遲遲還不開始。這個時候，催生劑就可以幫妳和胎兒一個大忙了。

像一直都是微弱陣痛，沒有變成強烈陣痛，或是破水後數小時內妳都一直都還沒有感覺開始陣痛。一般而言，如果生產時間拖太久，對妳和胎兒都非常危險，所以這時候就有必要用人工方式引發陣痛。

這時醫生就會提議使用催生劑。如果催生劑發揮藥效，開始正常的陣痛的話，就可以回到正常的生產流程。

妳可以考量自己的體力，和醫師談談自己要不要用催生劑。

●催生劑的使用方法

催生劑的成分基本上不會對妳或胎兒造成負面的影響。其中的成分和妳體內的某種荷爾蒙是一樣的，所以並非有害物質。

雖然如此，弄錯方法或用量的話，還是會造成意外。電視新聞中曾報導催生劑使用有誤，而導致生產意外的事情，要特別小心。

最近有很多醫院都是看妳的情況，選擇使用可調節藥量的打點滴方式。藥效可能因人而異，如果覺得不舒服或哪裡怪怪的，就要馬上告訴醫生或助產士。另外，有氣喘、心臟疾病、腎臟功能有問題的媽媽，在使用上要更小心。

二種幫助生產的輔助方式

如果媽媽不想使用催生劑，也可以使用輔助生產的工具來打開子宮口幫助生產，例如：

○海草棒（laminaria）

方法是將乾燥處理過後的海草莖細棒讓入子宮口，慢慢地撐大子宮口。

○子宮頸擴張術（metreurysis）

將塑膠袋子放入子宮，並在袋子注入生理食鹽水，給予刺激。

生產時間拖得愈長，妳和胎兒都會愈疲憊。能夠自然產當然是最好的，不能的話，只要有一點輔助工具，也可以避免危險的發生。請和助產士等請教過後，選擇較安全、可以接受的方法。

（編者註：目前國內並無使用上述二種方法。）

什麼樣的情況下會使用催生劑？

微弱陣痛持續的時候

在使用催生劑的案例中，這種情形占絕大多數。如果始終都沒有變成強烈陣痛，生產時間就會拉長，對妳和胎兒都會造成負擔。這時的做法通常會使用便於查看點滴施打情況的點滴。

已經破水了可是還沒開始陣痛

一方面擔心胎兒會因破水而感染，一方面則是因為放著不管，胎兒也會很累。所以這時會視情況使用錠劑或打點滴。

產道變硬，胎兒無法前進的時候

軟產道很堅韌時，這時要促進陣痛，幫助胎兒趕快出來。

過了四十二週，還沒開始陣痛的時候

過了正常懷孕時間，到了第四十二週之後，胎盤功能就會漸漸變差。如果一點也沒有要生的跡象時，可以用人工方式引起陣痛。

爸爸請你這樣做！

補充關於催生劑的正確知識

很久以前曾發生一件因施打催生劑而引發的意外，引起社會諸多的討論。當時的報導提到醫生的使用方法有誤，導致很多人以為還是不要打催生劑較好。

不過，在婦產科醫院寫生產計畫時，醫院方面應該就已針對催生劑的使用做過說明，或是幫你們做過問卷調查了。

只要使用方法沒有弄錯，催生劑絕對不會有危險，因為基本上其中的成分和媽媽體內的某種荷爾蒙是一樣的。只要陣痛開始，之後就跟一般的生產過程沒有兩樣。如果你們怎麼樣也不想使用催生劑，請盡早告知院方。

不過有的時候還是會有「天不從人願」，需要依賴一些外在協助的時候。這種時候憑藉一些催生劑或輔助方式的幫忙，往往就能避免危險的發生。

不管是催生劑或是輔助方式，都是為了要讓媽媽生得更安全。不要一味地抗拒，還是因應情況再做判斷為宜。

什麼是會陰切開術？

Q 為什麼要執行會陰切開術？

A 會陰切開術的目的是為了讓胎兒順利出生。不想做這手術的人可以事先和醫生談談。

會陰切開術是幫助寶寶趕快生出來的方法

「會陰」是指陰道口到肛門之間的部分。胎兒通過產道時會一邊轉換身體方向，最後來到陰道口的下方，這個地方就是「會陰」。

這個地方平常很硬，可是懷孕開始後受到荷爾蒙的影響，就會開始變得柔軟，可以伸展。不過，妳用力過度，或是在出口沒有打開前，胎兒就已經要出來的時候，就會發生胎兒的頭卡住，或是會陰裂開的情形。

所謂「會陰切開」，是指用剪刀將會陰剪開、打開開口，好讓寶寶因卡住而受到壓迫的頭能夠趕快出來。

寶寶的頭如果長時間受到壓迫，有時可能就會發生心音變弱的情形。最嚴重的情況，還可能會引發「胎兒窘迫（fetal distress）」的危險。像這種必須早點讓胎兒出來，其他像是胎位不正的情況，也要進行會陰切開術。

不想做的媽媽請在生產前告知院方

關於會陰切開術，有很多不同的意見。而最近也有的醫院就算不是事出緊急，也會在一開始就把會陰切開，讓胎兒趕快出來。

●切開會陰的理由

為什麼醫院都要執行切開會陰的手術呢？

- ○切開的傷口會比自然裂開的傷口整齊，能縫合得更漂亮，回復得也比較快。
- ○可以讓胎兒早點出來。
- ○會陰過度伸展，最後回不來時，會出現漏尿等症狀。

還有人在生第一胎時沒有切，但是第二胎先切開會陰後才上分娩台，之後孩子很快就生下來了，因而覺得能夠生得這麼順利實在太好了。

●不用切開會陰的理由

相反的，也有一些婦產科醫院覺得除非發生緊急狀況，否則盡量讓妳用自己的力量把孩子生出來。另外，拒絕用剪刀切開身體的這種反對聲浪也不小。

- ◯自然形成的傷口很容易復原。
- ◯等到會陰伸展而生下的寶寶和切開會陰而生下的寶寶，健康狀態是相同的。
- ◯漏尿的情形就算是接受會陰切開術而將寶寶生下來的，也一樣會發生。所以這樣不如不要切。

是不是醫院在妳懷孕初期在做生產計畫時，都沒有詢問妳要不要做會陰切開術呢？

如果妳無論如何都不想切，想要自然生下寶寶，就要告訴醫生除非事出緊急，否則不要進行會陰切開手術，並詢問醫生要注意哪些事情。

進行切開手術，勢必會讓身體不舒服。如果不必切開會陰，也能順利生產，那實在是再好不過的事了。

可是生孩子這種事就是這樣，有時會「天不從人願」。孩子生不出來，兩個人一起受苦，這樣會比較好嗎？任誰都希望可以少痛一點，就少痛一點。這就是進行會陰切開術的理由。

雖然說是「切開身體」好像很不合人情，但是這是有執行的道理的。希望妳在了解這點後，再好好想想要不要做會陰切開術。

會陰切開的位置

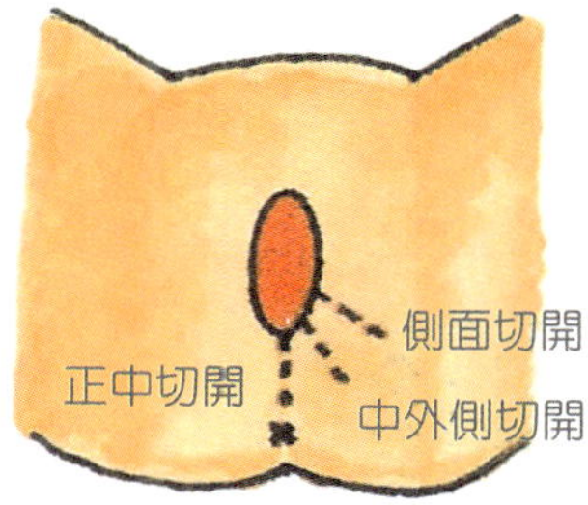

1. **正中切開——從正中間由陰道口切到肛門。**
2. **中外側切開——從陰道口的正下方斜斜地切開。**
3. **側向切開——從陰道口的正下方往稍微靠近恥骨的切開。**

會陰切開主要有三種方式，要用什麼角度切，要切幾個地方、要不要麻醉等，都要看當時師醫生怎麼判斷。

（編者註：台灣只有兩種，正中切開及中外側切開。）

寶寶和胎盤都出來後，就要將切過的地方縫合起來。如果有必要，也會先麻醉過後再縫合。

現在縫合手術用的線大多都是可以在身體裡溶解的那種，所以不必再拆線。這種疼痛會持續一週左右，不過要出院的時候就比較不痛了，差不多一個月後，就會覺得沒麼感覺。

生產時可能會有哪些問題發生？

Q 在生產時，可能會發生哪些問題？

A **不是每個孕婦都能順利生產。這個時候就要就要藉助一些助產用具的輔助，來讓生產能順利進行。**

生產時常發生的特殊狀況

常常聽到「胎兒臍帶捲來捲去，生的時候真是非常驚險」，不過事實上這「臍帶捲來捲去」狀況的發生率高達百分之二十五，真是令人相當吃驚的數字。

其中又有百分之二十五以上是「臍帶繞頸」的情形，甚至有的寶寶還繞了三圈。不過，雖然如此，大部分的情況都還是能經過適當的處理而安全地將孩子生下來。

生產時會發生的各種問題只要透過妥善處理，寶寶都還是能順利地生下來。就算情況聽起來好像有點棘手，也不需要過度擔心，注意聽助產士和醫師的指示，將注意力集中在生孩子上即可。

生產時會發生的問題主要有哪些？

下面就舉出比較常見的問提供妳參考：

◯持續維持微弱陣痛

指陣痛沒有愈來愈強烈，或是生到一半陣痛程度變弱了。這種情形在產道狹小或胎兒過大等，而拉長生產時間時常會發生。此外，子宮肌瘤、多胞胎、羊水過多的孕婦也很容易發生。

◯延遲分娩

指從陣痛間隔十分鐘開始算起，生產時間長達三十小時以上的情形，這表示胎兒無法順利通過產道。原因可能是產道太硬，很難打開等，可能性很多。

◯胎兒轉動身體有問題

胎兒在通過狹窄的產道時，要扭轉身體，或是身體緊縮在一起將身體變小才能出去。可是胎兒有時候會因為某些原因而無法轉動身體，導致無法順利生出。

◯胎兒窘迫

生到一半時，因為某些原因使得氧氣無法送給胎兒的狀態。如果時間很長，會對胎兒的腦部或器官造成影響。

◯出血不止

生產時的出血現象會隨子宮急速收縮而停止。然而，不收縮時，血就會流個不停，造成大量出血。

◯肺血栓

血栓是指血液變成硬塊。血管內出現硬塊，就會影響血液循環。

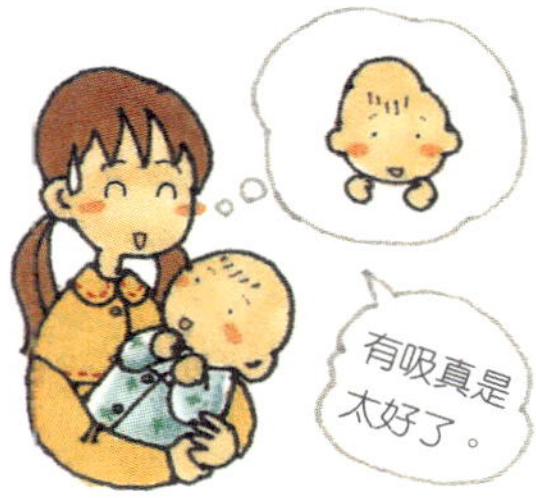

產鉗與真空吸引器

子宮口全開，胎兒降下來，再一會兒寶寶生下來了。不過，有時還是會發生生到一半停下來的情形。

突然陣痛變弱，胎兒無法順利通過產道，或是寶寶的心音變弱等，都是可能的原因。這個時候可以使用產鉗或真空吸引器來幫助生產的進行。這是在醫生判斷要盡早將寶寶生出時所會進行的一種緊急生產手術。

◯產鉗

產鉗像是由兩片金屬製抹刀組合而成的，看起來有點像剪刀。醫生或助產士用這個東西將寶寶的頭夾住往外拉。妳也要配合拉出的動作而用力。

◯真空吸引器

這個方法是使用材質為金屬或是矽的圓圓大大的杯狀物，對著胎兒的頭，然後將杯內空氣吸成真空狀態，透過吸力將胎兒吸出來。

要用產鉗還是真空吸引器要視胎兒當時的狀態而定，不過，由於真空吸引器的吸力比較穩，所以大部分一開始會先用真空吸引器。如果還是生不出來，才會使用到產鉗。

也許有人會擔心用這些器具會不會傷到寶寶的頭部，一般鉗子頂多留下夾印，真空吸引器頂多讓頭上有塊突起，這些在兩至三天內都會消失，妳大可放心。

●真空吸引器

將杯狀物罩在胎兒頭上，慢慢將胎兒吸出。

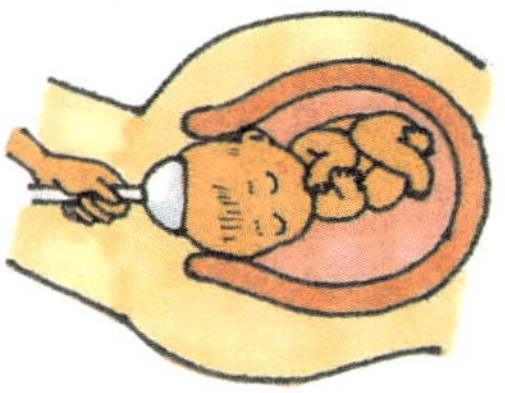

●產鉗

用鉗子夾住胎兒的頭往外拉出。

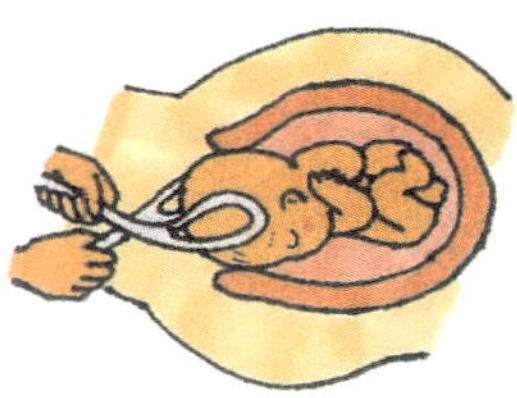

什麼情況要進行剖腹生產？

Q 進行剖腹生產的可能性有多高？

A **大約十個孕婦當中就會有一個要進行剖腹生產，其中可分為已經預先計畫要剖婦者及因緊急情況而有需求兩種。**

預定剖腹生產與緊急剖腹生產

胎兒從子宮口通過產道而從陰道生出來，這叫做「陰道生產」。相對的，將妳的肚子切開取出嬰兒，就叫做剖腹生產。相傳剖腹生產是從古代羅馬帝國的國王凱薩（Cesar）下令以後才開始的，所以英文為「cesarean」。另外，也有人說剖腹產的孩子比較聰明，實際上也是胡說八道，是沒有證據的謠言。

一開始就判斷妳或胎兒有問題，要進行自然產會有困難，而判斷要進行剖腹產，又或是要為孩子挑個良辰吉日出生時，就稱為「預定剖腹生產」；至於生產時發生狀況，必須要緊急取出胎兒而進行的剖腹生產，則稱為「緊急剖腹生產」。現在，進行剖腹生產約占所有懷孕中的百分之十左右。剖腹生產的產婦產後身體調養回復較慢，但是對於胎兒卻是負擔較少、也比較安全。

剖腹生產的順序

剖腹生產在所有腹部手術中算相當安全的一種，幾乎從未聽說發生什麼問題。雖然是要在肚子上開一刀，可是也沒有什麼好太擔心的。

懷孕過了三十七週，胎兒狀況不錯的話，就可以開始安排手術的時間。如果是「緊急剖腹生產」，就必須要有產婦本人、家人的同意，並做過必要的檢查之後才能進行。

手術後有一兩天的時間不能進食，都是以打點滴的方式攝取營養和水分。至於拆線則要一週後。如果沒有問題的話，五天左右就可以出院了。下一次懷孕則最好是一年以後為宜。

預定剖腹生產

事先知道陰道分娩的方式對媽媽對胎兒都有危險，或是想為孩子挑個良辰吉日時，才進行剖腹生產。一般而言是在三十七至三十八週進行。

●胎位不正

胎位不正，寶寶的姿勢或體格，或是媽媽的骨盤太小等，導致陰道分娩困難時，就會進行這手術。

●前置胎盤

胎盤擋住子宮口，以致胎兒無法下到產道來，而且寶寶還沒出生前胎盤就會先剝落，情況是相當危險的，所以會在三十六至三十七週間進行剖腹生產手術。

●多胞胎

肚子裡的寶寶超過兩個以上時，對媽媽實在是很大的負擔，這時容易罹患迫切性早產或妊娠高血壓症候群（妊娠毒血症），所以常常到最後都得剖腹生產。

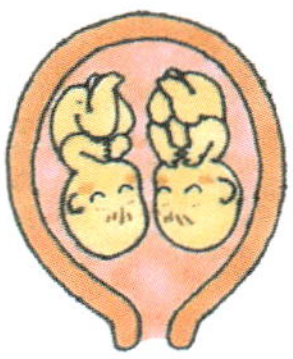

●胎兒骨盆不成比例

媽媽的骨盆比胎兒的頭小，或是骨盆變形，都會讓胎兒無法通過骨盆。這是就要事前照X光檢查，確定不能陰道生產，就會進行剖腹生產。

●妊娠高血壓症候群（妊娠毒血症）

高血壓、蛋白尿等症狀很嚴重時，胎兒的發育會比較差，又或是會引起胎盤早期**剝**離（生產前胎盤剝落）。這種情況下，有時醫生會看狀況提早進行剖腹生產。

進行剖腹產時

●緊急剖腹生產

開始生產後突然發生狀況，醫生判斷繼續陰道生產會對媽媽和寶寶都有危險時，就會進行這項手術。

◆胎兒心跳很弱

有時可能會發生臍帶繞頸或是生產時間過長的情形，這樣一來就可能造成胎盤功能降低，胎兒陷入缺氧狀態，十分危險，所以這時會進行緊急剖腹產。

◆胎兒轉動身體有問題

胎兒是扭動身體脫離骨盆，進而通過產道的。可是有時發生某些問題，會使得胎兒無法順利轉動身體。如果醫生判斷生產時間不能再拖下去時，就會緊急進行剖腹產。

◆早期胎盤剝離

一般而言，胎盤在寶寶出生之後就會從子宮壁脫落。可是，如果是在胎兒出生前就**剝**離脫落，會引起大量出血，媽媽和寶寶都會很危險。這時就要盡快進行剖腹手術。

◆延遲分娩

初產婦陣痛開始經過三十小時，經產婦陣痛開始經過十五小時以上，就稱為「延遲分娩」。如果開始可以看到一點寶寶的頭時，就可以用產鉗來夾或真空吸引器來吸。如果繼續陰道生產，醫生覺得有危險時，就會進行剖腹手術。

●剖腹生產的切法

有縱切和橫切兩種，醫師會視情況而採不同的方式。

◆縱切

從臍帶下方向恥骨的方向縱切。手術時間短，又很確實，緊急時常用這法。

◆橫切

約從恥骨上方切一橫線。優點是手術痕跡不會那麼明顯，而且大部分人覺得比較不痛。

生產後的體能變化

Q 生完小孩後，身體要怎麼回復？

A 雖然懷胎十月的期間，身體經歷劇烈的變化，不過產後只要經過六至八週就能回復。這段期間要多休息，不要讓自己太過勞累。

從各方面判斷身體回復狀況

生產這麼大的一件事都平安度過了，妳的身體就要開始回復了。要完全回到原狀，要花六至八週，這段期間又稱為「產褥期」。

要看產褥期身體是否回復順利，可以從「子宮」、「惡露」、「外陰部的傷口」這三點來判斷。

懷孕後期，子宮的體積會擴大成原來的一千倍以上。不過，產後子宮會在不斷的收縮之後慢慢回復原狀。而這個狀態就稱為「子宮回復」。

剛生產完後，輕壓肚子上方就可以感覺到自己的子宮，可是一到隔天，子宮就縮小到肚臍左右；過兩個星期左右再摸，就感覺不到子宮了。子宮要回復到原來的大小要到一個月左右。在這個過程中，子宮會一直收縮，所以生完幾天後還是會感覺疼痛。這就稱為「後期疼痛」。

後期陣痛會痛多久因人而異，一般而言到隔天就好了，但是也有可能會痛很久。如果太痛了，可以請醫生幫忙開鎮靜劑的藥。

另外，如果必須要哺乳和照顧寶寶，而沒有休息到。最好能多找時間讓自己休息為宜。

上洗手間時就可以觀察惡露的變化

產後一週內會像月經一樣流出「惡露」這樣的血塊。惡露當中包含有產後子宮內所殘留的血、產道受傷出血以及淋巴液等。

產後二至三天量會很多，而且會比較黏。隨著子宮回復，出血量也會減少，顏色漸漸由紅色變為褐色、黃色、白色。產後四週左右會變成像分泌物一樣。產後一個月有產後檢查，如果不放心的話，可以問問看醫生。

關於惡露該如何處理，在住院時醫院就會教。為了預防感染，每次流出時都要用消毒棉花將外陰部擦乾淨，並更換產墊。惡露也是產婦回復狀態的指標，每次去洗手間時都要確認情況如何。

改坐中空的圈型靠墊

會陰切開或是自然龜裂而形成的外陰部的傷，會持續到產後二至三天，並且大概有兩週左右的時間在坐的時候會感覺不舒服，這時候可以使用中空的圈型靠墊來舒緩。大約過一個月左右應該就不會那麼在意了。產後一個月的產後檢查時如果還覺得不舒服，請告知醫生。

產後一個月的產後檢查除了要檢查子宮、惡露、外陰部的傷，醫生還會詢問哺乳的狀況以及母乳流出的情形。如果醫生說妳已經可以回到正常的生活了，就可以泡澡，而性生活也可以從六至七週以後恢復正常。

子宮回復的狀況

隨著胎兒的成長，子宮在十個月之中也會愈來愈大，最大時還會到達肚臍附近。生完之後，子宮就會急速回復原來大小了。

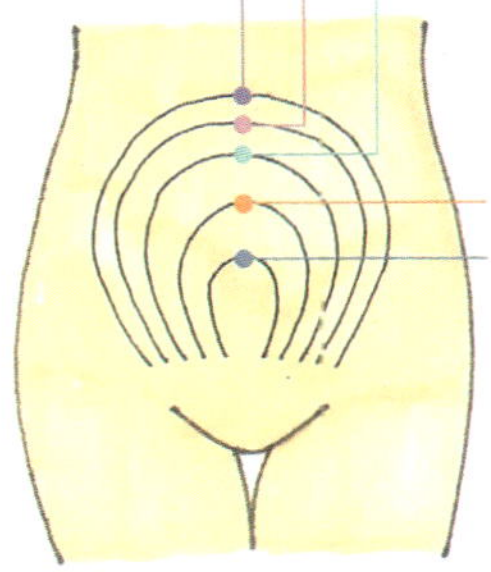

爸爸請你這樣做！

產後一個月是兩個人最關鍵的時期

因為就要開始自己帶小孩了，媽媽和寶寶健康地回家後，你也可以鬆一口氣。不過，生兒育女最辛苦的地方才正要開始。

你是很辛苦，可是請盡早回家抱抱寶寶，聽聽媽媽說話，同時也幫忙些家事。根據經驗，真正辛苦的時候現在才正要開始。不能隨心所欲活動所帶來的壓力、一天以內要餵奶八至十二次的疲累，還要做家事或照顧小孩，精神上和體力上都已達到極限。

所以真的要請你幫忙帶小孩，只幫忙一個月也沒有關係。寶寶會愈長愈大，不會一直都這樣。等媽媽更習慣，且不需要家人照顧後，你的負擔也會少很多。

這個時期吵架會種下以後吵架的惡因，所以不管怎麼累都不可以互相責備。媽媽照顧寶寶很累，你也一樣為了工作忙，兩個人都沒有辦法像以前一樣說說話了。這一個月，就當作是一個人要做兩份工作，共同攜手度過吧！

初期 中期 後期 飲食 生產 新生兒 產後

住院生活

Q 生產完後，在婦產科醫院裡，要做哪些事？

A 寶寶出生後，妳就升格成為媽咪囉！馬上就要開始過媽咪的生活了，所以在住院期間就要好好學會怎麼照顧寶寶。

生產當天

生產完後先在房裡休養

生完後如果沒有問題就會轉到病房。有的婦產科醫院會讓新生兒跟妳在一起，也有的醫院在生產當天會讓寶寶待在新生兒室。

妳可能轉到病房後，還非常興奮，睡不著覺。但因為在生產時消耗了很多體力，還是多加休養才是。

一般醫生或助產士等會交代產後六個小時左右要去上洗手間，但妳可能會力不從心，走不動。這時可以請助產士陪妳。去洗手間時，要將沾染上惡露的產墊換掉，並檢查是否有異常出血的情形。

產後要順利尿出尿來得花點時間。但是慢慢地感覺就會回來了，不用擔心。但如果出現會陰切開或裂開的傷口很痛，或是下腹部疼痛，又或是惡露量多、不舒服等症狀，就要趕快告訴醫護人員。

生完隔天

開始照顧寶寶，擁抱、換尿布、哺乳等都要自己來

終於當媽媽了。一開始助產士會教導新手媽媽如何抱新生兒、換尿布等照顧寶寶的方法。

另外，也要開始哺乳了，所以這時會教導妳乳頭要如何保養或消毒、哺乳時要怎麼抱、怎麼哺乳、怎麼讓寶寶打嗝等。如果是不餵母乳的媽媽，則會教奶粉怎麼泡、奶瓶如何消毒、餵奶方式、怎麼讓寶寶打嗝等。

剛開時妳可能還不習慣，所以可能不是做得不是很好，別著急，慢慢就會習慣。住院期間就是妳練習的時間，如果有不懂的還是不放心的，都不用客氣盡管問。

另外，妳自己也要做檢查，除了會檢查體溫、脈搏數、呼吸、血壓等，也會測量子宮底的高度、檢視子宮回復情況及傷口和惡露的狀況等。如果有傷口疼痛等症狀，可以請教醫生。

產後檢查有的醫院是每天檢查一次，也有的醫院第一天、第三天、第五天檢查一次。檢查結果如果沒有問題，就可以淋浴了。新生兒則是固定隔一段時間做體溫、呼吸、體重、黃疸等全身檢查，如果沒有問題就可以讓寶寶洗澡了。

產後第二天
有不懂的問題最好立刻請教助產士

生產的疲憊已經回復不少，也開始可以不慌不忙地照顧寶寶了。每個婦產科醫院教授的哺乳方式可能不太一樣，不過，重點只有一個——母乳是要吸才會分泌出來。一般人都以為寶寶一生下來就會吸奶，這是錯誤的觀念。寶寶也要經過練習才會吸奶。

一開始可能不是很順利，不過妳和寶寶都會愈做愈好，不用太急。有的時候會因為乳頭很短、很大、很硬等原因，而使寶寶沒有辦法順利吸奶。此外，有的時候也會發生乳房脹痛、裂傷、吸的時候會痛等問題。如果發生這些情況時，都請馬上告知助產士。

產後第三天
學習洗澡和出院後要注意的事情，並為出院做準備

這時妳的體力大致回復了，漸漸習慣於帶孩子的生活，照顧寶寶也愈來愈順手了，也開始有餘力和其他媽媽聊聊天。

這一天會教妳沐浴或出院後的生活及家人之間的計畫，以及如何隨孩子的成長調整適量的奶與濃度。另外，除了每天例行的檢查和量測體溫外，還會進行貧血和尿液的檢查，如果沒有問題，就可以準備出院了。

寶寶也是一樣，除了每天例行的檢查以外，還會再做黃疸和先天性異常的檢查。此外，剛生下來的寶寶止血的能力較弱，所以要讓寶寶喝維生素K糖漿。

出院
妳和寶寶都做過檢查後就要出院了

出院時會檢查體溫、血壓、全身的狀況，並進行內診看子宮以及惡露的回復情形，如果沒有問題就可以出院囉！另外，會陰切開或裂開的縫合手術線如果是不會自行溶解，就必須要進行拆線。寶寶也是一樣，檢查都做完，沒有問題的話就可以出院。

醫生說可以出院後，就可以請爸爸將出院時要穿的衣服等帶來。如果有什麼必須填寫的資料也可以盡早填寫。此外，還有很重要的一點就是要準備好大概的住院費用。

差不多可以出院了。行李整理好，垃圾也要整理好，才不會替院方添麻煩。接著，妳和寶寶都要換衣服。因為妳必須哺乳，所以建議可以挑件便於哺乳的哺乳衣。

都準備妥當了，就可以向照顧自己和寶寶的醫護人員道謝，並向其他媽媽道別。要接送寶寶時，也別忘了要準備汽車安全座椅。

產後肥胖該怎麼辦？

Q 生完多久後體重才會回復正常呢？

A **身體要回復到原來的體態差不多要一個月左右。這段期間不要太過勞累，每天讓自己過得很悠閒，再慢慢地調整自己的體態。**

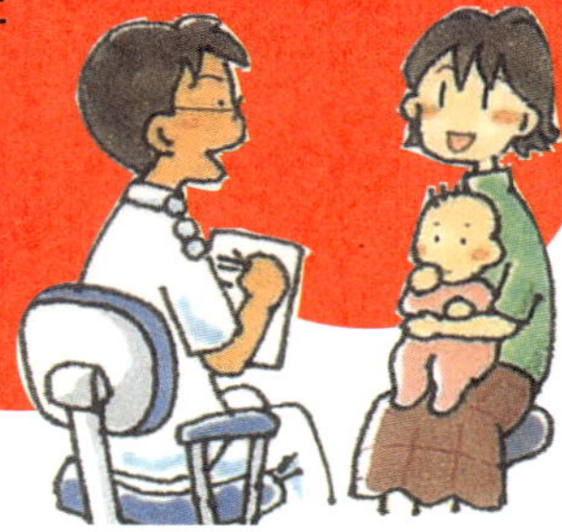

●產後一個月

因懷孕生產而大量消耗體力的妳待身體慢慢地回復以後，就會變得愈來愈胖，這種情形稱之為「產後肥胖」。由此可知生產是有多麼消耗體力。再加上二十四小時全日無休地照顧寶寶，如果不調整自己的體力，真的會累倒。

出院回到自己的家後，一個星期內盡量多躺著休息。不過，又要做家事又要帶孩子，可能會讓妳太過勞累。不過，妳要想想，如果是自己累倒了，爸爸可能就會更辛苦，所以做家事先從輕鬆的、不繁重的開始做起，或者先睜一隻眼閉一隻眼，等坐完月子再處理。

拿重物或長時間購物等，等到產後一個月的產後檢查做完，醫生說可以回復正常生活再進行。如果從娘家回到自己的家，則要等到產後六週以後比較沒有問題。如果距離很遠，則可以在產後檢查時請教醫生或助產士。

爸爸請你這樣做！

產後憂鬱症是一種荷爾蒙疾病

產後身體的照護很重要，精神上的照護也很重要。而這時光靠媽媽一個人很難做到，因此，爸爸就要更體貼媽媽。

你聽過產後憂鬱症嗎？這種病症徵兆為，沒有什麼理由就哭泣或煩躁，對別人說的話動不動就感到不高興，並且常常覺得很憂鬱等，這樣精神上不是很穩定的狀態持續一段時間。

可能原因為，哺乳期間睡眠不足，還不太熟悉帶孩子的訣竅而覺得疲勞，有很多媽媽都是在產後到產後一個多月間發病。

這時可以請醫師診療，不過，復原情況還是要看你配合的情況而定。你除了可以陪在媽媽身邊以外，也可以幫忙晚上帶小孩，讓媽媽好好地睡一覺，也會很有效果。此外，也建議可以請教待產的醫療院所，相信可以得到很好的建議。

●什麼時候可以回復體重？

寶寶、胎盤、羊水加起來約四至五公斤重，懷孕期間總共會增加七至十公斤，而中間的體重差就會變成脂肪留在體內。不過，沒關係，因為幾乎所有的媽媽在產後半年內都會回復原來的體重。不過，懷孕後期若體重急速增加則要小心，因為這樣要回復體重就會比較困難。

就算體重回復，體型還是很難回復。想要回復到生產前的體型，就需要做特別的體操或訓練。產後過了七至八週就可以開始做運動了。上產後運動課的話，教練會重點式地教導妳如何修正骨盤位置，或調整偏位等。

產後身體會產生什麼問題？

產後抵抗力會變弱，若沒有體力，很容易染上很多毛病。例如：

○一直流出帶血的惡露。
○下腹部疼痛不止。
○排尿時會不舒服，如會漏尿等。
○乳房腫脹，哺乳不順利。
○便秘嚴重，未見改善。

如果以上的症狀都未改善，很有可能就是有某方面的問題，所以請馬上去看婦產科醫生。

產後會發生哪些疾病？

●子宮復舊不全

指子宮收縮很慢，一直沒有恢復。原因很有可能出在有部分胎盤碎片（胎盤或卵膜的一部分）還留在子宮裡所致。這時醫生會開立子宮收縮劑或止血劑等處方，之後再看狀況。微弱陣痛或是採剖腹產的人較多有這現象，對哺乳沒有影響。

●妊娠毒血後遺症

指產後過了一個月，妊娠高血壓症候群的還沒有消失。提醒妳，若沒有治好的話，可能會演變成慢性腎炎等疾病，而且下次懷孕也有可能出現相同的問題，要特別注意。

●乳腺管阻塞

乳房變硬，有痛感的情況。乳管開得不夠，所以母乳出不來，積在乳房裡面。放著不管的話，可能會演變成乳腺炎，這時可以做按摩以刺激乳管。有時哺乳完後若有殘乳感，可是卻放著不管，也會發生這個問題，所以每次哺乳完都要把奶水擠乾淨。一般對哺乳不會有影響。

●乳頭破皮、龜裂

寶寶吸母乳的力量太強時，乳頭破皮或龜裂，但不會影響哺乳。問題大部分出在寶寶吸奶的方式不對，所以要去請教助產士。院方會開立不影響寶寶吸奶的軟膏給妳。

●乳腺炎

指乳房紅腫、發燒達38℃的情況。原因出在可能有細菌跑入乳房傷口，或是乳汁積在乳腺。服用抗生素藥物就會好些，但如果太嚴重，就必須要切開取出裡面的膿。平時哺乳完後也要清潔乳頭，且哺乳時間不要間隔太久，如果有發燒等症狀要盡早就醫。如果不是很嚴重，可以用另外一側哺乳。

●產褥熱

產後二至三天發燒高達38℃以上就有可能是產褥熱。原因可能是分娩時子宮或陰道受傷引起感染所致，這個時候請讓自己徹底靜養幾天。

Pick Up!!

產後運動——迅速恢復姿勢與體型

伸直上半身的運動可以鍛鍊腹肌和背肌，矯正懷孕期間漸漸變駝的姿勢和體型。

找空檔運動，早日回復正確姿勢

要恢復生產前的體型，可以先調整背骨姿勢並鍛鍊腹肌和背肌，這樣效果會很不錯。懷孕期間由於子宮變大，孕婦會開始變得姿勢不當，再加上產後肌肉無力，又要照顧寶寶會使得肌肉疼痛的情況加劇，使得女性的身體在經過懷孕生產的過程後，真的發生了不小的變化。

在這介紹幾種在家裡也可以做的簡單運動。要回復正常的姿勢，首先要拉直容易駝起的上半身，挺直背骨。要去除小腹和背部的贅肉則要從鍛鍊腹肌和背肌著手。妳可以視產後身體狀況決定從何時開始做，可以的話，愈早愈好。

腰圍運動

走路時從腳踝將腳提起，之後將力量移到骨盤和上半身，讓身體保持一直線。

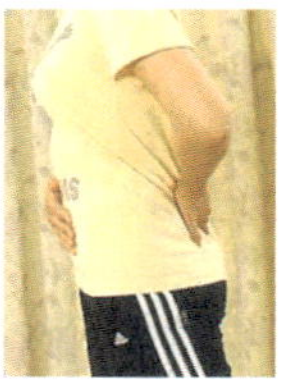

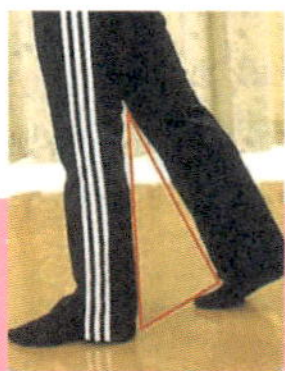

！重點

走路時讓兩腳和地板的空隙成三角形，並注意骨盤是否保持端正，久了姿勢就會慢慢變得正確。

NG

屁股突出來姿勢就不對囉！眼睛要稍微向正前上方

腹部運動 1

手靠在小腹上，在發聲的同時吸氣縮小腹。每次做時發「A」、「B」、「C」、「D」、「E」五個聲音，共做十次。

！重點

兩腳打開踩穩，這樣會比較輕鬆，並確認發出聲音時腹肌有在動。

腹部運動 2

1

兩手往上伸直，並微微打開與肩同寬以矯正姿勢。

2

兩手往後伸，指甲面朝下。

3

踮起腳尖，做1的動作。

！重點
腳尖往上翹時，留意屁股不要翹起來。

4

手向後伸，這次用腳踵站立，腳尖往上翹。

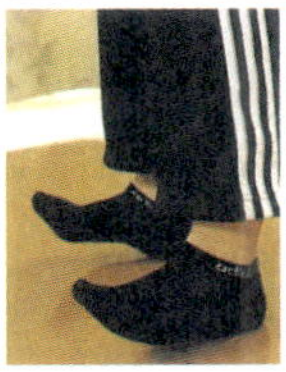

5

維持腳尖往上翹的姿勢，兩手往上伸直並微微打開。

6

踮起腳尖，雙手向後伸。依序做1～6的步驟十次。

外國人都怎麼生？

韓國篇

韓國人都怎麼生小孩呢？聽說是要先算命之後，再決定什麼時候生比較好。這是因為對韓國人而言，生日會左右以後的命運，所以非常地重視所致。

因為這個原因，所以韓國有將近四成左右的媽媽都會選擇剖腹產。而自然生產時，韓國人也相信叫得愈大聲、愈痛苦，孩子就愈有精神。所以生產時叫聲會此起彼落，十分有趣；而爸爸陪產的情況則很少。

至於生產之後，韓國的媽媽則都習慣喝海帶湯，一天喝個四至五次。在韓國，慶祝寶寶一歲生日時，親戚都習慣送金戒指祝賀，而爸爸和媽媽則會替寶寶小心地收藏。情況與台灣頗為相似。

第三章

寶寶出生後如何照顧？

家裡要加入一個新成員了！相信很多新手爸媽還是抓不到照顧寶寶的竅門。不過，照顧時間愈久，妳就會愈了解孩子身體和心理狀況。

這時，請多陪陪寶寶、聽他說話、擁抱他，以和寶寶溝通。

寶寶的身體與智力變化

Q 寶寶是怎麼愈長愈大的？

A 之後的一年，寶寶會快速地成長。在下面列出寶寶每個月會有什麼樣的變化。不過，妳的寶寶有他自己的成長速度與腳步，請多重視他，讓他以自己的速度成長，不必太過心急，或與其他寶寶比較。

	身體變化	感覺變化
0個月	●每隔兩至三個小時就會因肚子餓而醒來。 ●睡覺時間很長，就算醒來也只是在發呆。 ●什麼都想拿來吸。	●只要感覺不舒服，例如肚子餓、尿布濕等時會大哭讓妳知道。 ●這時已經能認出妳的聲音，所以醒來的時候，盡量多跟他說話。
1個月	●將寶寶肚子朝下放在地上時，寶寶會想要抬起頭來。 ●跟寶寶說話，寶寶會手舞足蹈，同時也會左右搖頭回應妳的話。	●開始會看聲音傳來的方向，或是用眼睛追隨某個東西。 ●開始有些表情，對於妳做的事情會一直盯著看。 ●這時最重要的就是和寶寶多說話。
2個月	●將寶寶肚子朝下放在地上時，寶寶會連肩膀也抬起來。 ●手腳活動更活潑，醒來的時候動個不停。 ●開始會握拳頭，並一直凝視某個人事物。	●已經可以看得到東西了。 ●對妳的聲音也開始可以發出「啊！啊！」的聲音來回應。 ●摸摸他的小臉或是小腳，他會表現出舒服的樣子。
3個月	●脖子比較穩了，將寶寶肚子朝下放在地上時，寶寶會用手將上半身撐起來。 ●這個時期很會吸手指頭，看到什麼東西都想伸手去抓。	●開始在別人逗他時會笑。 ●不高興的時候會哭，或是用手揮掉。 ●開始可以清楚表達自己的感受。
4個月	●脖子更穩了，動作也更靈活。 ●將寶寶肚子朝下放在地上時，寶寶會想要用手腳讓自己往前或往後移動。 ●寶寶會開始自己玩玩具了。	●開始可以看得很清楚，也認得出妳和別人的差別。 ●發展得比較快的孩子，開始會怕生了。 ●有時候還會對著妳笑。

	身體變化	感覺變化
5個月	●開始會翻身，活動範圍變大。 ●抓到什麼東西都往嘴裡放，要小心不要讓孩子吃進什麼不該吃的。 ●可以吃離乳食品了。	●不只是認得妳，也會分辯誰是家人，誰是外人。 ●會發的音也變多，開始會說「噗～噗～」，情感表現也更清楚。
6個月	●常常翻身，會透過翻身來讓身體移動。 ●會對其他的小寶寶感到興趣，會拍手、會笑。	●開始會怕生，聽到別人叫他名字會回頭，發出聲音自己就會覺得很高興。 ●會專心於遊戲，遊戲被打斷會生氣或哭。
7個月	●開始會坐，也會趴在地上自由移動。 ●動作變得較快，身體開始長肌肉。 ●有的寶寶開始長門牙。	●半夜的時候很愛哭。 ●愛模仿大人，會揮手道別，也會模仿大人打電話。
8個月	●開始會用手撐著身體爬行。 ●手指的活動變得比較靈活，會做較細的動作，如抓東西、拉東西，玩的方式也不同於以往。	●聽得懂妳說話，也開始會用兒語說媽媽等單字。 ●小寶寶開始會玩「躲貓貓」的遊戲，時而把臉藏起來，時而露出來，小寶寶會覺得很開心，這也表示寶寶開始有記憶力。
9個月	●會到處爬以後，現在會扶著東西站起來，也會配合音樂搖晃身體或拍手。	●以前沒看到媽媽會哭，現在還會大聲的找媽媽。 ●這時期也是好奇心旺盛的時期，什麼都想摸摸看。
10個月	●開始會扶著東西走。這個時期容易發生跌倒、撞到等意外，要特別注意。 ●有的寶寶這個時候就會走了。本來像蛙腿的腳，現在愈來愈直像幼兒的腳了。	●表情或動作變得豐富，和媽媽更能溝通。 ●記憶力變得更好，已經開始會做「不要這個，要剛剛那個」的表達。
11個月	●爬或扶著東西前進的速度增加，在寶寶身邊跟前跟後變得很辛苦。 ●寶寶還沒有危險意識，所以要時時刻刻注意他的安危。 ●手指的活動更靈巧，會把東西放入口袋等相當複雜的動作。	●會說某些單字，「媽媽」、「爸爸」、「汪汪」等的字彙越來越多。 ●已經不會怕生，對大人做的事情充滿了好奇心。 ●大人做的事，每一件都想做做看。
12個月	●開始會一個人走，很快他們就會蹲、身體向前傾、從蹲坐的姿勢站起來等動作。 ●門牙長齊了，可以和大人吃一樣的東西。	●會特別喜歡某本圖畫書，更會玩玩具，也開始模糊了解開關和電池的作用。 ●開始對動物感到興趣。

新生兒身體結構與功能

Q 新生兒的身體結構為何？

A 新生兒身體功能尚未成熟，有些地方真叫人不太放心，不過隨著寶寶的成長，各項功能會愈來愈穩定，所以可以不用擔心。

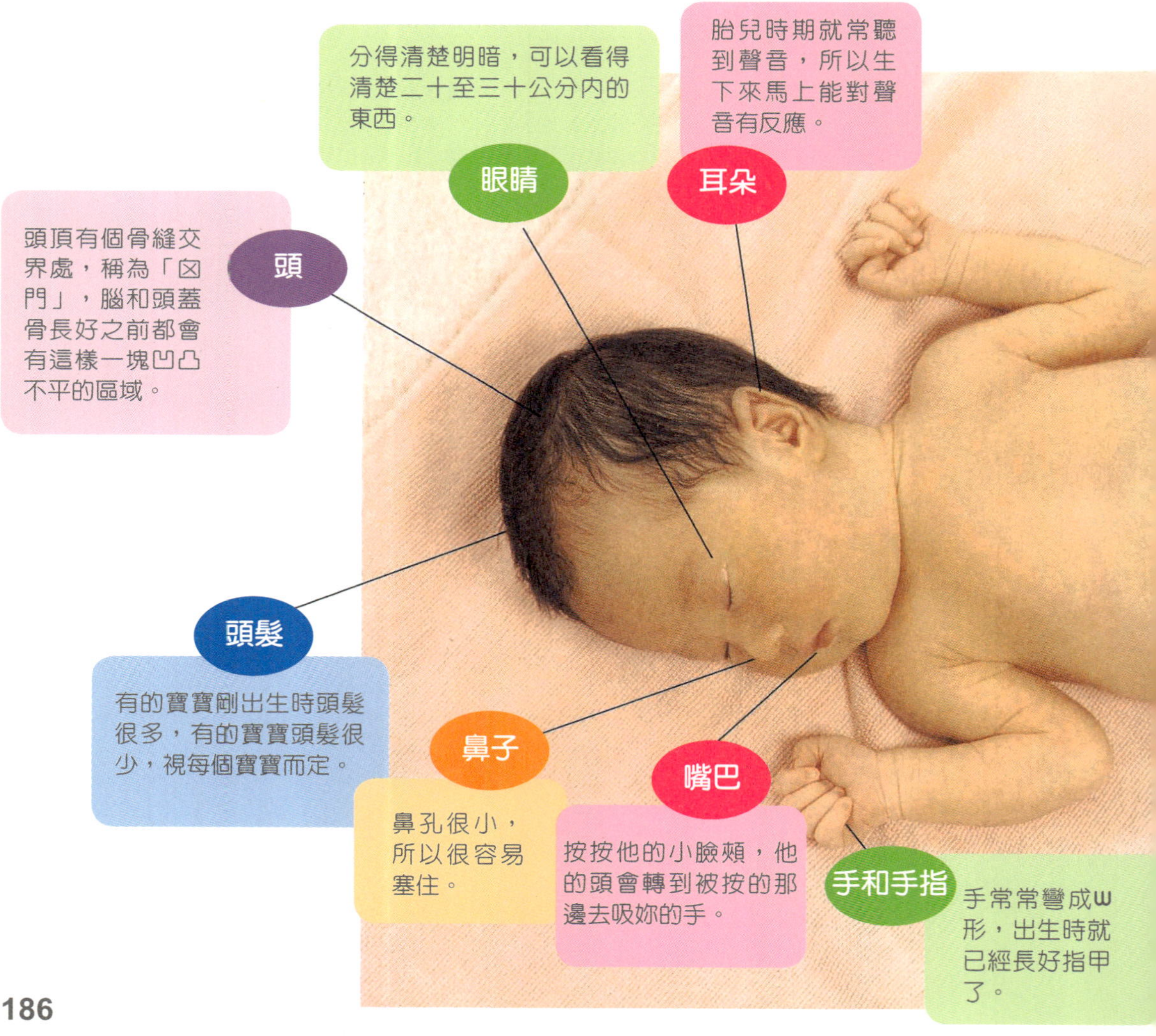

新生兒努力適應新環境

胎兒結束在母體內的生活，生出來到這個世界，經歷的環境改變不可謂不大。之後他們就會很努力地讓自己的身體適應這個新的環境。

剛出生的時候，身體的功能還不成熟，甚至無法自己調節體溫。不過，身體日趨變化，待成長一段時日後，功能也就愈來愈穩定了。

有很多媽媽在寶寶的定期健康檢查時，會觀察寶寶和別人的寶寶是否有什麼不一樣？不過，其實並沒有必要比較及擔心，只要好好照顧寶寶，看著寶寶的成長就可以了。

就要開始自己照顧寶寶了。在這之前，有一件事情很重要，那就是要先來看看寶寶的身體特徵。

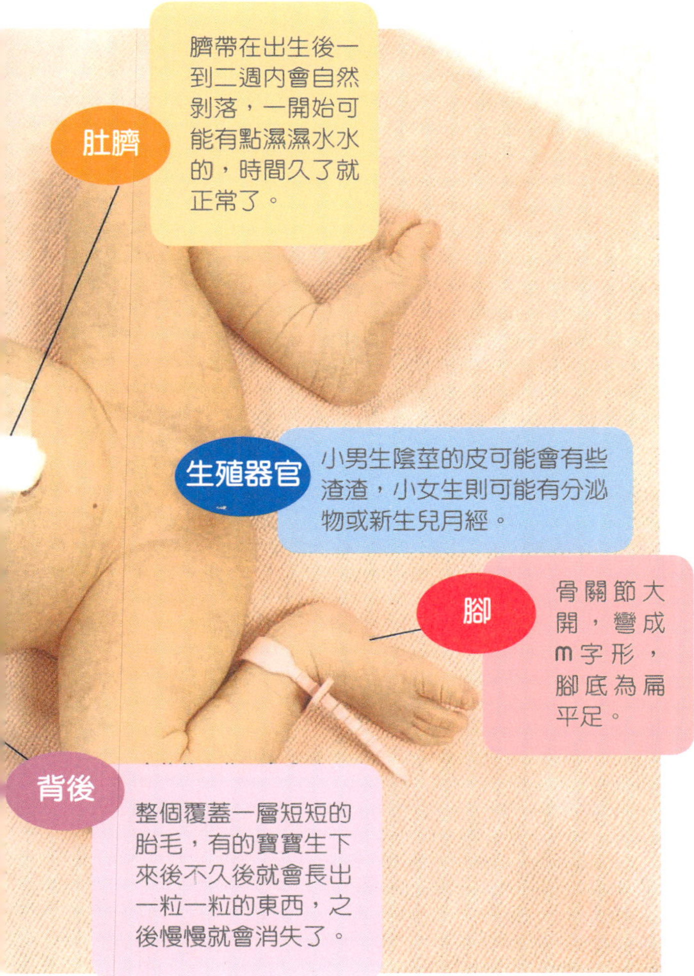

體溫 平均37℃左右，體溫調節功能還未成熟，所以容易變動。

呼吸 幾乎都是運用鼻子呼吸。每次呼吸時吸進的氧氣或呼出的二氧化碳都比較少。

體重 剛出生時體重都不一樣，但往後都差不多以一個月增加一公斤發展。

肌肉 保護肌膚的角質很少，有點乾乾的。

大小便 出生後一個月內，小便為一天五至十次，大便則是五次左右。

身高 平均五十公分左右。每個寶寶不一樣，但大約都是以每個月四公分的速度成長。

小屁股 屁股到背部有瘀青般的痕跡，會隨時間漸漸消失。

寶寶需要的用品

Q 照顧寶寶要準備哪些物品？

A 去到嬰童用品店時，媽媽可能會覺得這個也需要，那個也想買，所以出發前要先想好哪些才是真正有必要的東西。

替換的尿布

尿布會和寶寶細嫩的皮膚直接接觸，要注意選擇適合寶寶皮膚的材質。尿布不是貴就一定適合寶寶。但有時貴一點的東西確實是吸收力比較強，所以適合晚上或出門時使用。

可是如果尿布和膚質不合，馬上就會起尿布疹。所以建議先拿試用包試用看看。一般只要上各個廠商的網站或是和客服中心聯絡，就可以拿到試用包囉！

而嬰兒用濕紙巾如果和寶寶的肌膚不合，也可以將煮沸消毒過的棉花或紗布浸到敏感肌膚用消毒液之後使用。

寶寶必需用品

●嬰兒被

建議選購稍微有點硬的棉被且不要太重的。

●紙尿布

一天要用七至八片，使用量很大，可以多買一些備用。

●尿布或尿布墊

尿布二十片左右就差不多了。尿布墊有三片就夠了。

●嬰兒用濕紙巾

新生兒常要換尿布，所以要選膚質觸感柔細的為宜。

有這些東西更好

●濕紙巾溫熱器

濕紙巾冰冰涼涼的會讓寶寶嚇一跳。冬天就可以用這個溫熱濕紙巾之後，再來擦寶寶的小屁屁。

●尿布內衣專用洗衣乳

是專門用來清除頑強便便的法寶。在污垢上沾些洗衣乳隔段時間再洗效果更好。

●尿布籃

裝寶寶尿布的籃子。開口很小，味道不容易跑出來，非常好用。

哺乳

母乳和奶粉搭配哺餵時，會需要沖泡奶粉所需要的物品。其中最麻煩的就是奶瓶的消毒。傳統都是用煮沸消毒法，每三個小時要用煮沸的熱水消毒一次，很麻煩。現在市面上有販售消毒液或消毒鍋、微波爐消毒的產品，媽咪不妨參考看看。

另外，要注意的是，一開始是由媽媽餵著喝，幾個月後可能就是寶寶自己拿著喝了，所以可以選擇輕巧好拿的奶瓶。

寶寶必需用品——產後再買即可的物品

●奶瓶

選擇輕巧一點，選寶寶的小手可以輕鬆拿的。

●奶嘴

好不好吸要看每個寶寶的喜好。媽咪可以先買回去試用，看寶寶喜歡哪一種。

●奶瓶消毒器

現在有些產品是已經先裝有專用消毒液，或是可以使用微波爐來消毒等，種類繁多且非常方便，請善加使用。

●母乳墊

母乳可說是新生兒的營養來源，所以要用母乳墊來保護胸部避免受傷，並防止母乳流出。

●奶瓶清潔刷與清潔劑

專用的清潔刷與清潔劑可以將奶瓶洗得更乾淨。

有這些東西更好

●擠乳器

可以用來擠出母乳。乳汁很多時可以保存起來，非常方便。

●母乳冷凍產品

用來將擠乳器所擠出的母乳保存起來的儲存袋或儲存盒。不方便親自哺乳時，只要解凍，就可以餵寶寶母乳了。

●溫奶器／調乳器

用來溫熱母乳使母乳保持溫度的壺。溫奶器一般設定溫度是在55℃以下，以免破壞母乳的營養。

爸爸請你這樣做！

租借或購買二手嬰兒用品

爸爸可能會覺得好不容易生下來的心肝寶貝，當然要用新的東西，所以很興奮地在計畫要買些什麼。用新的東西當然感覺比較好，可是全部都買，也是一筆不小的支出，所以這個時候要教你省錢的育兒方法，就是—租用或購買二手嬰兒用品。

嬰兒用品使用的時間有限，所以用租借的就夠了。租借或二手的東西跟買新的一樣，都是要用一年以上，但是如果在這之後就要丟了的話，為何不用租的呢？而且要丟時，既要花錢又要花時間。

另外，由於使用時間短，二手店的東西看起來還很新，相信會受到大家的歡迎。而且沒壞的話，還可以再拿去二手店賣，存點私房錢。

此外，網路可能也會有「販售」的廣告，低價獲得嬰兒用品的方法其實不勝枚舉。養孩子要花的錢很多，能省的地方就要花點心思盡量省。

嬰兒服和紗布肚衣

出生開始一個月，新生兒幾乎都不外出，都在家裡過。而且家裡不管夏天冬天都有空調，所以不必穿得那麼多。但嬰兒服雖然小件，拿去洗也很容易乾，可是寶寶一下子吐，一下子流汗，所以必須要準備五件左右。

外出時，則請用嬰兒用包巾或浴巾，而不是讓寶寶穿外衣。但是，夏天的時候，太陽很大，就要多用點心了。就算只是出門一會兒，也需要用帽子或洋傘。

另外，出門時也需要有嬰兒車，嬰兒車有分傾斜角度大的 A型和角度固定的 B型兩種，現在也有 AB 兩型兼用型。新生兒可以使用的是 A型。有的嬰兒車還有防曬功能，購買時請確認。

開車出門時，車上則要有兒童安全座椅。兒童安全座椅有零到十個月，零到四歲，四歲以上用等。購買前要先想好。

寶寶必需用品

●短紗布肚衣

長度到腰部的短紗布肚衣。夏天在家時穿一件就夠了。

●長紗布肚衣

秋冬季剛生下的寶寶適穿的較長紗布肚衣。如果有已經有了的話就不必再買了。

●直條兩用衫

寶寶的衣服當中也有一種是全部包起來的，新生兒不太出門，所以三件就夠了。

●圓角紗布肚衣

圓角衣擺型的紗布肚衣。扣一下就可以固定了，相當方便。

●圍兜

為了擋住寶寶的口水沾到衣服用的。新生兒常常溢奶，戴著就不會弄髒衣服了。

有這些東西更好

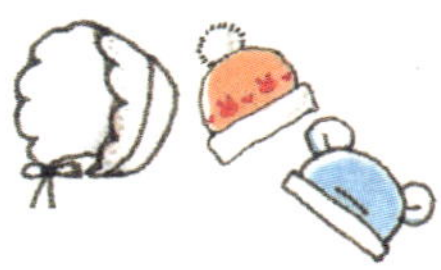

●背巾

用來包住寶寶的布，因為可以包覆頭部，所以出門或半夜哺乳時很方便。

●新生兒手套

寶寶的指甲很薄，很容易傷害肌膚，為了避免寶寶半夜被自己的指甲刮到，需要幫他帶上手套。

●帽子

太陽光對寶寶的皮膚不好，就算只是出去附近蹓蹓，還是要記得戴帽子。

沐浴

新生兒最喜歡洗澡了，看到他好像很舒服的樣子，辛苦都飛到九霄雲外了。但對新手爸媽而言洗澡卻是相當費力的工作。一開始可能會老是出錯，像是水跑到寶寶的耳朵裡面，慢慢地就會洗出心得來囉！

新生兒的肌膚很敏感，一開始可以使用清水或嬰兒沐浴乳或是可以溶解在澡盆裡的泡泡浴，媽媽可視寶寶的肌膚來選用。

其他需要用的用品

新手媽媽比較不容易發現新生兒體溫的變化，所以不妨先準備一個電子體溫計或耳溫槍。另外，也可以準備起疹子或是皮膚乾燥等時塗抹的乳液；若要使用藥物，則最好經小兒科醫師診斷後再決定。

寶寶必需用品

●體溫計

選用短時間內可以測得結果的產品為佳，如電子體溫計或耳溫槍等產品。

●背帶

可以放到包包裡，隨時隨地都可以輕鬆取出的小型背帶為佳。

有這些東西更好

●攜帶式寶寶提籃

像是箱子一樣，可以搬動寶寶而不會吵醒寶寶的法寶。在家裡也可以直接搬來搬去。

●嬰兒椅

做家事時，可以讓寶寶坐在嬰兒椅裡比較放心。嬰兒椅會隨寶寶手腳動來動去而移動，他自己一個人也能自得其樂。

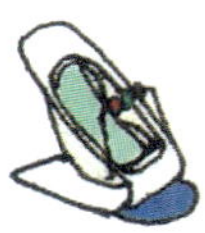

寶寶必需用品

●嬰兒浴盆

也可以用別的東西代替，如將寶寶放在洗手間的水槽上洗的產品，商品種類很多。

●棉花棒

生後兩週，每天都要以棉花棒消毒肚臍。用來清潔耳朵或眼睛等也很方便。

●溫度計

寶寶的體溫為38至40℃，洗澡時為免燙傷寶寶，可以用溫度計來測量水溫。

●寶寶髮梳

這種髮梳的齒梳尖端圓圓的，沒有傷害頭皮之虞。另外，也有按摩頭皮的功效。

●寶寶沐浴乳

最好使用不傷害肌膚的天然肥皂；若為敏感用肌膚，則可以選用過敏性肌膚用的沐浴乳；或是購買泡泡浴露，也很方便。

●紗布手帕

要洗澡時將紗布手帕披在胸口上，寶寶比較不會滑下來。另外，洗臉或洗澡時也可用來蓋在寶寶身上，避免感冒。

有這些東西更好

●指甲刀

新生兒指甲長得很快，為了避免傷及寶寶脆弱的肌膚，要養成常剪指甲的習慣。

●寶寶體重計

如果很擔心寶寶的成長狀況，可以用寶寶專用體重計來幫寶寶量體重。

如何照顧寶寶之一——抱法篇

Q 新生兒的脖子還很軟，要怎麼抱才好？

A 還沒習慣怎麼抱小孩時，抱的時候的確會有些膽戰心驚，但只要抓住幾個要訣，就沒有那麼困難了。

抱寶寶的方法

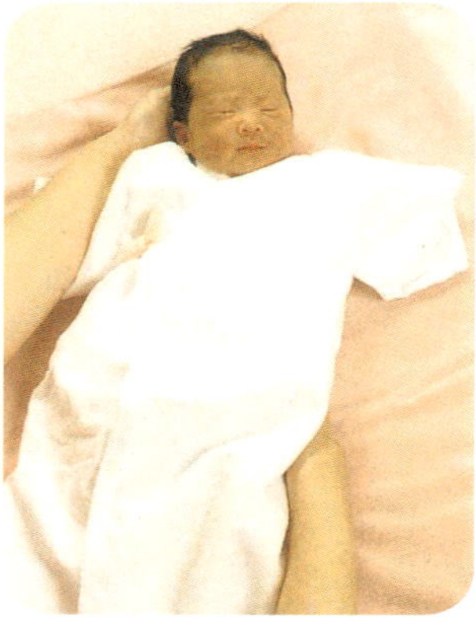

1 確實支撐寶寶

看著新生兒，手伸到寶寶頭部的下方，確實地支撐住寶寶的頭部。另一隻手則伸到寶寶的屁股下方。

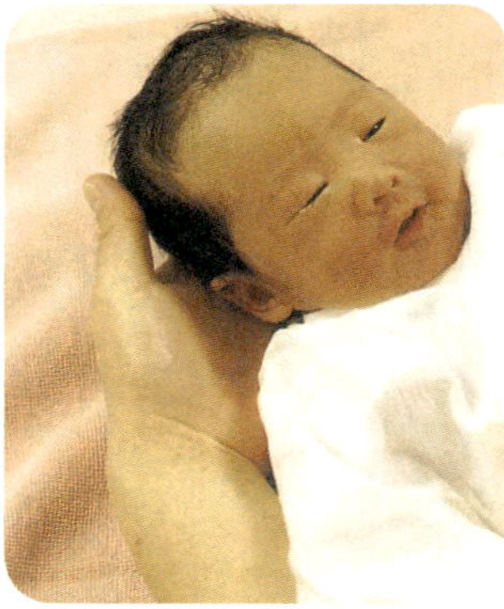

！重點

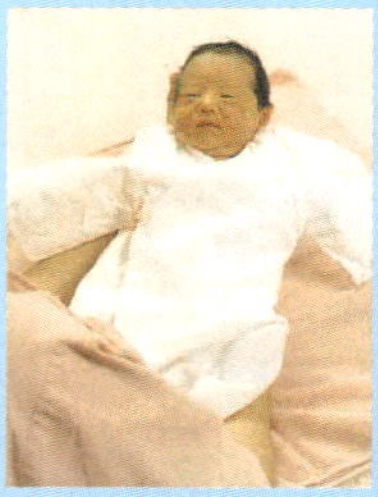

左手：

將寶寶的頭整個用手心撐住。

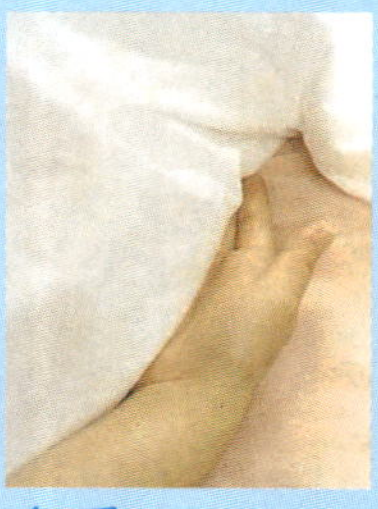

右手：

用整個手心撐住寶寶的屁股，以免不小心掉下來。

2 和寶寶做親密接觸

新生兒聽力發展得很好，已經可以聽到妳的聲音。因此抱寶寶時不妨跟他說說話，像是「抱抱很溫暖，對不對呀？」、「搖來搖去很舒服，對不對？」等，和寶寶做個親密接觸。

3

將寶寶抱至心臟處

將寶寶抱起來，至自己懷裡。寶寶的頭要貼著妳的胸口，聞聞奶味或聽心臟的聲音，會讓寶寶很放心。

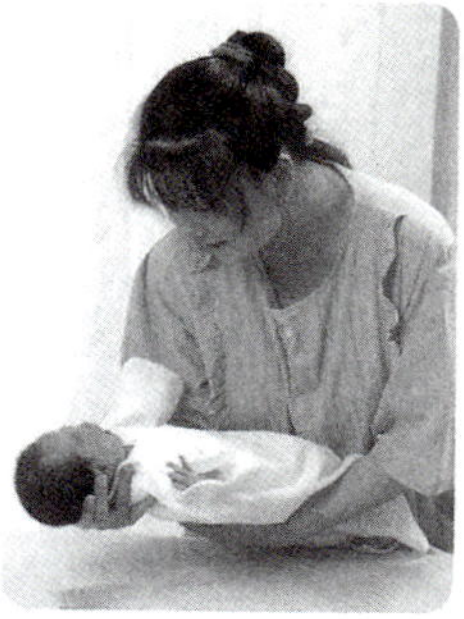

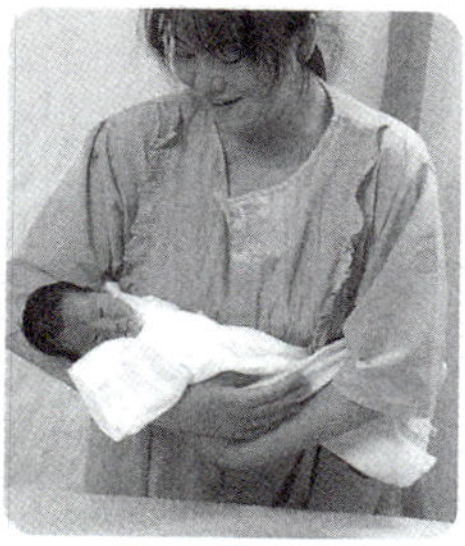

4

側抱的方法

讓寶寶的頭靠在妳的手肘內側，以穩定頭的位置，另一隻手整個抱住寶寶的屁股。

將寶寶放置床上的方法

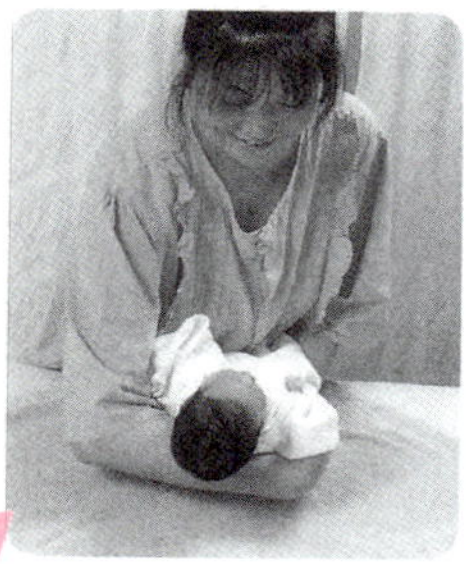

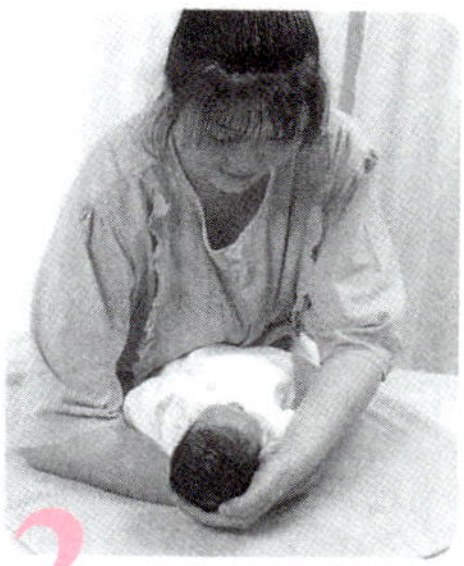

1

讓寶寶屁股先下

讓寶寶屁股的這一方先著床，脖子則還是以左手手肘內側支撐。

2

先支撐再放開

右手仍舊支撐寶寶的頭部，移開左手。最後將右手也拿開。

爸爸請你這樣做！

爸爸應該怎麼抱寶寶？

抱寶寶也算是分擔照顧寶寶的責任當中的一項工作，但是已經習慣媽媽抱著的寶寶可能不習慣其他人抱他，多數會回以嚎啕大哭。這個時候，爸爸請你這樣抱。

首先，整個人靠在有靠背而且斜斜的椅子上，將寶寶身體朝下放在肚子上，頭朝側邊，姿勢就像海獺爸爸和海獺寶寶一樣。

讓寶寶身體整個貼近你，注意要平穩避免掉下來，而且聽到你的心跳聲，寶寶也會覺得放鬆。（這一招對於停止寶寶的哭泣很有效。）

另外，爸爸還可以整個人靠在靠背上，雙腳盤腿，將寶寶放在盤腿中間，並讓寶寶的背部和頭部靠在你身上。這樣就算你抱很久也不會累，很方便。

抱寶寶是和寶寶接觸的基本功，你要多抱抱寶寶，這樣寶寶會更快地記住你的味道或抱起來的感覺，而且你也能從中深刻感覺到自己真的已經當爸爸了。

如何照顧寶寶之二——換尿布篇

Q 怎麼換尿布才是正確的呢？

A **新生兒大小便的次數都很多，要勤於幫寶寶換尿片，保持小屁股的清潔。**

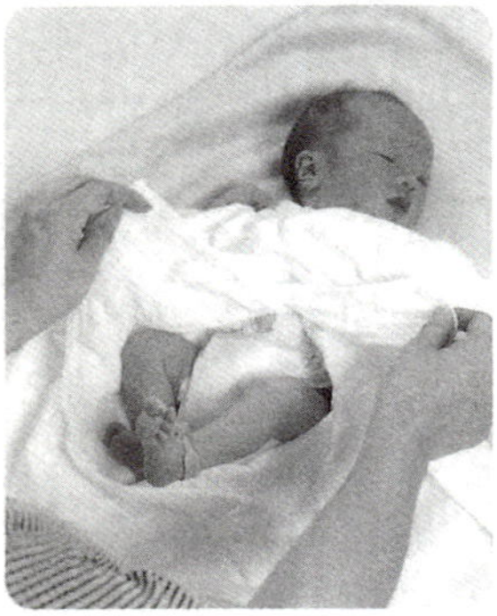

1 打開髒掉的尿布

先打開尿布，之後用一隻手抓起寶寶的兩隻腳往上提，讓寶寶的屁股抬起來。

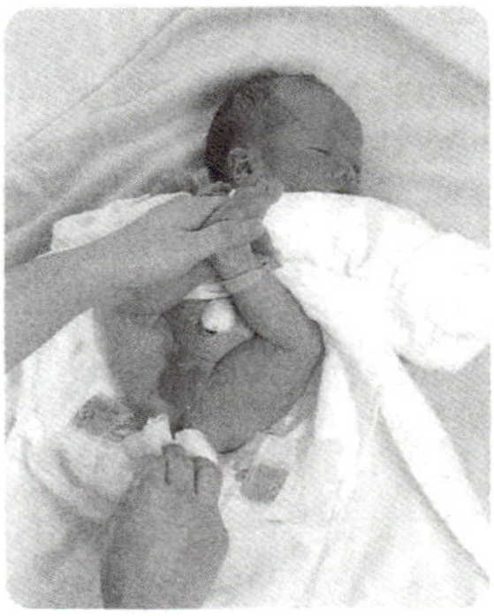

2 將小屁股擦乾淨

原來的尿布可以先擦一下小屁股髒的地方再拿掉。然後用濕紙巾擦掉小屁股髒髒的地方。（男寶寶和女寶寶的擦法有點不一樣。）

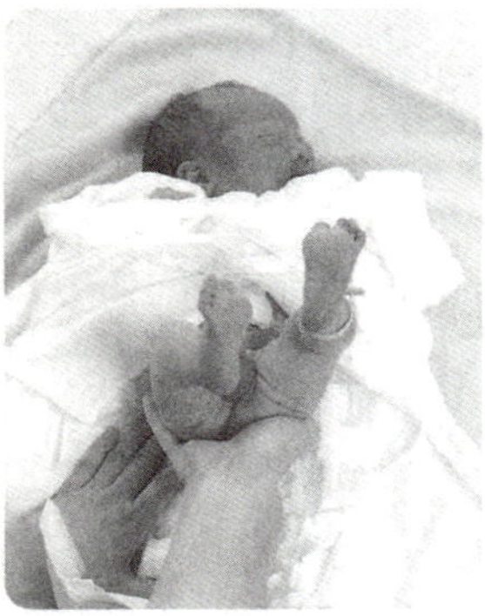

3 換上新的尿布

將寶寶的屁股抬起來，將新的尿布鋪在寶寶的小屁股下面。

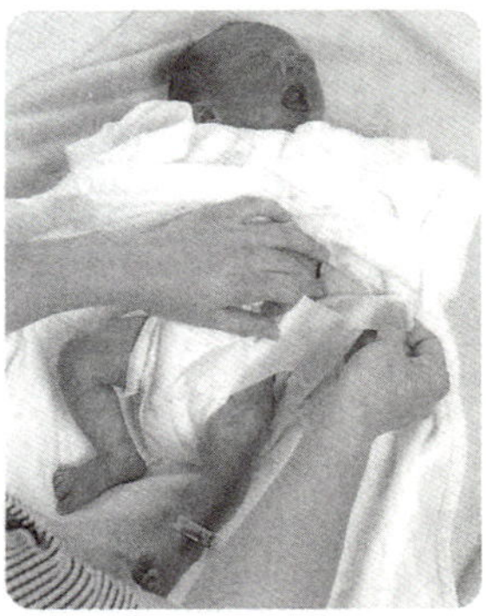

4 檢查有沒有包好

接下來將兩邊的部分左右對稱地固定好。為免有漏尿的情形發生，要檢查有沒有黏貼好。

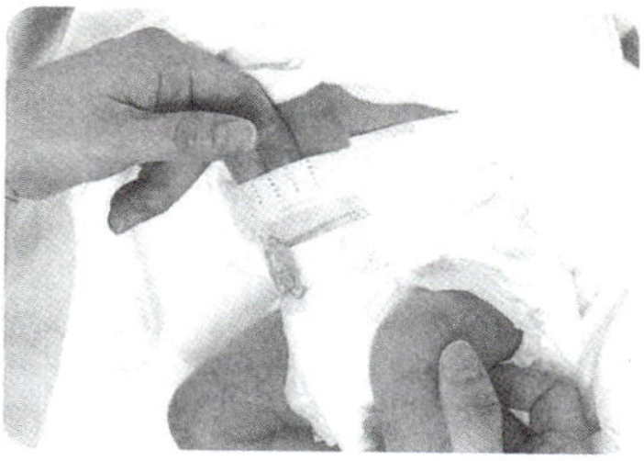

5

確認空隙大小

最後將手指伸入寶寶的小肚子與尿布間，檢查之間寶寶的小肚子與尿布的空隙是否能塞入兩隻手指左右。

擦拭方式男女有別

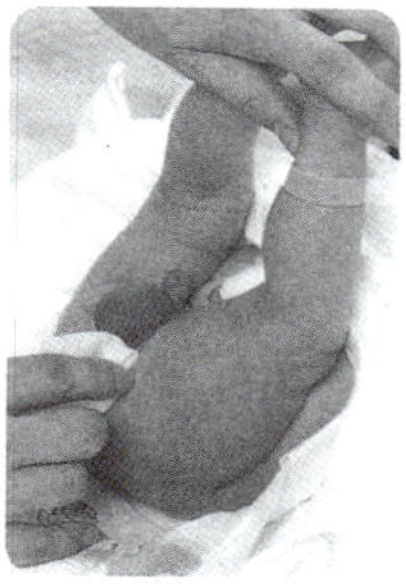

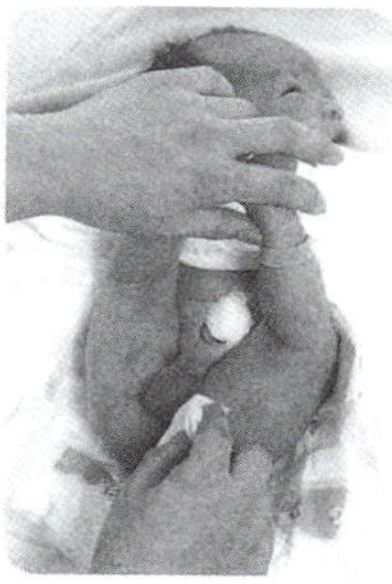

男寶寶：

容易弄髒的陰莖或肛門附近要更仔細擦拭。有時候要將皮膚皺摺的部分撐開擦乾淨。

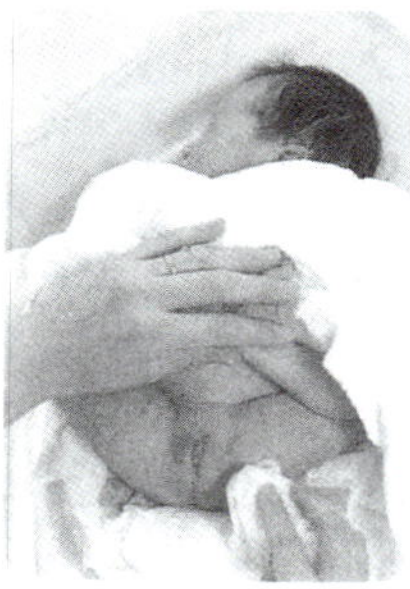

女寶寶：

擦的時候一定要由前往後，以免細菌跑進陰道。陰唇容易累積髒東西，可將濕紙巾捲在手指上輕輕打開擦拭。

爸爸請你這樣做！

寶寶的尿是健康的線索

很多爸爸在寶寶尿尿時都還能幫忙換，但是大便就讓爸爸有點想逃避了。

寶寶的大便其實也是健康的線索，從顏色、味道或水分等可以知道昨天吃的東西消化得如何、身體的情況怎麼樣，有助於掌握寶寶的健康狀況。

當孩子愈來愈大，腳也愈來愈有力，換尿布的時候也會踢個不停，可能會造成換尿布的困擾。不習慣的爸爸或許就會視幫寶寶換尿布為畏途。

雖然很辛苦，可是到寶寶能自行上洗手間之前，換尿布是逃不了的工作。不能光靠媽媽一個人做，要踏出自己的第一步才是。加油囉！

從換尿布的經驗，你應該可以更進一步體會當爸爸的感覺。而且，等孩子長大，你可能還可以跟孩子說：「這樣沒大沒小，想當年還是爸爸我幫你換尿布的呢！」想到這一幕，換尿布會不會變得比較有趣一點了呢？

如何照顧寶寶之三——哺乳篇

Q 哺餵母乳有什麼秘訣？

A **哺餵母乳最開心的就是能和寶寶做親密接觸。好好享受哺餵母乳的經驗吧！**

寶寶想喝時就讓他喝

哺餵母乳好處多多。首先可以透過肌膚的接觸加深寶寶和妳之間的感情。另外，母乳當中含有豐富的免疫物質，可以提供寶寶所需的所有營養，避免生病。對妳來說優點也不少，寶寶每次在吸食母乳時，子宮就會收縮，有助產後早日恢復。

至於會分泌多少母乳，就得看寶寶喝多少。因為寶寶的吸吮會刺激乳房，母體就會順利地製造母乳。假如一直重複這樣的循環，體內製造母乳的功能就會變得很活躍。寶寶吸得量多，妳的身體就會製造更多的母乳，以應付所需。

所以寶寶如果要喝奶，就盡量讓他喝。一開始寶寶可能不太習慣，所以也不太會吸，這時可以請護士教導妳如何正確地抱寶寶，以及如何讓寶寶吸奶等方法。

抱寶寶的重點

乳腺是以乳頭為中心呈放射狀延伸。因此只要改變抱的方式，使寶寶吸乳頭的位置有點變化刺激整個乳腺，母乳自然就會流出來。

為了母乳不足而煩惱的媽媽其實不在少數。有時壓力也會讓母乳流出量變少，有什麼事情讓妳放心不下的，就拿出來跟爸爸商量討論吧！面對寶寶要平心靜氣的才好。

哺餵母乳是一種與寶寶之間的親密接觸，只有妳才能享受得到。肌膚和肌膚相接觸是這麼舒服、愉快、而又幸福的事情，好好享受吧！

保存母乳的方法

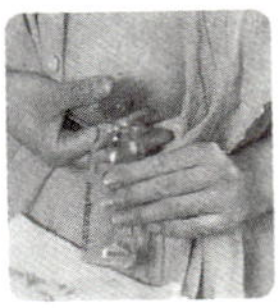

有必要保存母乳時可以直接擠出。在乳頭下方放一清潔的杯子，用大拇指和其他手指一壓一放地將母乳擠出。如果是放在冰箱冷藏可以放三天，如果是冷凍庫則可以放三個月。要加溫時則需隔水加熱。

如何哺餵母乳？

1 讓寶寶大口地含住乳房

讓寶寶連乳暈都一起吸，這樣可以讓乳汁均衡地流出。

2 用手指壓住乳房

用手指壓住妳的乳房，讓寶寶的鼻子和乳房之間有空隙，這樣寶寶才能呼吸。

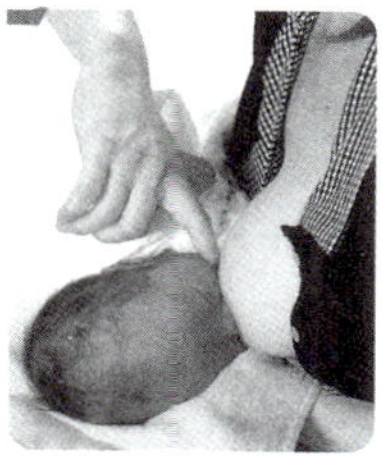

3 準備讓寶寶打嗝

寶寶吸完之後要讓他打嗝，以將肚子裡的空氣排出。拍嗝之前先在肩膀上放一條毛巾，以免寶寶吐奶的時候弄髒妳的衣服。

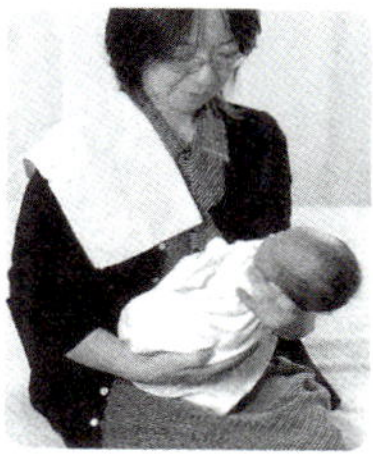

4 拍嗝的方法

將寶寶抱直，讓他整個靠在肩膀上。之後在寶寶背上輕拍，由下而上地輕撫，好讓寶寶打嗝。

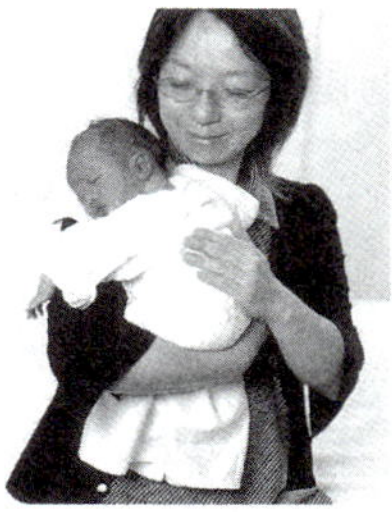

！也可以這樣

也可以讓寶寶坐在妳的膝上，支撐著寶寶的下巴，輕拍或是輕撫寶寶的後背好讓他打嗝。

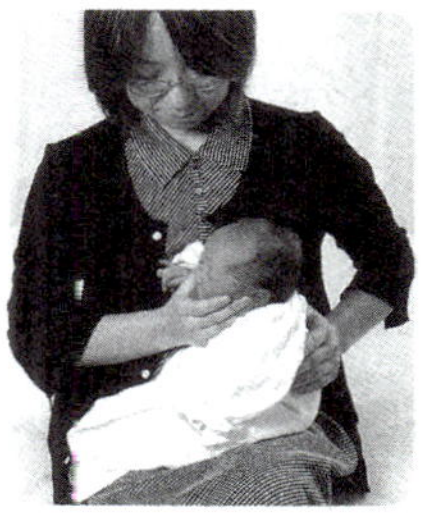

母乳哺餵小技巧

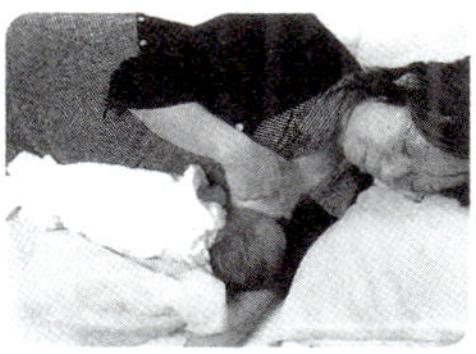

●橄欖球式抱法

由側抱的姿勢改變為像是抱著一顆球的姿勢。藉由改變寶寶含住乳頭的位置，刺激各個不同的乳腺。

●臥姿

寶寶和妳都躺在床上的一種哺乳方法。適合疲累的時候或是半夜哺乳的時候。不幫寶寶打嗝，讓寶寶直接睡時，只要讓寶寶的頭朝向兩邊，就沒有什麼好擔心的。

哺乳 Q&A

Q聽說母乳的成分會隨寶寶成長而改變，是真的嗎？

A是的。剛開始分泌的母乳叫「前乳」，後半期的叫「後乳」。後乳的脂肪、蛋白質都較多。為了讓寶寶健康成長，應盡量讓寶寶喝滿一歲為宜。

Q寶寶不打嗝，怎麼辦？

A只要妳很有耐性地拍拍寶寶的背部，他應該很快就會打嗝才是。不過，就算不打嗝，也不用擔心，因為有些寶寶是不打嗝的。如果怎麼輕拍、輕撫都不打嗝的話，就表示沒有喝到空氣。此外，有時候可能不是以打嗝的方式，而是以放屁的方式來排出肚子裡的空氣，所以妳可以不必太過擔心。

Q母乳不斷地流，怎麼辦？

A剛生產不久的妳可能會有這樣的煩惱，等到妳的哺乳和寶寶的吸吮養成一個習慣的頻率之後，慢慢地流出的母乳量和寶寶吸奶的量和就會愈來愈能配合，無須擔心。

Q寶寶有喝飽嗎？

A妳可以從小便、大便的量及次數來判斷。小便一般而言，一天要換五至六片，而且都是很濕；而大便則是一天二至五次以上。如果大便的量一次很多，那麼次數少一點沒有關係。

Q哪裡可以找到哺餵母乳的資訊，並提供產後相關協助的網站？

A從懷孕開始，妳就可以先尋找些提供資訊和相關協助的網站了。網站上可以找到一些讀書會或有經驗的媽媽團體，在育兒及哺乳方面都會提供不錯的建議。

(請參考新手父母出版《母乳最好》)

有關哺乳育兒相關資訊可以參考如下網站：

- 健保局母乳哺育網站
  http:／／www.bhp.doh.gov.tw／breastfeeding／
- 台灣母乳協會
  免費服務電話：0800～870～870
  http:／／www.breastfeeding.org.tw／
- 母乳哺育網
  http:／／www3.vghtc.gov.tw:8082／ped／family／breast／breast～feeding.htm

奶瓶哺餵的技巧

奶瓶哺餵有三個好處。第一，可以彌補母乳之不足；第二，外出也可以餵奶；第三，爸爸或其他人也可以幫忙餵。最近嬰兒的配方奶粉成分都十分接近母乳，營養價值也很高，品質也很優良，真的可以幫妳很大的忙，希望妳多練習之後可以泡得很順手。

泡奶粉來餵奶和餵母乳不一樣，準備和善後都比較麻煩。剛開始想到這麼麻煩時，妳可能會卻步，不過習慣之後妳就不會把這點小事放在心上。所以就來好好地學習泡奶粉的步驟吧！

此外，隨著泡的次數愈多，對於奶瓶的清潔處理就會慢慢變得愈來愈隨便。因此，應隨時保持沖泡奶粉用具的衛生，奶瓶更要保持清潔才是。

沖泡配方奶的步驟

1

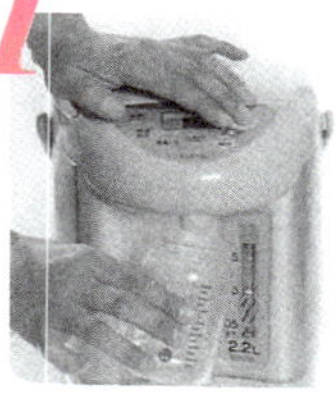

奶瓶內先加入熱水

先將60℃的熱水加入奶瓶中，約裝到奶瓶的三分之一到一半即可。

2

用專用湯匙量奶粉量

太濃或太稀，寶寶都不喜歡，所以每次沖泡的濃度要一樣。舀奶粉的時要依照奶粉罐上的指示，太多時要將多餘的部分利用瓶口撥一些掉。

3

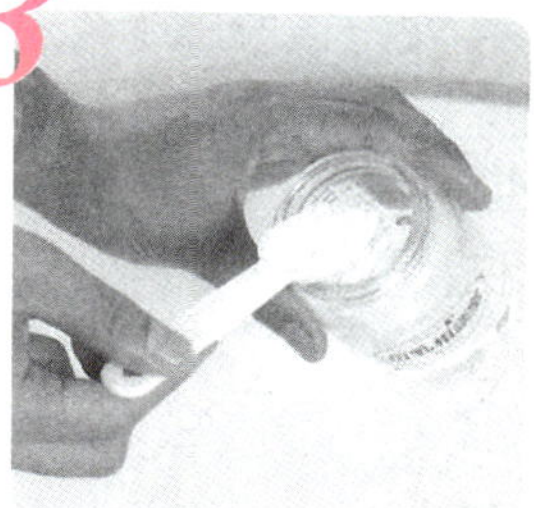

奶瓶中加入適量的奶粉

將適量的奶粉裝到裝有熱水的奶瓶後，輕輕搖一搖，讓裡面的奶粉溶解。如果怕奶粉會結成一塊一塊的，可以用繞圈的方式搖。

4

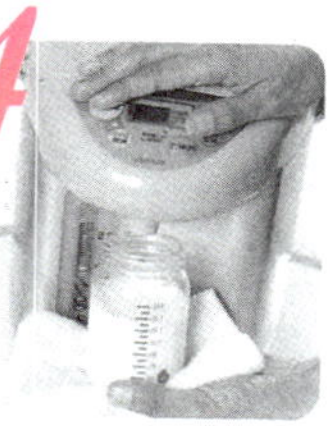

將熱水加滿

倒入熱水。將熱水加到刻度指示的地方。等水不再搖晃的時候可以確認熱水是否足夠。

5

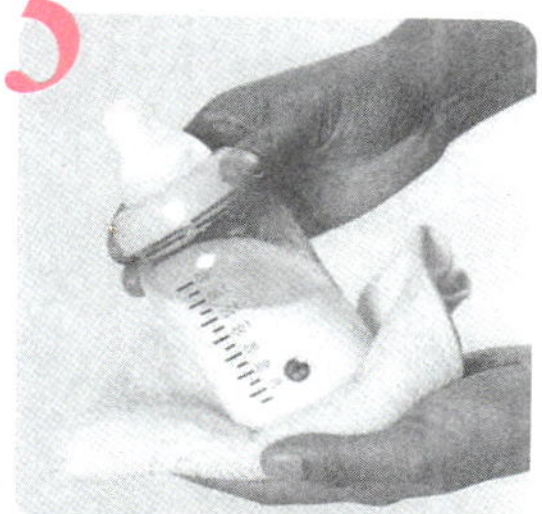

鎖緊奶嘴餵奶

摸摸看溫度沒問題後就可以鎖緊奶嘴蓋子。奶嘴鎖得太緊時奶水會不容易流出來，需要再調鬆一點。

如何照顧寶寶之四——洗澡篇

Q 愛流汗的寶寶，應該怎麼幫他洗澡比較好？

A **寶寶每天都要洗澡，且最好是哺乳完一個小時後再洗為宜。**

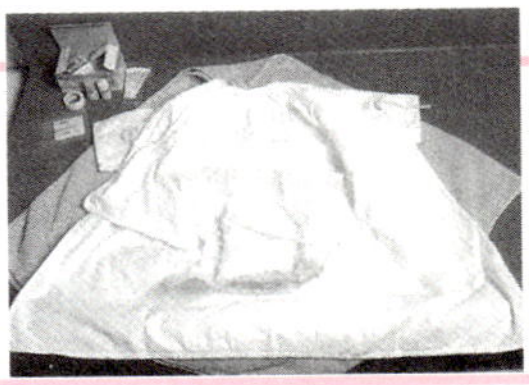

【準備】先準備好洗完澡後要用的東西

先將洗完澡要用的尿布、包布、毛巾、棉棒、紗布、消毒液等必要的東西，準備好先放在浴盆旁邊。

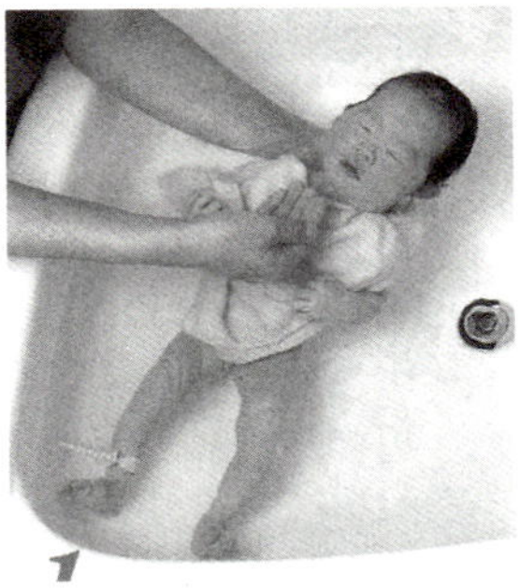

1 準備40℃左右的熱水

準備40℃的溫水（不需加入沐浴用品），不用太多，約到寶寶的屁股左右即可。將寶寶放入浴盆以後，讓寶寶的腳頂著浴盆邊，或是將毛巾披在寶寶胸口上，讓他安心。

支撐寶寶的方法

就算從旁邊抓住寶寶，寶寶的身體還是會漂來漂去，所以重點就是斜斜地將手從寶寶的腋下伸到背部去支撐他。另外，用手指支撐住寶寶耳垂下的骨頭以將耳朵塞住，這樣可穩穩地撐住頭，也可避免讓水跑到耳朵裡面去。

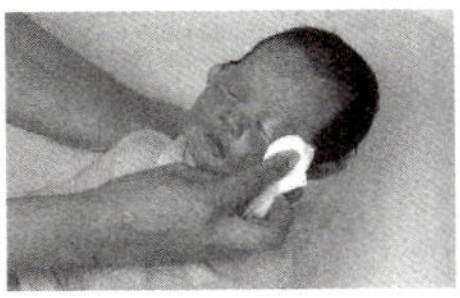

2 用紗布來擦臉

臉要用紗布較細的一面來擦。擦眼睛的時候，先用手指拿著紗布的一角，從眼頭擦到眼角；左右兩眼用不同的面來擦。

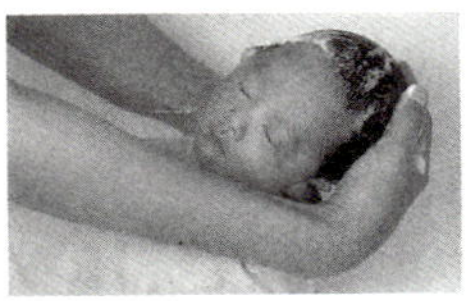

3 用指腹來洗頭

用溫水充分地清洗毛髮和頭皮。泡泡浴露之類的沐浴精不用沖洗，所以很方便，妳也可以試看看。

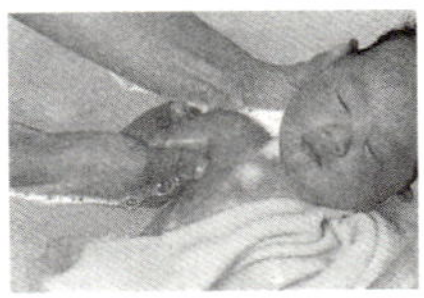

4 腋下不要忘了清洗

腋下容易流汗，所以連皮膚的皺摺部分也要清洗到。

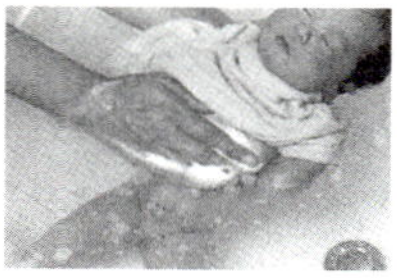

5

清洗肚子和胸口

從肚臍以畫圓的方式清洗。

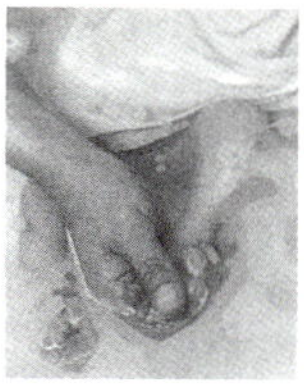

6

清理腳趾

從小趾開始，將妳的手指伸進寶寶的指縫清洗。

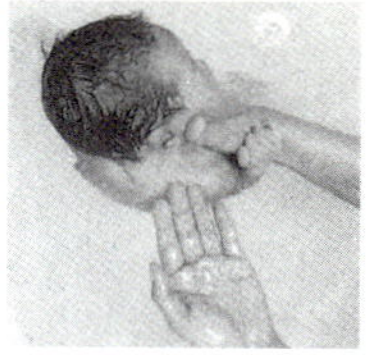

7

清洗背部

用手心扶著寶寶的胸口，將他慢慢翻過身來。用手腕支撐寶寶的胸口，從背部開始洗到屁股。

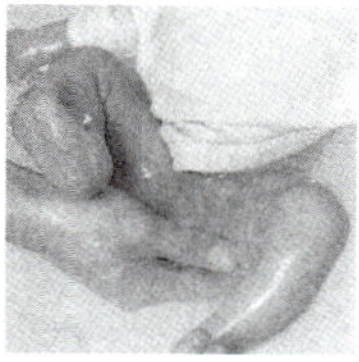

8

清洗兩股之間和肚臍

清洗兩股之間容易弄髒的地方時，先用大拇指將皮膚有皺摺的地方掰開來清洗，肚臍則是用手抓洗。

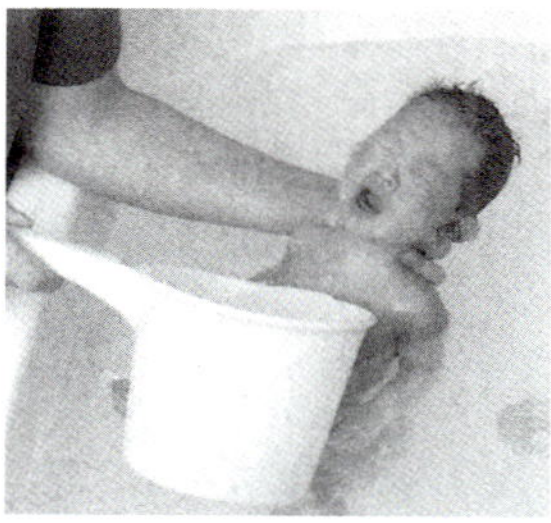

9

用乾淨的溫水沖洗

從事先接好的另一盆較溫熱的水中，舀水來幫寶寶沖洗。

10

將寶寶身上的水分擦乾淨

將寶寶全身包起來，快速將身上的水分擦乾淨；腋下或腳跟等也不要殘留水分。沐浴後寶寶身體容易變得乾燥，所以用浴巾等來保濕。

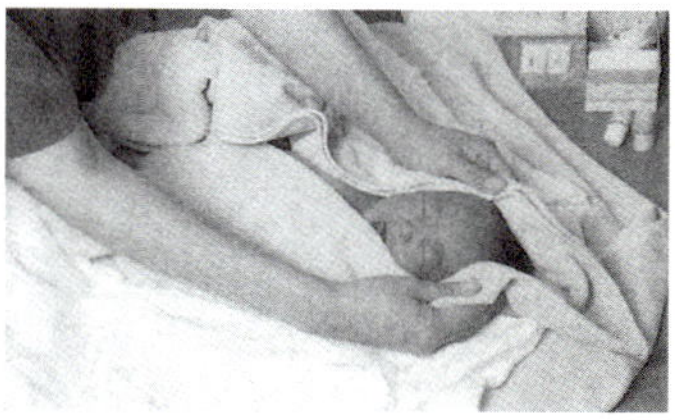

幫寶寶穿衣的方法

1

將肚臍消毒好後貼上紗布

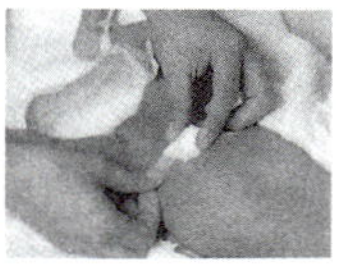

將寶寶濕濕的肚臍用沾有消毒液的棉花棒消毒。消毒完後貼上紗布，以防細菌侵入。

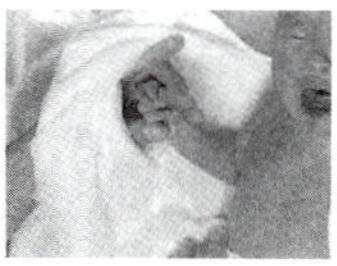

2

將寶寶的手拉出來

把袖子撐開，手伸進去從袖口將寶寶的手拉出來。

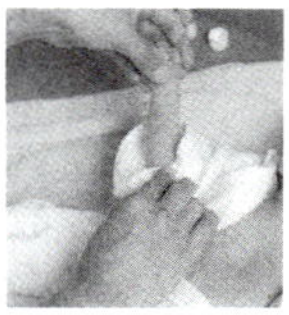

3

讓寶寶的手通過袖子

要小心、溫和地讓寶寶的手通過袖子，記住不要拉得太猛。

爸爸請你這樣做！

洗澡就看爸爸的了！

在照顧寶寶的工作當中，洗澡是最能讓爸爸大顯身手的一項工作了。你的大手可以讓寶寶很穩定，最適合需要長時間扶住三公斤重小身體的工作。

肚臍脫落後，你就可以和寶寶一起洗澡了。不過在這之前，要先學好幫寶寶洗澡這個工作。

寶寶身體變化的檢查重點

Q 寶寶的身體狀況要觀察哪些部分才好？

A **平常就要多觀察寶寶的身體狀況，這樣才能看出不對勁的地方，並把握時間帶寶寶去醫院。**

從平常的動作觀察身體狀況

寶寶就算自己身體不舒服，也沒有辦法親口告訴爸爸媽媽。所以平常照顧寶寶的時候，就要多觀察寶寶的身體狀態。

觀察的重點一般是從早上起床，到晚上睡覺之間，觀察寶寶的臉色、大小便的狀態、喝母乳的情況或睡覺方式等是否跟平常不一樣。

如果臉色發青發白或發紅，或是大便白白的、排出血便、發出惡臭，又或是喝奶後像噴水一樣吐了出來等時，就要趕快帶去醫院。

爸爸請你這樣做！

能聽得出寶寶的哭聲，你就是個成功的爸爸！

爸爸沒有辦法一整天都在寶寶身邊，有時候不會發現寶寶身體出現什麼變化，可是要是哭聲有異，應該都可以聽得出來才是。

大人難過或痛苦時會哭，但寶寶不會說話，所以都用哭來表現。主要是肚子餓了、太冷、小屁股髒了等不舒服的時候才會哭。不過，寶寶並非只是會哭而已，有時寶寶會做發聲練習、一個人自得其樂地玩，或是跟爸媽撒嬌等，用他自己的方式說話。

他在說話的時候，要給他一點反應，問問「你怎麼啦？」等，這點很重要。不過，如果寶寶發出的聲音是呻吟那樣的聲音，就有可能是因為發燒等覺得不舒服的徵兆。如果是哭得很久，超過半小時，抱他、餵他喝奶也不喝時，那就是他哪裡痛，覺得不舒服。

如果發生嘔吐的情形又時哭時停，就是消化器官出問題。如果軟綿綿地一直躺著，連哭聲都沒有，那就是受到重傷，要馬上帶去醫院。

此外，若有咳嗽、流鼻水、發燒、嘔吐、下痢等症狀也不代表寶寶真的生病。因為寶寶的身體狀況還不是很穩定，所以有時會發生上述的狀況。這時可以先觀察寶寶的食欲、睡眠狀況、情緒等，如果和平常都沒有兩樣，那應該就沒有問題。

不過，如果寶寶咳個不停，或是鼻水是綠色的，又或是因發燒而對什麼都沒有反應時，就要馬上帶去醫院。

這些症狀都只是在這列舉的一小部分例子而已。生病時，寶寶的表情會看起來很不舒服，或是發脾氣哭個不停等，用全身來表現。所以平常就多注意觀察，不要忽略疾病的徵兆。

寶寶身體狀況檢查重點

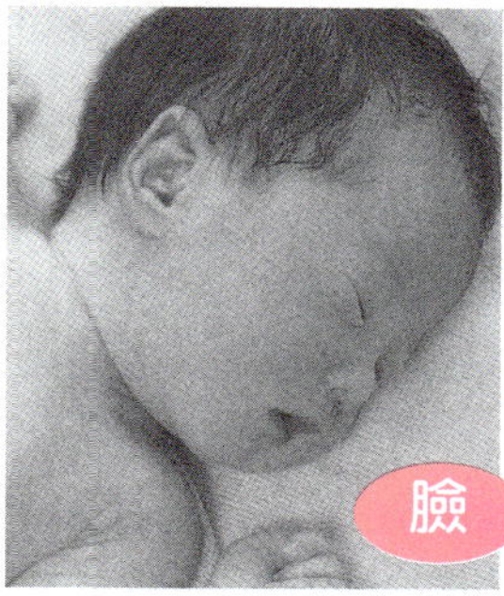

臉

眼屎很多或是淚流不止等情況，就有可能是鼻淚管阻塞。

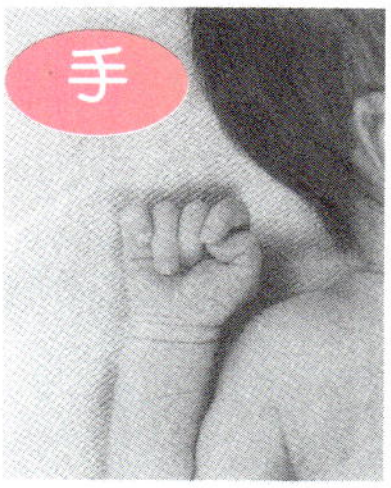

手

腋下等出現紅色一顆一顆的汗疹。一般流汗量多，或是汗腺塞住時都會長出汗疹。

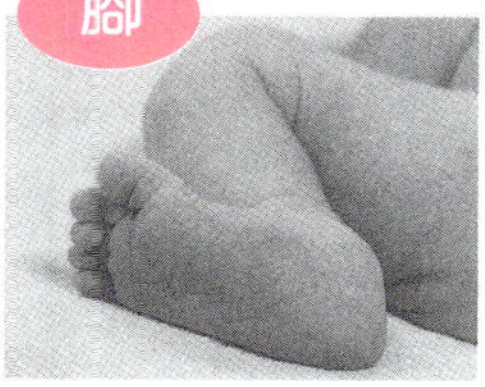

腳

身體過熱，或是哪裡癢時，就會比平常還更愛亂踢。

肚子

肚臍變紅而且有膿時，可能是遭到細菌感染。

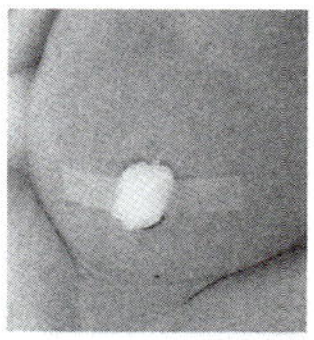

生殖器

發炎或腫腫的，或是整個都紅紅時，就有可能是皮膚過敏。

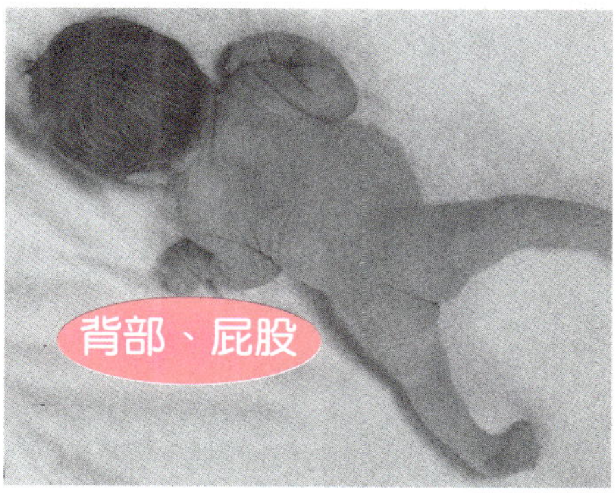

背部、屁股

時會因為起尿布疹而在尿布包住的地方出現皮膚變紅，或起一顆顆的小疹子。

滿月健康檢查要做哪些事？

Q 寶寶的定期健康檢查都做些什麼？

A **主要是察看寶寶的成長情況和妳身體復原情況。如果有什麼照顧寶寶上的問題也可以在這時提出來請教。**

檢查寶寶和妳的身體狀況

滿月的健康檢查有兩個目的。第一個是確認寶寶的發育是否正常，以及早期發現可疑疾病，第二個是要確認妳產後回復的情況如何。

妳可以去生產的醫院或是小兒科接受健康檢查，並藉這機會探訪一下以後要固定去哪家醫院。此外，一個月健診的時候，也可以將照顧寶寶時的疑問或不知如何是好的問題提出來請教醫生或護士。

有很多媽媽生完之後和寶寶第一次出門就是去做一個月健診。出門前最好先做好準備，例如，查清楚交通方式或是需要的時間等，讓自己放心出門接受健康檢查。

●預防接種保護寶寶免受疾病侵襲

為了保護寶寶免受疾病侵襲，政府規定寶寶從零歲開始就有義務接受預防接種。這是為了讓沒有抵抗力的寶寶身體裡先有病源體，預防疾病的發生。

在接受預防接種時，如果寶寶好像有點感冒的樣子，或是拉肚子，又或者是體溫達 37.2℃以上時，就要告知醫生。要進行預防接種的那天，妳就要帶寶寶去醫療院所接受預防接種。去的時候記得要帶《兒童健康手冊》。

預防接種的種類

卡介苗

預防病名	肺結核
接種時期	出生二十四小時以後，一劑
接種方法	注射
注意	在乳幼兒時期就要接種。

B 型肝炎疫苗

預防病名	B 型肝炎
接種時期	新生兒出生滿二至五天後，就可以開始，第二劑及第三劑分別在嬰兒滿一個月及六個月時施打。
接種方法	注射
注意	打滿三劑後，對嬰幼兒有百分之九十五到百分之百的保護效果。

一個月健診所進行的項目

●身高、體重

測量身高和體重。身高會隨腳是否伸得夠直而異，所以有達到標準即可。體重則是要看母乳攝取量，所以要提出平均的每日體重增加量。

●聽診

用聽診器對著胸口和背部，聽肺部呼吸以及心臟跳動的情況，查看有沒有剛出生時無法發現的先天性疾病。

●觸診

用眼睛看，用手摸來檢查寶寶全身。

頭：摸摸囟門，看看打開的情況。

眼睛：用燈對著眼睛照，看看會不會眨眼，以了解對光的反應。

嘴巴：檢查口腔內或舌頭，看嘴巴內有無異常。

皮膚：檢查是否有溼疹或是尿布疹。

股關節：打開寶寶的大腿，看看是否有先天性股關節脫臼的問題。

生殖器官：對男寶寶檢查左右的睪丸是否齊全以及大小和硬度，另外，還要檢查陰莖前端的包皮的情況。對女寶寶則檢查是否有分泌物。

●問診

醫生會問寶寶一天的生活如何，如睡眠習慣、喝奶狀況或次數（喝牛奶也要算在內），以及大便的次數。

●原始反射能力檢查

這項檢查中又分為以下幾項反射項目，以檢查寶寶神經發展的情況。

莫洛反射：聽到很大的聲音或震動，是否有驚嚇而手抓緊的反應。

爬行反射：抓住兩邊讓寶寶腳靠在地上走動。

手掌抓握反射：碰碰手心或腳底時，寶寶的手指或腳趾會想彎起來抓東西。

●維生素K注射

對寶寶注射維生素K，這是為了避免缺少維生素K而出血。

●妳的產後檢查

進行血壓檢查，如尿液檢查、超音波檢查等，並內診檢查惡露等狀況，看妳產後身體狀況恢復如何。

爸爸請你這樣做！

產後的媽媽也需要爸爸的照顧喔！

你和媽媽都非常努力地照顧寶寶，但是你除了注意寶寶的變化外，也要記得關懷媽媽的心情，不要讓媽媽一個人承受照顧寶寶的疲累與不安。

可以整個概括承受荷爾蒙分泌的胎盤已經排出體外了，所以媽媽體內荷爾蒙的平衡暫時還是會有所變動。此外，生完以後每天都要照顧寶寶，沒得休息，再加上「媽媽」兩個字，給人的壓力太沉重。

在這種情況下，有的媽媽就會變得心情沮喪低落，也就是產後憂鬱。爸爸在急著想替媽媽做什麼之前，首先就要先陪媽媽身邊，減少她的不安。看到再熟悉不過的爸爸的臉，媽媽就會覺得很安心。不過，要注意的是，絕對不要再跟她說「加油」這兩個字了。聽了這種話，她會想著自己該再做些什麼而更難過。這個時候，最好的做法就是靜靜地聽她訴說。對於家事和照顧媽媽的事情就要請你多多擔待了。

如何辦理出生登記？

Q 申辦出生登記需要哪些東西？要如何申報？

A **先幫寶寶取好名字，之後準備好相關證件，於寶寶出生後一個月內去戶政事務所申報即可。**

先幫寶寶取名字，再去戶政事務所辦理

寶寶生下來之後，包括出生日在內三十天內要取好名字並進行申報。如果第三十天是假日，則可於假日結束後之工作日做最後的申請，逾期罰鍰，請注意。不過，晚辦理出生登記的事情並不會因此留下紀錄。

在辦理出生登記時要準備出生證明書，出生證明書有醫生或助產士必須簽寫的地方，所以在出院前就要先請醫生或助產士簽名及蓋章。

申辦理出生登記的申請人基本上是父母，若不方便時祖父母、戶長、同居人或撫養人也都可以。如要委託非以上所述之他人，則須附委託書。

申辦理出生登記必須前往父母任一人之戶籍所在地的戶政事務所辦理，而非就近任何一處戶政事務所都可以，這點請注意。

要前往申報時，**必須要帶申請人身分證、印章、戶口名簿、小孩出生證明書正本**（無法取得出生證明書者，提出生調查證明書或接生證明書，均須正本）、**戶口名簿正本，請事先準備好，以免白跑一趟**。

申辦理出生登記時需要有孩子的名字，為了能為孩子取一個好名字，懷孕時就可以先思考想要取什麼樣的名字了。

出生登記注意事項

●申請期限：三十日內，隨到隨辦。

●申請人：

❶父母、祖父母、戶長、同居人或撫養人。

❷棄嬰或無依兒童，並得以兒童福利機構為申請人。

❸利害關係人（無上列申請人時）。

❹受委託人。

●應備證件及注意事項：

※辦理出生登記前，父母應於出生證明書上或另提書面約定子女姓氏下載約定書。約定不成者，由申請人於戶政事務所抽籤決定下載抽籤決定書。

※在醫院、診所或助產所出生者，應提憑出生證明書。

※非在醫院、診所或助產所出生無法提出出生證明書者，應憑醫療機構所開具的 DNA 親子鑑定報告書辦理出生登記。

※申請人國民身分證、印章。

※戶口名簿。

※委託他人申辦，須攜委託書、受委託人身分證、印章。

※出生登記經一次催告逾期仍未申請登記者，依戶籍法第47條第三項逕為登記，由戶政事務所主任代立姓名，及抽籤決定姓氏。

※在國外或大陸地區出生者，不辦理出生登記，應待回國入境後，憑入出國及移民署核發之定居證，辦理初設戶籍登記。

※子女出生於父母結婚之前，推算生母的受胎期間未在婚姻關係存續中，應提憑生母受胎期間的「婚姻狀況證明」文件辦理。

前項證明文件在國外作成者，須經中華民國駐外使領館、代表處、辦事處或其他外交部授權機構驗證；應附繳之文件為外文者，須附中文譯本。

在大陸地區作成者，應經行政院設立或指定的機構或委託的民間團體驗證或查證。

●96年5月23日最新修正民法第1059條：

第1項：父母於子女出生登記前，應以書面約定子女從父姓或母姓。

第2項：子女經出生登記後，於未成年前，得由父母以書面約定變更為父姓或母姓。

第3項：子女已成年者，經父母之書面同意得變更為父姓或母姓。

第4項：前二項之變更，各以一次為限。

（資料來源／各縣市戶政事務所）

爸爸請你這樣做！

要辦的手續和連絡事宜別忘了喔！

家裡多了個新成員，爸爸心中的喜悅真是藏也藏不住。不過，剛完成了人生一件大事的媽媽可是相當地疲累。這個時候，爸爸就要先把喜悅放一旁，開始處理申辦相關手續，或是通知眾家親朋好友順利產子的這個好消息。

申辦的相關手續中，第一個要辦的就是辦理出生登記。請準備相關證件替不便走動的媽媽跑一趟戶政事務所辦理。第二個就是向自己服務的公司報告小寶寶出生的消息，盡快辦理健保的手續，軍公教人員或有的公司單位更可辦理生育補助。至於勞保的生育給付則需媽媽本身有投保身分，且於投保滿二百八十日後分娩者才能向投保單位申請。

要申請的手續主要是這兩個，剩下的就是向親朋好友或鄰居通報平安生子的好消息。碰到鄰居可客氣地跟他們說家裡多了個寶寶，以後可能會給他們添麻煩，請多包涵；對於親朋好友則可電話通知聯絡。

孩子生下來了，爸爸也更有當爸爸的自覺了，所以更要懂得多為妳著想，以及人情世故的禮節。

結語

在少子化、高齡化的時代，作為一名共同見證嬰兒誕生的婦產科開業醫生已經二十一個年頭。

我和我的工作同仁們一起經歷無數次的生產場面，每每總是從新生兒精力充沛的哭聲和媽媽的笑容中感到喜悅、獲得力量，對於每天的診療工作可以說是樂在其中。

不管生產順利與否，其中的狀況都各不相同。誕生一百個寶寶，我們心中就有一百份感動。我們認為胎教是從開始想要懷孕起就要開始做，所以我們總是建議去看婦產科的女性都能過著身心調和的生活。

「育兒」其實就是「育己」，教育自己。到孩子離開父母之前的那些時光，可能會很辛苦，但是相信快樂的回憶會多更多。父母和兒女之間的關係是需要培養的。孩子的DNA有一半是來自爸爸，有一半是來自媽媽。

我們相信充分享受父母的愛而成長的孩子，一定懂得被愛的愉悅與愛人的意義，而成為心地溫和善良的人。讓我們把「愛的鎖鏈」一代一代延伸下去吧！只希望他們有一天能跟一般孩子一樣笑容燦爛。

懷抱著慈烏心情的我，不只要將寶寶平安交給父母，看著你們將寶寶教養成為優秀的人，也是我的職責。最後祝福這些寶寶們都能平安成長，人生路上有美好的家人與朋友為伴。

井上仕女診所院長 井尾 裕子

產後篇

特別附錄　症狀全消

身體剛完成了一件大任務，首先就是要讓身體好好休息。

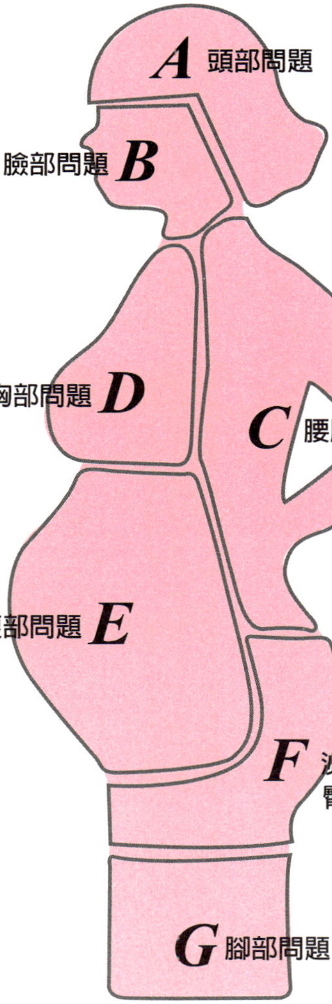

A 頭部問題

掉毛情況增加

產後掉髮是由於荷爾蒙或壓力等所引起。母親的身體為了哺乳分泌很多荷爾蒙，而使基礎代謝的荷爾蒙功能變弱，所以才會掉頭髮。不過，這都是暫時性的問題，情況會慢慢好轉。

另外，飲食均衡也有助改善掉髮情形。這時請避免食用動物性脂肪或添加物很多的加工食品，而要多吃富含具保健頭髮功能的蛋白質、碘，如黃綠色蔬菜、小魚、大豆製品、黑芝麻等食品。

此外，頭皮的膚質也在改變，建議使用產前、產後專用的洗髮精，或多做保養。這個時候頭皮屑也變得比較多，所以要多勤於洗頭。

白頭髮增加

本來就很在意長出白頭髮的人，生完之後白頭髮可能會更明顯。這是因為荷爾蒙失去平衡，缺少麥拉寧色素所致。

本來白頭髮就多的人，生完孩子之後還會長更多。剛生完沒多久時皮膚很敏感，染髮的話還是盡量避免為宜。換個髮型，讓白頭髮不那麼明顯，或是多吃些保護頭髮的黃綠色蔬菜、小魚、大豆製品、黑芝麻，也是不錯的解決之道。

貧血、頭暈目眩

剛生完時容易引起貧血，原因包括血液中紅血球減少、生產時出血所以暫時性地血液變少，或是因為哺乳使得鐵質流失等。

改善的方法就是多攝取鐵質，讓三餐攝取均衡營養。如果這樣還是沒有改善，可到醫院請醫生幫妳開鐵劑。

雖說可以吃鐵劑來補充鐵質，可是從食物當中來獲取營養還是最好的。提醒自己要多吃紅鳳菜、菠菜、小白菜及豬肝等。一般而言產後一個月左右情況就會好，不過，改善程度可能會狀況的不同而有快慢之別。

站起來或久站時會頭暈（腦部貧血）

產婦生完後，會因荷爾蒙不平衡，或是鐵質攝取不足等而導致自律神經不穩定。此外，送到腦部的血液也減少了，所以就容易引起突然站起來或久站時會頭暈的情形。

這些原因幾乎都和睡眠或疲勞有關。頭暈的情況只是暫時的，無須過於擔心，不過，仍要多提醒自己攝取均衡飲食，並且要生活規律。如果頭暈情形嚴重，覺得眼前景象一直轉個不停，或是伴隨想吐的感覺時，就要去看醫生。

視力退化

產後疲勞有時會導致產婦暫時性視力退化。另外，夜間哺乳也會引起睡眠不足，視力退化的問題。

不過，通常只要去除疲勞，待體力恢復後，視力就會回復正常，所以可不必擔心。但是如果過了兩三個月之後視力都沒有好轉，就很有可能有其他原因，請去看眼科醫師為宜。

頭痛

生完孩子後有時會有頭痛的問題，原因出在荷爾蒙的平衡出現變化、睡眠不足、疲勞、哺乳或抱小孩導致肩膀酸痛等所致。

改善的方法是，如果有人可以幫忙家事的話就請人代勞，自己多多休息，或是寶寶在睡的時候也一起午睡，以多增加睡眠量。另外，也建議可以多做肩膀的按摩、加入些泡澡用品泡泡澡等讓自己休息一下。

●安眠穴

位置：在脖子周圍稍微凹陷的地方有穴道，對於肩頸酸痛導致的失眠很有效。

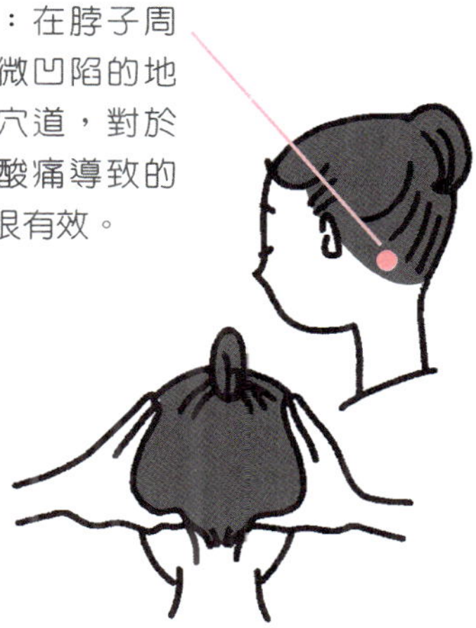

手法：手心環抱頭部後方，用大拇指輕壓。

初期 中期 後期 飲食 生產 新生兒 產後

B 臉部問題

皮膚乾燥

有的媽媽受到荷爾蒙的影響，產後皮膚依舊乾裂沒有改善，不過，斷乳之後就會慢慢好轉。此外，產後由於新陳代謝變得活潑，皮膚容易堆積污垢，所以洗臉時要輕一點。洗面乳要選低刺激性的，搓揉後起多點泡泡時再開始洗。基礎化妝品則可選擇有保濕效果的角素成分、MF天然保濕因子，或補充神經醯胺（ceramid）產品。

食欲旺盛

產後由於懷孕期間常吃零食的習慣還沒改掉，或是由於妊娠糖尿病等攝取食物受到限制，所以有時候生完孩子食欲就變得很大。

哺乳期間媽媽還是會消耗很多熱量，所以不必太在意，可是斷奶、不再哺乳之後就要小心了。另外，有乳腺炎症狀的人，吃太多時會導致脹乳、疼痛等情形發生，要多注意少吃點零食。

另外，由於產後憂鬱，或因對照顧小寶寶還不習慣而感到壓力時，也容易有吃得太多的情形。偶爾請別人代為照顧寶寶，和朋友出去逛逛街買買東西等，紓解自己的壓力也是很重要的。

牙齒痛

產後一個月左右，身體都會受生產的影響而很敏感。因此看牙齒時的不舒服或牙痛會拖得很久。

建議妳還是依自己的體能狀況做緊急處理，等到體能回復了再去一般的牙科做治療。

此外，為了避免蛀牙，平常就要好好刷牙。吃完東西十五分鐘內就去刷牙是最理想的。刷牙時細心地刷，花久一點時間慢慢刷。選擇含氟的牙膏對於預防齲齒也很有效。

耳鳴

耳鳴症狀看似簡單，其實原因很廣，和內臟功能退化、營養不足、高血壓等都有關。如果兩三天內會自己痊癒，就不需太過擔心，放著不管也不會有什麼問題。

不過，如果症狀持續一段時間，或者本身有高血壓，又或是併發頭痛、頭暈等症狀時，就要多注意，請盡早就醫。

眼睛模糊、充血

眼睛模糊、充血是由於產後疲勞所致。不習慣照顧寶寶、或孩子半夜大哭會導致妳睡眠不足，進而累積疲勞。這個症狀幾乎都只是暫時性發生而已，不必太過擔心。最好是寶寶睡覺的時候妳也一起睡，才能解決睡眠不足的問題。

這個情況長久下去可能會導致肝功能降低，並引發相關的症狀，有時還會使視力減弱，如果不放心的話，請接受醫生的診療。

黑斑、雀斑的去除

懷孕期間長出的黑斑、雀斑在產後三個月、照顧寶寶有一個段落之後就會慢慢好轉。

原因幾乎都出在懷孕期間荷爾蒙分泌導致麥拉寧色素增生所致，所以黑斑、雀斑絕大部分都會慢慢消失。

妳除了可以採取盡量避免紫外線直射，多吃蔬菜水果等對策外，也可多注意肌膚美白的護理工作。

C 腰腹部問題

產婦憂鬱

很多媽媽在產後都會因荷爾蒙失調，及第一次帶小孩而出現精神上不穩定的情形。他們常會沒有什麼原因就覺得煩躁、想哭或憂鬱。這就稱為產後憂鬱（Maternity Blue）。除了動不動就想哭、覺得憂鬱之外，還有頭部很沉重、身體酸軟無力、容易疲勞等症狀，每個人會出現的症狀或程度都不一樣。不過，凡是都很仔細認真、責任感強、對什麼事情都全力以赴的人比較容易出現這種情形。

照顧寶寶或做家事都不要追求完美，讓自己悠閒一點，不要一個人扛起所有的責任，而要請爸爸或家人多幫忙。此外，打電話給知心好友聊聊，或是喝茶談天等，都能讓妳轉換心情。如果即使這麼做了，還是覺得心裡不安的話，請向醫生求助。

產後憂鬱症

產後三天內發生煩躁不安等精神上不穩定的情況稱為產婦憂鬱。

很多人都有這種經驗。這在兩週內就會好轉，所以還不需那麼擔心，只要多注意轉換心情即可。

可是，如果這種情形持續兩個月以上，就會導致極度疲勞、注意力不集中、睡不好、絕望感、對孩子沒有興趣等情況。這種症狀會妨礙日常生活，所以需要有專家的協助。

要治療憂鬱症，家人的關懷照顧是最重要的。很不舒服的時候，就請家人代為照顧寶寶和做家事，相信他們也會樂意支持妳的。

手麻

由於產後荷爾蒙的影響等身體有水腫的情形時，半夜或凌晨時手腳就會發麻，有時還會發生腕隧道症候群（Carpal Tunnel Syndrome）或風濕。水腫時，手腕和腳踝的淋巴腺遭到壓迫，所以才會感覺麻。

可以採取的對策包括減少鹽分攝取量，多喝水、按摩患部等，若症狀好轉，而且血壓也都正常的話，就沒有什麼大問題。可是如果已經過了產褥期，還持續有發麻的情形，就要請醫師診斷了。有胸痛或是剛起床時手麻的人也可能有頸椎間盤突出症的問題，這時還是就醫為宜。

肩膀酸痛

手腕放下來時的這個動作，身體體重的百分之十左右會對頸部到肩膀間的肌肉筋骨造成壓力。帶小孩的媽媽常常要把孩子抱起來，或背到身後，所以容易肩膀酸痛。

讓肩膀上下運動、轉動肩關節，或是洗澡時用蓮蓬頭沖擊肩膀部位等讓血液循環流通，肩膀酸痛的情形就會好轉。此外，多做做體操（可參考本書「預防腰酸背痛的伸展運動」P.102），讓肩膀的肌肉更結實，也很有效。

手腕或手心疼痛（肌腱鞘炎）

很多媽媽哺乳或懷抱小孩時對手腕會造成負擔，或是擠乳汁時不小心弄痛自己的手掌，生完寶寶後都來醫院求診，結果都是肌腱鞘炎。

懷孕期間由於荷爾蒙的影響，或是一直在靜養所以肌肉會變得較無力。可是產後不久，在肌肉無力的情況下再抱小孩長時間用力，就容易發生肌腱鞘炎。

使用電動擠乳器，或是抱小孩時，一樣都要小心不要讓相同的肌肉部位用力過度。如果這樣還是覺得不舒服，請到整形外科尋求診斷。

手腕腫、痛

剛生完不久時，手腕腫、痛可能是生產時用力過度所導致的後遺症。可是產後過了一星期還不好，那就有可能是風濕症了。這時建議接受專門醫生的診療，有些病也會出現類似的症狀，所以還是要請醫生仔細診斷為宜。

腰痛

在生產的時候擴大的骨盤形狀已經扭曲，產後即須回復原來的大小，另外抱小孩、哺乳時都會對腰部造成負擔，所以會造成腰痛問題。

腰痛很難治好，所以哺乳或抱寶寶的時候要盡量採取不會對腰部造成負擔的姿勢，或是多做產褥體操、散步等，讓身體慢慢適應。不過，如果還是疼痛的很厲害，就有可能是腰椎間盤突出症，請接受骨科或復健科的檢查。

閃到腰

產後韌帶比較鬆弛。此外，由於照顧寶寶還抓不到要訣，有時候不小心就會閃到腰。因此要將寶寶抱起來的時候，須注意不要對腰部造成太大負擔，而技巧就是腰部不要用力。

閃到腰的症狀有的輕有的重，有的幾個小時就會好，有的則要兩至三天。不過，不論時間長短，幾乎都有發炎的症狀，所以可以先用冰袋敷著，之後再用熱水敷，這樣會比較好。

在抱寶寶的時候慢慢站起

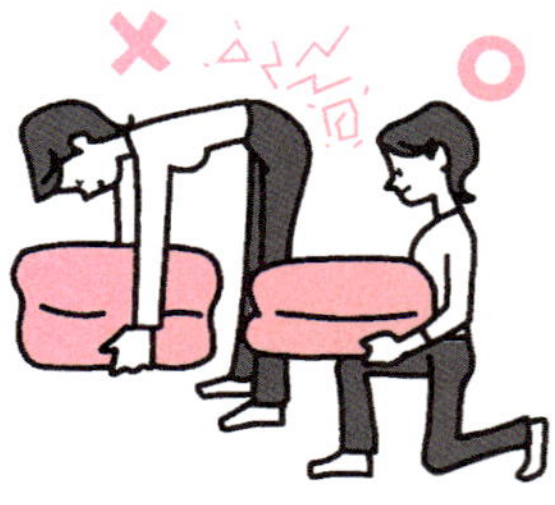

在拿棉被的時候
一腳先跪著，拿起棉被後再站起

流汗

產後和懷孕期間一樣，也會汗流不止。產後身體會排出懷孕期間所積存的過多體液，因此容易出汗，這種現象又稱為產後多汗。

關於這個問題，停止哺乳荷爾蒙重新獲得平衡後自然就會好了，沒有什麼問題。不過，若是有乳頭裂傷或是汗流太多導致發生濕疹等皮膚的問題時，可能會有感染細菌的危險，這時請勤擦拭以保持清潔。

D 胸部問題

乳頭、乳暈變黑

懷孕期間和生產後，乳頭會為哺乳做準備，並因為麥拉寧色素的關係而變黑，此外，腋下還有肚子的附近等部位也一樣會有變黑的情形。這是身體自然的變化，哺乳期間過後就會慢慢變回來，不用擔心。

乳暈變大

懷孕期間和生產後，乳頭會為哺乳做準備而變大。有人說這是因為要讓寶寶容易找到乳頭所以才有的變化。哺乳期過後就會回復原來大小，不必擔心。

腋下、肚子兩邊有硬塊（副乳）

乳房開始膨脹變大後，腋下或小腹上就會長小硬塊或膨脹起來的東西，稱為副乳。本來哺乳類動物的乳房就有很多，只是人類後來進化到只剩兩個乳房。這個副乳就是進化的證明。有些人月經來時，會長小硬塊，或是會痛。

小硬塊很大，或是會痛時，可以用冰毛巾冰鎮，或是稍微按摩一下。有時候乳汁可能會從這些地方流出來，不過，絕大部分的副乳是沒有母乳可流出的出口的，所以疼痛的時候，很有可能是乳汁滯留在這些地方造成乳腺炎，這時請向醫師求助。

乳頭流出分泌物、長出一粒一粒的東西

哺乳期間乳頭容易累積污垢，或是長出一粒粒的東西，即有可能是濕疹。每個媽媽多多少少都會長的，沒有必要擔心，可是如果污垢或分泌物長久堆積的話，不僅寶寶吸奶時不衛生，也容易造成乳腺炎。

想要順利地哺餵母乳，就要勤於清潔保養乳房。洗澡時，可以用柔軟的布沾些橄欖油等，擦擦乳頭，按摩一下。

乳汁不夠

原因可能出在壓力以及哺乳次數減少等。因為一般是要乳頭受到刺激，荷爾蒙開始分泌時，才會開始產生乳汁。

有個秘訣就是產後兩週內，常讓寶寶吸奶（就算沒有乳汁也一樣），這樣就可以讓乳汁源源流出。

另外，大腦皮質傳送的刺激也會造成很大影響，所以當感到壓力或煩惱時也會壓抑母乳的流出。記得要多聽音樂等，轉換自己的心情。

另外，當一邊有乳汁，另一邊卻沒有時，可在餵奶時先餵乳汁少的一邊，之後餵另一邊，三至四分鐘後再換另一邊，幾分鐘就換一次，如此一來情況就會慢慢有所改善。

乳房脹痛

哺餵母乳時，要比懷孕期間更重視營養均衡，並配合母乳哺餵的情況做些調整。尤其是產後三到五天很容易有脹奶的情形，這時要少攝取水分、熱量和糖分。若小硬塊會疼痛，或是因乳腺炎而有發燒症狀時，也要做飲食調整。

反過來說，若乳汁分泌不足時，要提醒自己多喝開水或是魚湯、清淡湯類或蔬菜汁等湯湯水水的東西，增加水分攝取，乳汁就會比較多。

長出小硬塊

長在乳房的小硬塊將近九成都是乳腺症等良性的硬塊。如果還在哺乳期，很有可能是母乳淤滯，引起乳腺炎所致。

要改善這個問題可以讓寶寶將淤滯的乳汁吸掉，或做按摩來舒緩。

如果是乳腺症引起的小硬塊，則有可能是受到女性荷爾蒙的影響所致（尤其是雌激素），所以會有月經快到時變大，月經結束時就變小的特性。這種情況大部分和母乳淤滯一樣，做一些按摩就可以改善，但若伴隨有疼痛感或發燒症狀時，就要請醫生診斷。

乳頭受傷

有時寶寶吸奶會吸到媽媽的乳頭受傷起水泡，或甚至是發生乳頭龜裂的情形。如果細菌從這裡趁虛而入，可能就會引發乳腺炎。

這時可以改變餵寶寶喝奶的方式以解決問題；或者也可以向當初待產的婦產科醫院的護理師請教。

乳房腫、痛、發熱（乳腺炎）

乳房有紅、腫、痛等現象時就是罹患乳腺炎。乳腺炎是由於乳腺受到阻塞，或乳頭受傷發生細菌感染所致。

預防或解決辦法就是從改善哺乳方式著手。首先哺乳前將手和乳房洗乾淨，然後按摩乳房，好讓寶寶能順利喝到奶。盡量讓寶寶頻繁地吸奶，而且吸得很足，這樣初期的乳腺炎症狀就能得到舒緩。

不過，如果疼痛劇烈，並有發燒、發冷等病狀嚴重時，就必須要早點到婦產科醫院接受治療。

E 下腹部問題

腹痛且長期出血

產後除了腹痛和單純的分泌物外，若出現出血現象，且持續不止時，就有可能是子宮內仍殘留有卵膜或胎盤所致。

正常而言，胎盤會從子宮壁剝落而排出體外，但若是胎盤沒有完全剝落，仍有一部分留在子宮裡，就會造成所謂的胎盤滯留或胎盤殘留。如果發生這種情形，子宮的回復就會受到影響，除發生無力出血等情形外，還有可能會感染疾病。如果感染上疾病時，有時會有發燒的情形，這時就要趕快就醫，將殘留的胎盤取出。

類似陣痛那樣的疼痛（後期陣痛）

有時在產後會有一陣子感覺下腹部有陣痛的感覺。這是因為寶寶出生後，子宮就會開始恢復到原來的大小而開始收縮所致。這種痛稱為「後期陣痛」。

有人說後期陣痛是生愈多胎愈痛，所以有的生第一胎的媽媽甚至根本沒有感覺。一般過兩三天就會好轉，可是如果疼痛劇烈，請盡早去看醫生。子宮在產後六週左右就會回復到懷孕前左右的大小了。

便秘

產後原本被子宮壓迫的胃臟、心臟、肺臟都會回復到原來的大小，頻尿、漏尿、便秘或痔瘡大概都會好轉。

可是如果懷孕期間這些症狀有惡化的傾向的話，產後也會繼續為相同的問題所煩惱。其中，便秘更是容易變成習慣性便秘。

解決的辦法就是每天適度運動並且均衡飲食。一般而言，產後三週要多散步或做產後運動，以期能漸漸恢復體力。

在飲食上，要注意多攝取食物纖維，根莖類或海藻類等含豐富纖維的食品。白飯也可以換成糙米或加些燕麥。另外，也可以多準備些富含纖維的小餅乾或棗乾等當零食。

剖腹產的傷口不舒服

有的剖腹產的媽媽在將寶寶抱起來時，或是因衣服和傷口摩擦到時，會覺得不舒服。剖腹產基本上除了有幾個問題要注意外，其他都可以和自然分娩的媽媽一樣，沒有太大問題。

覺得痛的時候可以先讓自己平靜下來，血液循環較好之後疼痛情形就會好轉。至於傷口癢的感覺則約莫會持續半年左右。

體質容易過敏的人，之後可能會持續覺得癢，如果真的癢得很難受，可以到婦產科或是皮膚科就醫。

想要回復體型的人，可以穿著剖腹產後專門的束腹帶，效果很不錯。使用期間如果有任何不明瞭的地方，可以詢問醫師或護理師。

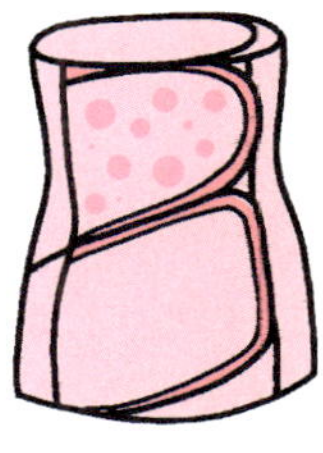

產後束腹帶，可將生產時伸展的腰部皮膚拉緊，以恢復產前體型。

妊娠紋

懷孕期間肚子變大，皮下組織也隨之延伸斷裂，而變成像蚯蚓一樣紅腫的線，即所謂的妊娠紋，到了懷孕末期還會變成紅黑色。

稍微有點胖的人不只是下腹部，連乳房或大腿也都會出現妊娠紋。

一般產後過一陣子就會變成白色而沒有那麼明顯，不過，還是很難恢復到原來的樣子。此外，皮下組織血液不良等也會讓皮膚表面像橘子皮一樣凹凹凸凸的，摸起來很不光滑。

要緩和這樣的情況就要多擦乳液或油類的乳液，或多做按摩促進血液循環及保濕。

F 泌尿生殖系統與臀部的問題

惡露出現變化

惡露是指生產之後排出體外、混有子宮或產道分泌物，如血液或黏液等的東西。一般待產後六至八週，子宮恢復後，就會慢慢消失，且顏色會由紅色轉成咖啡色、黃色、至透明。

雖說這些都要看個人體質，不能一概而論，但如果惡露一直都很紅而且沒有減少的趨勢，或是肚子一直都很痛，惡露流量也增加，還流出大的血塊時，就要到婦產科接受檢查。

惡露當中有血塊

惡露當中主要是子宮內膜剝落下來的分泌物，其中夾雜血液。一般會有幾天量比月經還多，可是慢慢地就會由紅轉成咖啡色、黃色至透明，到了五至六週就會正常。

如果妳的情況特殊，顏色既沒有由紅漸漸轉透明，或是陣痛過了兩三天還在痛，且持續有異常出血的狀況時，請盡速就醫。

一直有分泌物

若一直有分泌物，但只要不是因為病理性的原因才出現的，就可以不必擔心。至於如何判斷是否正常，有個標準即分泌物中是否有混雜血液，或外陰部是否有痛癢感、是否有糜爛的現象等。

如果有嚴重惡臭，或是流膿時就要多注意。如果不放心可以去看婦產科。

陰道鬆弛

陰道在產後會漸漸回復，但是沒有辦法回復到生產前的樣子。若生了兩至三胎的話，則可能會出現一些鬆弛現象。

可做凱格爾運動來預防。這個體操就是縮緊肛門數到十，然後放鬆，反覆做五十次，每天做個一至數回，並持之以恆做一個月左右。

恥骨疼痛

恥骨是由兩個骨頭結合起來的，生產的時候會打開。有的人會因為骨產道和寶寶體重大小的關係而過度打開，甚至連尾底骨也會疼痛。

如果太痛的話，建議去看醫生。現在也有矯正用的帶子可以緩解症狀，妳可以多多比較後再選購。

會陰切開的疼痛

生產時，會陰沒有充分延展、寶寶不容易出來時，可能會進行會陰切開術。如果需要拆線，則會在第四天進行；而疼痛感則大約一週左右就會消失。

有的人坐下去或站起來時，會陰縫合的傷口就會痛。這時，可以在站起來的時候先用手腳撐著地再站起來；坐的時候則使用中間空心的坐墊。疼痛劇烈時可以去看醫生，看是否需服用止痛藥。

膀胱炎

懷孕期間尿管的力道變弱，所以容易罹患膀胱炎。在產完之後還是不見好轉的情況也是屢見不鮮。

預防的方法就是常保外陰部的清潔，想上廁所時不要忍、多喝水、多攝取維生素和礦物質、保持身體的溫暖、充分睡眠等。如果有沖洗式馬桶，用來清洗屁股和外陰部也是很方便。

月經沒來

哺乳期間受到荷爾蒙的影響身體不會排卵，也不會有月經。所以哺乳期間或斷奶後三至四個月間月經沒來是正常的。大部分的人在哺乳時間結束後，月經週期就會慢慢恢復。

不過，懷孕前就有月經不順或排卵障礙的人，要恢復月經週期就會比較難。

如果已經完全斷奶逾半年還是沒有月經時，就要去看婦產科。

痔瘡

幾乎所有有生產經驗的媽媽都會有痔瘡的傾向。有的人甚至在懷孕期間就有痔瘡問題，而且這個問題會因為生產時用力的關係而更加惡化。尤其是生產後二至三週疼痛更為劇烈，即使有便意也會因疼痛而忍耐，結果造成惡性循環。

建議妳這時就要趕快去看醫生，尋求治療。此外，生活上也必須多做改善，例如，三餐必須多攝取豐含纖維的食物，並多鍛鍊懷孕生產期間變得無力的腹肌。除此，也可以多喝魚腥草茶、車前草茶或營養補充劑等促進排便暢通。

尿失禁

生產的時候，除了骨盆的肌肉會鬆弛，尿道擴約肌肉也會變得較無力，有時肚子一用力就會漏尿。

這個問題會隨時間而慢慢好轉，可是如果能勤做凱格爾運動，一天做三至四次，就可以很快恢復。在排尿時也可以做二至三次停止排尿的運動。

G 腳部問題

產後仍有足部水腫的問題

有人說妊娠高血壓症候群（妊娠毒血症）在生完孩子後就會好，不過，也有很多人生完之後仍有好一段時間為高血壓、蛋白尿、頭痛或水腫的問題所苦。

如果懷孕期間已經被診斷為妊娠高血壓症候群，產後留下高血壓或水腫等後遺症的話，就需要早日尋求治療。若不理會可能會導致慢性腎盂炎的發生。產後一個月的產後檢查會檢查這個部分，如果在這之前水腫問題就很嚴重時，就要先去婦產科醫院請醫生診斷為宜。

另外，有時候水腫的原因是出於照顧寶寶或做家事疲累所致。這時要多休息，睡覺的時候不妨將腳抬高。

膝蓋疼痛

產後的女性由於受到懷孕期間體重增加的影響，會使得關節負擔過大，造成變形性關節症，而導致膝蓋疼痛。

人的膝蓋肌肉有在上下樓梯時具有吸收、緩衝力道的功能，就算是年輕人如果運動不足，也可能造成膝蓋衰老。所以靠運動來改善是很有效果的。

例如，踩空中腳踏車，或是在游泳池做水中散步等，選擇不會對膝蓋造成負擔的運動並持之以恆，習慣以後，就可以改成較不激烈的小跑步。但真的要開始運動，還是要等一個月產後檢查過後才行。

H 其他問題

睡眠不足

妳的身體剛完成生產的大工程，一定非常地疲勞。母體要恢復到懷孕前的狀態約需六至八週。這個時期一定得多休息，可是為了要照顧小孩總是睡眠不足，像是半夜起來哺乳等。

解決的方法就是把握機會多睡，剛生完的二至三週請爸爸多幫忙家事，媽媽除了哺乳以外就多休息；寶寶在睡覺的時候就一起睡，將睡眠補回來。

體重回不來

產生後的體重約莫需等生產完過半年才會慢慢回復。不過，還是要多注意自己的飲食習慣。

因為照顧寶寶還不上手，當疲勞一直累積時，媽媽就容易變得嗜吃甜食。另外，哺餵母乳容易消耗熱量，喉嚨容易乾渴，這時也不要大肆地喝果汁，而應以開水來取代高熱量的飲料。

另外，哺育配方奶粉的媽媽由於不能透過餵奶來消耗脂肪，所以對食物的攝取更要用心。

產後性慾減退

由於女性荷爾蒙分泌減少、陰道乾燥、乳頭龜裂等，會讓妳覺得不舒服而對性行為敬而遠之。

此外，由於哺乳期間體內荷爾蒙較特殊，或是第一次當媽媽，還不習慣照顧寶寶，而過度在意如何扮演媽媽這個角色時，都會讓女性的性慾減退。甚至有時候爸爸也會用「為人母親」的角度來看待媽媽而顯得興致缺缺。

這時也不必著急，慢慢等待，待自然而然可以開始從事性行為時再來嘗試。不過，如果媽媽真的覺得很不舒服的時候，不妨去婦產科醫院或做心理諮詢。

穿著產後束衣、束褲將腹部束起來

所謂產後束衣、束褲，是指產後用以將身體綁束起來，以讓體型回復的一種貼身衣物（胸罩或束褲）。

為了讓身材能早日恢復，可以多做產後運動，並且重視飲食均衡，但是穿上產後束衣束褲，則會更有效果。

購買時要注意，最好至專賣店選購以測量正確的尺吋，並確定束衣、束褲的材質及大小合穿。如果綁束過緊，體型反而會不正，而且還會因血液循環不良而讓自己不舒服。

發高燒或覺得全身發冷

發高燒時，除了可能是因為感冒發高燒外，也有可能是產後產道或子宮內的傷口感染細菌而引起的產褥熱。

此外，也有可能是乳腺管有乳汁塞住而引起乳腺炎，或是大腸菌等跑到腎臟而引起腎盂炎或腎盂腎炎等。

其中最要注意的就是產褥熱、腎盂炎或腎盂腎炎。如果沒有咳嗽或流鼻水、乳房疼痛等症狀，可是卻覺得全身發冷，或是一直發燒不退，就要去看醫生。放著不管有可能會發展成敗血症或慢性腎炎等嚴重的病況。

為了預防細菌感染，就要多更換衛生棉或內褲。產後四週內要避免洗澡，上洗手間用衛生紙擦拭或清洗外陰部時，要從前面往後擦拭。

蕁痲疹

沒有過敏，也沒服用市面上賣的感冒藥，可是卻冒出蕁痲疹，就有可能是生產或是照顧寶寶太累所致。建議妳可以到婦產科接受治療；若欲到皮膚科就診，則請告訴醫生妳正在哺餵母乳。

身體發冷

有的人在懷孕期間或生完後會突然覺得身體發冷。原因是荷爾蒙或身體出現很大的變化，因而使得血液循環變差，另外，也有可能是自律神經失調、低血壓或貧血等問題。

此外，也容易有血管收縮、神經痛、腰痛、肩膀酸痛等問題。這時要多注意房間的溫度不要太低、冰冷的東西也不要吃太多。建議適度運動或是泡溫水，身體就會緩和起來。

懷孕·生產 圖文小百科

編著者／井尾裕子
譯者／王煦淳
副總編輯／陳莉苓
責任編輯／陳雯琪
行銷企劃／林潔欣
封面、內頁設計／鍾如娟

國家圖書館出版品預行編目資料

懷孕.生產圖文小百科 ／ 井尾裕子編著.
-- 初版. – 臺北市 ： 新手父母, 城邦文化出版
家庭傳媒城邦分公司發行, 2008.03
面 ； 公分. -- （準爸媽系列 ： SQ 0008
ISBN 978-986-7047-88-5 （平裝）
1.懷孕 2.分娩 3.生產 4.育兒

429.12 9700027

發行人／何飛鵬
法律顧問／台英國際商務法律事務所 羅明通律師
出版／新手父母出版
城邦文化事業股份有限公司
台北市中山區民生東路二段141號5樓
電話：(02) 2500-7008 傳真：(02) 2502-7676
E-mail：bwp.service@cite.com.tw

發行／英屬蓋曼群島商家庭傳媒股份有限公司城邦分公司
台北市中山區民生東路二段141號2樓
讀者服務專線：02-2500-7718；02-2500-7719
24小時傳真服務：02-2500-1900；02-2500-1991
讀者服務信箱 E-mail：service@readingclub.com.tw
劃撥帳號：19863813
戶名：書虫股份有限公司

香港發行所／城邦（香港）出版集團有限公司
香港灣仔 軒尼詩道235號3F
電話：(852) 2508-6231 傳真：(852) 2578-9337
E-mail：hkcite@biznetvigator.com

馬新發行所／城邦（馬新）出版集團 Cite(M) Sdn. Bhd. (458372 U)
11, Jalan 30D/146, Desa Tasik,
Sungai Besi, 57000 Kuala Lumpur, Malaysia.
電話：(603) 90563833 傳真：(603) 9056283

印刷／ 志文印刷事業有限公司·卡樂彩色製版印刷有限公司
經銷／ 農學社 電話:(02)29178022 傳真:(02)29156275

2008年3月初版 Printed in Taiwan

售價／320元

版權所有 · 翻印必究

HAJIMETE NO NINSHIN ANZAN HYATTUKA
© IKEDA PUBLISHING CO., LTD.. 2005
Originally published in Japan in 2005 by IKEDA PUBLISHING CO., LTD..
Chinese translation rights arranged through TOHAN CORPORATION, TOKYO.
Complex Chinese copyright © 2007 by Parenting Source Press , a division of Cite Publishing Ltd.
All Rights Reserved.

城邦讀書花園
www.cite.com.tw

廣　告　回　信
台灣北區郵政管理局登記證
北台字第**10158**號
免　貼　郵　票

104　台北市民生東路二段 141 號 5 樓

城邦文化事業（股）公司

新手父母出版社

地址

姓名

請沿虛線摺下裝訂，謝謝！

新手父母

書號：**SQ0008**　書名：懷孕 生產 圖文小百科

新手父母出版　讀者回函卡

新手父母出版，以專業的出版選題，提供新手父母各種正確和完善的教養新知。為了提昇服務品質及更瞭解您的需要，請您詳細填寫本卡各欄寄回（免付郵資），我們將不定期寄上城邦出版集團最新的出版資訊，並可參加本公司舉辦的親子座談、演講及讀書會等各類活 。

1. 您購買的書名：________________________
2. 您的基本資料：
   姓名：____________________（□小姐　□先生）生日：民國___年 ___月 ___日
   郵件地址：____
   聯絡電話：____
   E-mail：____________________ □有小孩 _____個（_____歲）□尚無小孩
3. 您從何處購買本書：__________縣市___________書店
   □書展　□郵購　□其他________________________
4. 您的教育程度：
   1.□碩士及以上　2.□大專　3.□高中　4.□國中及以下
5. 您的職業：
   1.□學生　2.□軍警　3.□公教　4.□資訊業　5.□金融業　6.□大眾傳播　7.□服務業
   8.□自由業　9.□銷售業　10.□製造業　11.□食品相關行業　12.□其他____________
6. 您習慣以何種方式購書：
   1.□書店　2.□網路書店　3.□書展　4.□量販店　5.□劃撥　6.□其他____________
7. 您從何處得知本書出版：
   1.□書店　2.□網路書店　3.□報紙　4.□雜誌　5.□廣播　6.□朋友推薦
   7.□其他__________
8. 您對本書的評價（請填代號 1非常滿意 2滿意 3尚可 4再改進）
   書名_______ 內容_______ 封面設計_______ 版面編排_______ 具實用性 _______
9. 您希望知道哪些類型的新書出版訊息：
   1. □懷孕專書　2. □0~6 歲教育專書　3. □0~6 歲養育專書
   4. □知識性童書　5. □兒童英語學習　6. □故事 童書
   7. □親子遊戲學習　8. □其他
10. 您通常多久購買一次親子教養書籍：
    1. □一個月　2. □二個月　3. □半年　4. □不定期
11. 您已買了新手父母其他書籍：
    ____
    ____
12. 您對我們的建議：
    ____
    ____
    ____